從原始社會到現代經濟,馬克斯・韋伯論經濟形態的歷史演進

馬克斯・韋伯 (Max Weber)——著
李慧泉——譯

世界經濟簡史

GENERAL ECONOMIC HISTORY

詳細資料＋精闢分析｜經濟史學的經典之作

與馬克思《資本論》並駕齊驅,
深入解析資本主義精神

揭示資本主義從原始社會到現代的演變歷程
探討農業、工業、商業、金融各方面,提供全面歷史經濟視角!

目 錄

韋伯的生平

前言

第一篇　家庭、氏族、村落以及莊園

　　第一章　農業組織和有關農業共產主義的問題 …………………… 010
　　第二章　財產制度與社會團體 ………………………………………… 031
　　第三章　領主所有權的起源 …………………………………………… 051
　　第四章　莊園 …………………………………………………………… 062
　　第五章　進入資本主義社會之前西方各國農民的地位 ……………… 070
　　第六章　莊園中的資本主義發展 ……………………………………… 074

第二篇　現代資本主義發展之前的採礦業

　　第七章　工業經濟組織的基本形式 …………………………………… 104
　　第八章　工礦業的發展階段 …………………………………………… 109
　　第九章　手工業行會 …………………………………………………… 120
　　第十章　歐洲行會制度的起源 ………………………………………… 127
　　第十一章　行會的解體與家庭工業制度的發展 ……………………… 134
　　第十二章　工場生產、工廠及其先驅 ………………………………… 142
　　第十三章　現代資本主義發展之前的採礦業 ………………………… 157

第三篇　前資本主義時代的商業與交換

- 第十四章　商業發展的開端 … 170
- 第十五章　商品運輸的技術條件 … 173
- 第十六章　運輸業與商業的組織方式 … 176
- 第十七章　商業企業的各種形式 … 192
- 第十八章　商人行會 … 197
- 第十九章　貨幣史與貨幣 … 202
- 第二十章　前資本主義時期的銀行和貨幣交易 … 216
- 第二十一章　資本主義時期之前的利息 … 225

第四篇　現代資本主義的開端

- 第二十二章　現代資本主義的內涵和前提條件 … 230
- 第二十三章　資本主義發展的外部現實 … 233
- 第二十四章　早期大規模投機危機 … 238
- 第二十五章　自由批發貿易 … 243
- 第二十六章　16至18世紀的殖民政策 … 248
- 第二十七章　工業技術的進步 … 252
- 第二十八章　市民 … 261
- 第二十九章　合理化的國家 … 278
- 第三十章　資本主義精神的進化演變 … 288

韋伯的生平

馬克斯·韋伯（Max Weber）生於西元1864年4月21日，去世於西元1920年6月14日，是德國的著名經濟學家、政治學家和社會學家，對於西方古典管理理論作出了很大貢獻。

韋伯出生在一個中產家庭，父親是一名政治家。耳濡目染，年少時候的韋伯就在學術上展現出了出眾的才能，曾在十歲的時候寫了兩篇歷史論文給父母。

韋伯在西元1882年進入海德堡大學學習法律，1884年，他回到自己的家鄉柏林讀書，之後擔任了柏林大學的老師。

西元1886年，韋伯通過測驗成為了實習法官。1889年，他以一篇名為《中世紀商業組織的歷史》的博士論文獲得了博士學位。1891年，他通過了教授資格測驗，成為了大學教授。

韋伯對當時的社會政策很有興趣，西元1888年，他加入了「社會政治聯盟」，這個團體中的成員大部分都是德國經濟學家，而且他們還都是經濟歷史學派（Historical school）的，他們認為要想解決社會問題，那麼最關鍵的是透過經濟上的辦法。1890年，為了研究東部移民問題，這個聯盟成立了研究小組。韋伯是這次研究的主要負責人，並且記錄下了調查結果。這項研究在最後得到了好評，讓韋伯獲得了社會學和經濟學專家的聲望。

西元1903年，韋伯辭去了學校教授職位，沒有了教職的束縛，他和維爾納·桑巴特（Werner Sombart）創辦了社會學期刊《社會學和社會福利檔案》。1904年，韋伯發表了《新教倫理與資本主義精神》（*The Protestant*

Ethic and the Spirit of Capitalism），這是他最有名的著作，也是唯一一部他在世時出版成書的作品。

韋伯是現代社會學的奠基人，他對社會學、經濟學以及政治學的影響很深。理想的行政組織體系理論便是他提出的，在管理思想發展史上，他被稱為「組織理論之父」。

值得關注的是，在韋伯身後，他的著作被他的妻子瑪麗安妮・韋伯（Marianne Weber）收集、修訂並且出版。本書便是他的妻子邀請著名學者西格蒙德・赫爾曼（Siegmund Hellmann）和麥爾齊・帕爾伊（Melchior Palyi）將他在慕尼黑大學的「普通社會經濟史概論」這一講座的筆記整理而成。

前言

　　《世界經濟簡史》一書是由德國的經濟學家和社會學家馬克斯‧韋伯所著。西元 1919 至 1920 年，馬克斯‧韋伯應學生的熱烈呼聲，在慕尼黑大學講授「普通社會經濟史概論」。1920 年夏季，學期還沒結束，韋伯不幸病逝於德國慕尼黑。他的遺孀瑪麗安妮‧韋伯邀請著名學者西格蒙德‧赫爾曼和麥爾齊‧帕爾伊將講座的筆記整理成書，即《世界經濟簡史》。這本書目前有多種中文譯名，《經濟通史》、《社會經濟史》、《世界經濟史綱》等。

　　《世界經濟簡史》可以說是馬克斯‧韋伯在經濟史方面的盛名之作，西方知識界一直將它與馬克思 (Karl Marx) 的《資本論》(Das Kapital) 相提並論。兩人分別從不同的角度，深刻譜寫了資本主義的精神實質，各有千秋，可謂是同一時代的兩本經濟名著。

　　本書論述了原始的農業組織形態 —— 家庭、氏族、村落和莊園制，以及前資本主義等各個時期的經濟形態，最終落腳到試圖解釋現代資本主義生產方式的產生。本書中，作者遵循了由工業到商業再到金融貨幣的論述順序，還用大量篇幅論述了之所以資本主義發生在西方，不僅僅是得益於地中海沿岸那優越的地理環境，還因為其具有內在動力 —— 資本主義精神。全書內容詳實，資料豐富，涉及從原始社會至現代社會的歷史、經濟、宗教等各個方面。

前言

第一篇　家庭、氏族、村落以及莊園

第一篇　家庭、氏族、村落以及莊園

第一章
農業組織和有關農業共產主義的問題 [001]

對德國古代經濟組織的研究，特別是 G·漢森（G. Hanssen）和馮·毛勒（G. von Maurer）的研究得出了「所有經濟發展的開端都是原始農業共產主義」這一理論，這也是這個理論 [002] 第一次被提出。之後，這些人提出了古代德國農業共產主義的理論，在學術研究上，這個理論是大家共同的財產。很多地方都有和德國農業組織相似的情況，這些情況總結起來就是所有經濟發展的開端都是農業共產主義，這也是德·拉弗勒（F. de Laveleye）十分注重的發展學說。

俄國、亞洲、印度這些地方的案例都可以證明這個理論的正確性，特別是印度最具代表性。然而，近來的學術研究卻非常認同一種觀點，覺得不管是在德國還是在別的經濟體系中，土地私有制和莊園經濟的發展早在我們所能追溯的最遠古的時期就存在了。

---

[001]　一般參考文獻——奧·麥岑（A. Meitzen）：《東日爾曼人、西日爾曼人、凱爾特人、羅馬人、芬蘭人以及斯拉夫人的定居地和農業制度》，共四卷，柏林，1896 年版；科納普（G. F. Knapp）〈論麥岑所談的定居地和農業制度〉，見他的《莊園與騎士封地》，第 101 頁及以下各頁（對麥岑的評判）；馬克斯·韋伯撰寫的條目「古代農業史」，於《國家科學大辭典》刊載，耶拿，1909 年第 3 版，第 1 卷，第 52 頁。

[002]　參見漢森（G. Hanssen）：〈對古代農業的看法〉，載於《新公民雜誌》第 3 卷（1835 年）和第 6 卷（1837 年）——重載於他的《農業史論文集》，總共兩卷，萊比錫，1880-1884 年版；另參見馮·毛勒（G. von Maurer）：《瑪律克、莊園、鄉村和城市等制度導論》，慕尼克，1854 年版；德·拉弗勒（F. de Laveleye）：《論財產及其原始形態》，巴黎，1874 年版（英譯本，《原始財產》（Primitive Property），倫敦，1878 年版）。關於爭論的起源和過程，參見《經濟史問題》，馮·貝洛（G. von Below）：《一個轉瞬即逝的為人津津樂道的理論》，圖賓根，1920 年版；另參見馬克斯·韋伯：〈關於古代日爾曼社會制度的性質的爭論〉，於《國民經濟和統計年鑒》刊載，第 83 卷（1904 年版）。

第一章　農業組織和有關農業共產主義的問題

德國的村莊和田野，攝於 1894 年

假如我們第一步先對 18 世紀時期日爾曼民族的農業組織進行分析，之後追溯到沒有什麼可供查閱的資料的更古老時期，那麼我們就要先看一下條頓族（Teutonen）[003] 曾經生活過的地方。所以，我們不能把下面三個地區算在內：

（1）易北河（Elbe River）[004] 和薩爾河（Saare River）以東之前斯拉夫人生活的地方；

（2）萊茵地區、黑森（Hessen）地區和大概從黑森地區邊界到雷根斯堡（Regensburg）[005] 鄰近地區的一條粗略連線以南的德國南部地區，也就是以前羅馬人生活的地方；

（3）威悉河（Weser River）[006] 左側岸邊，凱爾特人原本生活在這裡。

這個原為日爾曼人居住區的定居點具有村莊的形式，而非相互獨立的農場。由於每一個村莊都經濟獨立，因此，就沒有與鄰近村莊進行交往的必要，不同村莊之間起初完全沒有道路相互連接。後來出現的道路

---

[003]　古代日爾曼人的一個分支。──譯者注
[004]　歐洲中部主要航運河道。──譯者注
[005]　德國巴伐利亞州的一個城市。──譯者注
[006]　流經德國的第二大河流。──譯者注

也不是有計畫地修築的，而是被過往的路人根據習慣隨意踩踏出來的，下一年可能就會消失，然後再出現，再消失，不斷重複；就這樣過去了幾個世紀，才慢慢地有了維護道路的義務，由擁有土地的個人承擔這一義務。因此，今天這個地區的地圖全圖看起來像是一個不規則的網，村莊的位置就是上面的交點處。

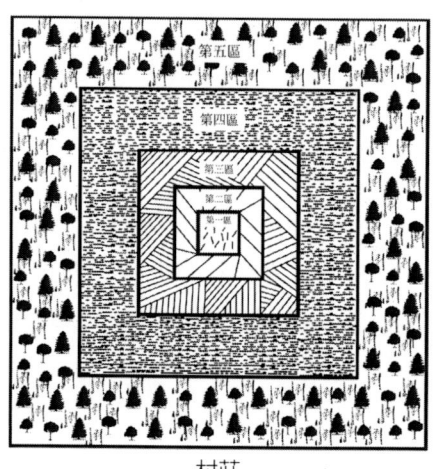

村莊

在這張圖上，第一區，即最內層的區域，是居民住宅區，這些住宅位置看上去雜亂無章。第二區是用籬笆圈起來的土地，數量與村莊裡原來的住宅用地相等。第三區為耕地（見下文），第四區為牧場。每個家庭都有權利在牧場上放牧相同數量的家畜，然而牧場卻不是歸集體公有，而是被分成固定的所有權。森林區（第五區）的情況與此相同，不過森林有時並不完全歸村莊所有；在這一區，村莊居民平均分配砍伐林木、採集墊草和用作飼料的果實等權利。房屋、住宅用地與居民在園地、耕地、牧場和森林中享有的所有權合在一起組成「海得」[007]（英語 hide，德語為 Hufe，與英語中的 have 同源）。

耕地被劃分為若干被稱為大塊（Gewanne）的部分；這些大塊又進一

---

[007] 德國古老的土地計量單位，大概 7.5 至 20 公頃。——譯者注

第一章　農業組織和有關農業共產主義的問題

步被劃分成許多長條地，這些長條地的寬度並非整齊劃一，正常情況下非常窄小。每一大塊上的這樣的長條地都被分給了村裡的農民，因此耕地中的最初配額是相等的。將耕地分成若干大塊的出發點在於盡力使每一個公社成員在不同地點的土壤品質各異的土地上平等地擁有土地。這樣分配土地的情況有一個好處，出現冰雹等自然災害時，村民所遭受的損失一樣，單個農民的風險得到降低。

古代耕作

透過與羅馬人以方田為主的耕作習慣進行對比可以看出，日爾曼人把耕地分成長條地的做法是與他們耕種時所使用的犁的特點有關係的。犁是像耨一樣的工具，起初都是由人用手操作或由畜力拖動的，僅能用來刨土或者是在地面挖溝。為了疏鬆土壤，所有處在耨狀犁階段的民族都不得不在土地上來回耕作。由於這個原因，最合適的土地劃分方法是把土地分成方田，就好像在凱薩時期之後，我們所看到的義大利，和在義大利臺伯河（Tevere River）東南大平原的全圖以及個人所持份地的外部邊界至今所展現出的樣子一樣。

但是日爾曼人的耕種用犁則不是這樣，據我們所知，它是由一把豎著挖土的犁刀、一個橫著挖土的犁頭和右邊一塊用來翻土的犁板組成的。這種犁讓人們不再需要縱橫耕作，並且使用這種犁的時候，長條地是最方便耕種的。在這樣的情況下，一頭牛在一天內，不至於非常疲勞

013

的情況下，所能耕作的土地量決定了長條地的大小——因此日爾曼人將其稱為「莫根」（英語Morning，但是等於英畝）或「塔格韋克」(Tagwerk，一天的工作)。由於這種犁右邊安裝了一塊翻土犁板，在耕地時就會時常向左偏，時間長了，長條地的邊界就會變混亂。犁溝慢慢也就不整齊了，每一塊長條地之間並沒有田埂，至少最初是這樣，僅有邊界犁溝隔開各地，這樣就會經常把別人家的長條地犁過來。因此，「田地審查員」就用桿，後來用所謂彈簧尺恢復原有地界。

由於沒有道路讓各份地之間相通，只能在同一時間根據同一計劃耕作所有份地。耕作的時候一般採用三圃制。在德國，這種制度並不是存在最久的，但這是應用最廣泛的農耕方式。在萊茵地區洛施修道院（Lorsch Abbey）一份大約西元770年的檔案中，三圃制已被認為是當然的事了，因此可以說這一制度的採用應至少可以追溯到8世紀。

三圃制耕作是指把整塊耕地劃分成三個區：在一定的時間內，第一區種植冬季穀物，第二區種植夏季穀物，而第三區實行休耕，還要為其施肥（至少歷史上曾經有此類事情）。三區土地每年輪換，因此如果在今年一個地區種植了冬季穀物，明年就種植夏季穀物，後年則休耕，其他區作相應輪耕。家畜冬天在畜舍中餵養，到夏天他們會在牧場上放牧。在這樣的農耕制度之下，任何個人都不可能與公社其他成員所採用的耕種方法有任何差異；集體讓他做什麼他就做什麼。村長決定播種、收割時間，並且指揮大家用籬笆圍起已播種穀物的耕地，這樣做以便和休耕地隔開。收割一結束，籬笆就會被拆除。在共同收割日，那些沒有把莊稼收割完的人，其莊稼最後的下場就是被放出去吃農作物殘株的家畜踐踏。

海得份地是個人的私有財產，並可以世代承襲[008]。海得份地大小

---

[008] 近來與原始共產主義理論密切相關的爭論主題一直是海得組織。剛開始的時候，有一些學者

第一章　農業組織和有關農業共產主義的問題

各異，每一個村落都有一定的差別。一般都覺得想要讓一個家庭過上普通的日子那麼就需要 40 英畝的土地，這是一個標準。個人自由使用住宅用地和園地，這些土地都是他們持有地的一部分。他們的父母和小孩居住在房屋裡面，一般情況下他們已經成年的兒子也在這個狹義的家庭之中。

耕地所有權也分給個人所有，剩下的已耕種土地是海得農或持有份地的農民（也就是村裡有正式身分的成員或自由民）組成的公社的。這些農民僅僅包括那些在三圍田的每一圍中都有權利持有一份土地的人。沒有土地或者並不是在每一圍中都持有一份土地的農民都不能稱之為海得農。

馬爾克[009]是比村莊還大的團體，它包括森林和荒地，但和公有地或者是墳場相比又不一樣。幾個村落組成了這個團體。現在已經沒有辦法知道馬爾克組織的起源及最初的形式。但是不管怎樣，馬爾克能追本溯源至加洛林王朝（Carolingian dynasty）[010]將行政區劃分為區以前，但與百戶村相比又有些差異。在統一的馬爾克里，有「最高長官」一職，再加上一塊可以世襲的土地，一般情況下國王或封建領主優先擔任這個職務；除此之外，還有海得農代表組成的會議和「森林法庭」，這些代表來自馬爾克所轄的各村。

起初，組成這一經濟的成員在理論上是完全平等的。但是這種平等由於繼承遺產的子女數量的差異而被打破，因而隨之出現了半海得農和四分之一海得農。此外，村裡的居民並不是只有海得農。一些其他社會

認為它是村社田地制度的產物與表現，之後有學者認為莊園的起源就是它。魯貝爾（Rübel）又認為它是由法蘭克王國在整個德意志推廣的薩利系法蘭克族（the Salian Franks）起初所特有的制度。

[009] 是一種土地公有私用的農村公社。——譯者注
[010] 從西元 751 年起統治法蘭克王國的封建王朝，現在的法國、德國便是從法蘭克王國的組成部分演變而來。——譯者注

階層的居民也居住在村裡。第一種人就是沒有成年的幼子，他們是沒有繼承權的。這些人要搬到份地之外的地方居住，他們所擁有的土地還沒有被開墾過，但他們有放牧的權利，在這樣的情況下，他們要交稅。他們的父親也可以從自身所持圍地中分出一部分給他們建造住房。

海得農組織不包括那些從外面來的手藝人及其他居民。因此，在海得農與村中其他階層居民之間就有了明顯的分界線，後者在德國北部稱之為「草澤人」（Brinksitzer）或「貧農」（Kossäten），在南部被稱為傭工或小屋農。這些人之所以屬於這個村子，主要是因為他們在這裡有房子，只不過沒有耕地。不過，如果農民們得到了村長或者是領主（最初氏族）的同意，他們就能賣給這些人一些自己所持份地，或者是這些人能在村裡租一塊公有土地，而他們也能擁有自己的土地。這樣的土地叫「流動份地」；擁有這些土地的人並不需要承擔海得地的義務，莊園法庭並不管他們，這些地能隨意轉給他人。但這樣的土地持有者沒有海得農的權利。像這樣沒有什麼法律地位的人有很多；有的村莊有一半的耕地變成了流動份地。

後來，因為土地所有權的不同，農民被分成了兩個階層，一個是海得農和其他階層，另一個是不在海得組織之中的人。但在海得農上面發展了一個特殊的經濟階層，這些人在主要的村莊外面居住。日爾曼農業制度形成之始只要存在沒有明確歸屬的土地，個人就可以開墾並將其用籬笆圍住；只要他一直耕種，這塊所謂的「圈圍地」就歸屬於他，不然就是馬爾克的了。獲得這「圈圍地」的前提是，擁有數量可觀的牲畜和奴隸，所以一般這樣的情況發生在國王、王公貴族和領主中。

國王擁有馬爾克的最高權力，因此他可以把馬爾克的土地賞給他人。這樣的賞賜是在海得地的分配範圍之外進行的。森林的面積和邊界在這樣分配土地的情況下會有影響，這種土地要先變成可耕土地，處在

更加有利的法律關係下，這是因為它不用承擔敞地[011]的義務。為了把這種賜地區分開來，使用了一種被稱為王室海得的特殊面積單位，相當於一塊四五十公頃[012]的長方形土地。

這樣的古代日爾曼人的海得制度和陳舊的定居方式，流傳到了威悉河和易北河地帶，這些地方是：

(1)斯堪地那維亞——從挪威到卑爾根，從瑞典一直到達爾河，以及丹麥諸島與日德蘭半島。

(2)丹麥人和盎格魯——撒克遜人侵略後的英格蘭（敞地制度）。

(3)幾乎整個法國北部到布拉邦的比利時的大部分地區，而比利時北部、法蘭德斯法蘭德斯及荷蘭的一部分地區則屬於薩利法蘭克人的統治區域，其定居方式有所不同。

(4)德國南部，萊赫河、伊薩爾河和多瑙河之間的地帶，包括符騰堡和巴登的部分地區以及上巴伐利亞或慕尼黑周圍地帶，尤其是艾布靈附近區域。

日爾曼人之後進行殖民活動，因此，易北河以東也出現了年代久遠的日爾曼定居形式，它用一種合理的方式進行傳播。之後，日爾曼人建立了具備合適財產制度及最大限度經濟生活自由的「街道村莊」，這是因為他們想讓這個地區有更多的移民。土地並非不規則地座落在一起，而是分別排列在村莊街道兩旁；每一個住宅都建立在自己的份地或者是海得上，份地都是緊挨著的，排成長條的形狀；但是這裡依然保持著把田地分成為若干大塊與強制統一耕種的做法。

日爾曼人的起源地以外的地方也慢慢地出現了定居的生活方式，慢

---

[011] 日爾曼人使用耕地的方式，因各塊份地之間沒有道路可通行，耕作通常按三圃制進行。——譯者注
[012] 1公頃大約等於212英畝，1英畝=6.075畝。——譯者注

慢地那些明顯的差別顯現了出來，特別是在西發里亞一帶，威悉河把這個地方分成了兩個地區，這兩個地區定居形式不一樣。越過威悉河，就不再是日爾曼的定居形式，河的左岸是有獨立農場聚居地的定居地，這裡混合持有地非常少，也沒有公有地和村落。馬爾克中那些沒有開墾的土地上慢慢出現了這樣的農場。然後把這些開墾之後的耕地分到被稱為「世襲持有農」的公社成員手中。除此之外，因為這樣的分配形式，很多其他移民都加入到馬爾克。他們算是東邊的小農、勞工、手藝人，也就是所謂的「貧農」，和「世襲地持有農」是租賃關係，或者是作為僱傭勞動者為生。因為西發里亞的定居方式，這裡的世襲持有農平均每個人有 200 英畝的土地，所以他們的地位和有混合份地的農民比起來獨立很多，從威悉河到荷蘭海岸地帶，這樣的個體農場聚居地制度占有主導地位，因此，也包括薩利法蘭克族的主要領土。

在東南方，日爾曼人的居住地與阿爾卑斯山脈農業區和南斯拉夫接壤。阿爾卑斯山脈的農業全部建立在畜牧上，因而公共牧場或公有土地至關重要。所以，所有經濟規則均源自「分份」的需要，即源自對有權放牧的人有共同使用牧場的機會的控制。為實現「分份」，需要將牧場分成一定數量的「斯特萊克」（Strikes），一單位「斯特萊克」的相當於養活一頭牲畜全年所必需的牧地量。

在歷史上，在巴納特、塞爾維亞及克羅埃西亞的南方斯拉夫人的經濟單位是札德魯加（Zadruga）或者是家庭公社，一直都不是村莊，而這樣的經濟單位有多久的歷史，一直都是一個很有爭議性的話題。札德魯加是說在一個男性家長帶領下的生活，這個家庭是擴大了的家庭，裡面包括他所有的子孫後代，一般情況下，算上已婚人的另一半人數大概是 40 至 80 人，而且經濟生活的基礎是共產主義。當然，他們通常不會都住在同一個房子裡面，可是在生產與消費上，他們作為一個家庭「同鍋共灶」

第一章　農業組織和有關農業共產主義的問題

生活著。

在西南地區，日爾曼鄉村組織接觸了羅馬土地分配方法的餘響，我們能在這些餘響中看到領主的地產，它在農民的非獨立小田地之間。這兩種制度在巴登、瓦登堡和下巴伐利亞已經在一定程度上融合在一起了，特別是在一些山區和高地，日爾曼的制度逐漸消失。那裡有混合持有地，但是另一方面時而也會有一些村莊的已開墾土地連線成為一體，個人所擁有的土地雖然處於分隔狀態，但並沒有出現什麼平均分配的辦法，也沒有發現什麼分配原則。目前已經無法確知這種被麥岑（A. Meitzen）[013] 稱為「村莊分配」的起源，這些土地可能是賞賜給非自由民所產生的。

目前已經沒有辦法知道這種特殊的日爾曼農業制度的起源，這種制度在加洛林王朝時期就已存在，遠古時期有這樣的方法的可能性不大，因為把敞地劃分為相等的長條地的做法是很系統的做法。麥岑曾提出這種制度由另一種制度演變而來，也就是把土地分為所謂的「拉格莫根」（Lagemorgen，地畝）的制度。拉格莫根大約等於一個農民用一頭牛一上午所能耕作的土地量，不過這一數量因土壤品質、地形及與宅地相隔的距離等不同而差異很大。拉格莫根因此成為敞地或大塊的基礎，任何這種舊分配方式殘留之地，在與後來分為相等長條地的分配方法所形成的幾何圖形相比之下，總是呈現出其不規則狀態。

里徹爾（Rietschel）的近期（研究）意圖被這一觀點否定了，他試圖證明因為軍事需要，所以才出現了日爾曼人的土地與耕種制度。根據里徹爾的理論，「白戶村」組織發展出來了這樣的制度。他覺得百戶村是由100名左右的海得農組成的政治團體，也是一個戰術單位，這些海得農所擁有的土地最少是之後公社海得的四倍大。這種組織的核心人物可能要

---

[013]　德國農業史專家。——譯者注

供服兵役用,因為他們靠從剝奪他們的農奴的勞動中獲得的收入生活,所以他們能和公社分開。正如後來盎格魯撒克遜人一樣,對於承擔一名全副武裝騎士的供養之責而言,海得是一個理想單位。有人認為,公社海得就是經由一個合理化過程而從這種海得組織發展而來的,即將大海得農所持有的土地分為四塊、八塊或十塊的過程。與這種理論截然相反,日爾曼人海得組織大塊土地的分配並不是來自於任何合理化過程,而是從拉格莫根演變而來。不過,還有一個難題,那就是在法國北部,這種海得組織僅出現於薩利法蘭克人開疆擴土的地方,而在他們的原有領土中卻沒有出現。

日爾曼人的原有定居形式目前已不復存在。它的瓦解開始得很早,並且這不是農民採取了什麼措施的結果,而是來自於上層的干預,這些農民並不處於可能實現這一變革的位置。農民早就淪落到依附於政治首領或封建領主的地位;在經濟和軍事意義上,一名公社海得農是弱於王室海得農的。在實現了長時間和平之後,貴族階級對經濟事務的興趣越來越大。恰恰是一部分貴族的經營活動,破壞了鄉村組織,這樣的情況特別是在德國南部表現得很明顯。

舉例來說,自16世紀起,德國南部肯普登(Kempten)的帝國修道院就已經開始了「圈地」運動,並且一直持續到18世紀。已開墾土地經重新分配,農民被安置在排列緊湊的圈圍起來的農場上,並盡可能靠近農場中心。

在德國北邊,舊的土地分配方式在19世紀就被政府廢除了,而為了消除這樣舊有的土地分配辦法,普魯士殘忍地動用了武力。西元1821年,其釋出了公社分配法令,試圖強制實現向交換經濟的轉變,法令的制定與實施是在統一馬爾克、反對混合份地及牧場的自由主義思想的影響下進行的。以強制合併的方式取消了持有混合份地的公社,同時對公

第一章 農業組織和有關農業共產主義的問題

共牧場或公有土地進行分配。因此，農民被迫進入個體經濟生活。

在德國南部，當政者沉醉於對公田制的所謂「淨化」，並在不同份地之間建造路網。結果發生了許多將被合併的個人所持份地之間的交換。雖然公有土地依然存在，可是之後實行了冬季牲畜飼養方法，因而公有土地被大範圍地轉為耕地。新耕地可以作為個體村民的補充收入來源或者用於對老年人的贍養。這種發展在巴登尤為突出。這裡定居地特別稠密，這是因為這裡一貫堅守確保人口有足夠飲食的原則。甚至凡是遷徙者都可以獲得補貼，最終，形勢的發展使一些地方試圖對新舊定居者差異對待，准許新定居者使用村公社範圍內的某些特定公地。

很多學者認為日爾曼鄉村組織是所有民族之前都曾經歷過的原始農業共產主義的一種表現形式，並在其他地方尋找例證，使他們可以合理追溯到日爾曼農業制度之前無法考證的歷史階段。在這一努力中，他們為了得出對原始階段的推論，曾想在卡洛登戰役之前（西元 1746 年）的蘇格蘭農業制度（「小塊土地占有制」）中找到與日爾曼農業制度相像的例證。

誠然，耕地在蘇格蘭被劃分為長條地，各塊份地交錯在一起，且還有公共牧場；就這一點來說，與日爾曼農業制度確有相似之處。然而這些長條地每年或者定期用抽籤的方式來重新分配，於是就有了一些類似於村莊共產主義的地方。在我們所能追溯的最古老的日爾曼土地分配方法中居於基礎地位的拉格莫根制度中卻不曾出現過此類方法。除這一制度之外，在蓋爾人和蘇格蘭人居住的地區形成了塞瓦爾（Cyvvar）制，即共同耕種的習慣，這種制度被認為是蘇格蘭農業制度的一部分。在這種制度下，翻耕在相當長一段時間內已經休耕的土地需要使用由八頭牛拖動的重犁。因為如此，耕牛所有者與重犁所有（一般是村中鐵匠）一般會聯起手來，一人扶犁，一人趕牛，作為一個整體進行耕種。農作物的分

配要麼在收割前，要麼在聯合收割後進行。

蘇格蘭農業制度有別於日爾曼農業制度的另一個事實，即蘇格蘭將全部耕地分為兩個區。內區根據三圃輪換制施肥耕種，而把外區分成五到七段，一年僅耕種其中一段，其他段則任其雜草叢生，當作牧場使用。這種「粗放草田」農牧業的特點詮釋了當時協同耕種的發展，不過在內區，蘇格蘭的個體農民卻像日爾曼農民那樣獨立種田。

蘇格蘭農業制度是一種近期的，且高度發展了的耕種制度；而對凱爾特人原始農業制度的分析則必須從愛爾蘭著手。愛爾蘭農業起初完全建立在畜牧業的基礎上，這是基於如下事實：由於氣候條件的影響，牲畜一整年都能在戶外放牧。牧場則被家庭公社分得，公社的領頭人往往擁有 300 頭牲畜。西元 600 年左右，愛爾蘭農業出現了衰退，經濟組織也歷經變革。然而，與從前一樣，土地並未得到永久性分配，一次分配持續的最長時間也只有一代。一直到 11 世紀，土地的重新分配仍是在首領的主持下進行。

我們幾乎不能從愛爾蘭或者從蘇格蘭的共同耕種制中得出一些有關於日爾曼農業的原始階段的結論，因為我們所了解的最古老的凱爾特人的經濟形式僅僅限於與畜牧業有關的方面。據我們了解，有代表性的日爾曼農業制度的起源肯定是耕種與放牧近乎同等必要的時期。也許這一制度形成於凱薩（Caesar）時期，而粗放草田農業顯然在塔西佗（Tacitus）[014] 時期占主導地位。然而，將這兩位羅馬作者中任何一位的敘述用於分析研究都頗具困難，其中塔西佗的華麗辭藻尤其令人生疑。

與日爾曼土地制度形成明顯對比的是俄羅斯米爾[015]制。在大俄羅斯，這一制度處於主導地位，但是僅限於內地政治區域，在烏克蘭和白

---

[014] 古代羅馬最偉大的歷史學家。——譯者注
[015] 沙俄時代的村社組織。——譯者注

第一章　農業組織和有關農業共產主義的問題

俄羅斯卻未曾出現過這一制度。俄羅斯米爾的村莊是規模非常龐大的街道村莊，一般能容納三、五千居民。園地與耕地均在宅地後面。新成立家庭在一排宅地的末尾處定居。

除了耕地，還存在可利用的公共牧場。耕地先被分成大塊，繼而進一步分為長條地。與日爾曼土地制度形成對比的是，在俄羅斯，長條地並非死板地按戶分配，而是在分配過程中綜合考慮一戶家庭所擁有的人口數量或勞動力數量等因素，因此其分配結果並僅僅是一時的。法律規定重新分配的頻率為每12年進行一次，但事實是重新分配頻繁發生，非永遠不變，通常每1年、3年，或6年就重新分配一次。土地權歸個人所有，而且與村莊有關，跟家庭公社無關。這一權利是永久性的；即使其祖先在幾代之前就已遷出，現在是工廠工人，也依然能返鄉行使這一權利。相反，未經許可，任何人都不能離開公社。土地權可從定期的重新分配中得以表現出來。

然而，因為進行重新分配所需的條件大多數幾乎從來沒有達到過，所以一般情況下，所有村民的一律平等僅是停留於書面的形式而已。凡是人口增長快的家庭都會贊成重新分配；但也存在對他們不利的其他利益關係。米爾決策的民主只在名義上，實際上經常是按照資本主義的方式進行決議。由於缺少糧食，一些單個家庭往往對鄉村資產階級或「富農」負有不同程度的債務，大部分無產者被資產階級透過資金借貸控制了。當對重新分配問題進行決議時，是讓債務人一直貧困下去還是允許其多獲得一點土地，要看哪一種做法對他們有利，根據對自身有利的做法，他們對村中決策進行相應調整。

直到米爾制度在俄羅斯瓦解時，一直存在著對米爾經濟作用的兩種不同觀點。一種觀點認為米爾與個人主義的鄉村組織存在明顯差別，它是經濟生活的救濟方式，而且它把賦予每一名遷出的工人返鄉要求一份

土地的權利，當作解決社會問題的方式。持有這一觀點的人，雖然承認這會阻礙農村生產方法的進步，不過又認為土地使用權迫使每一次進步都得將每一個人都包括在內。持相反觀點的人則認為無條件地把米爾視為進步路上的阻礙以及對沙皇反動政策最強而有力的支持。

20世紀初社會革命力量頗具威脅性的發展導致了米爾的瓦解。在西元1906至1907年的土地改革法中，斯托雷平（Stolypin）[016]賦予農民如下權利：在一定條件下允許農民從米爾中退出，並且可以要求避免他們分得的那份土地於日後重新分配。為了在原則上就像於阿爾高（Allgäu）的圈地那樣把農民們散居於各處，退出人員的那份土地必須是連為一體的一整塊，每一個人都安置在自己所持土地的中間，並且獨立經營。

因此，內務大臣維特（Witte）所渴求的米爾的瓦解最終變成現實。各自由主義政黨不敢這樣主張，或者像立憲民主黨人一樣，不敢相信改革的可能性。斯托雷平土地改革的直接後果是退出米爾的人都是比較富裕的農民、擁有大量資金的人，以及根據家庭成員比例擁有較多土地的人，因而俄羅斯的農民被分為兩個階級。一是富裕的大農場主階級，退出米爾之後，他們轉而經營個人農場；另一階層則是為數眾多的被拋在一邊的農民，本來他們所擁有的土地就少得可憐，現在重新分配土地的權利又被剝奪了，絕望得淪為農村無產階級的地位。後者仇視前者，把他們視為偉大的米爾法律的破壞者；前者則成為現行體制的無條件的維護者，如果不是其間世界大戰的爆發，未嘗不會為沙皇制度提供「武裝保衛」與新的支援。

俄國在米爾的起源這一學術研究問題上存在很大分歧。然而根據最普遍接受的觀點，米爾是稅收制度與農奴制度的產物，並不是一種原始組織。一直到西元1907年，不但米爾的個體成員對村莊擁有土地權，而

---

[016]　俄國政治家，曾擔任末代沙皇尼古拉二世的內務大臣和大臣會議主席。——譯者注

第一章　農業組織和有關農業共產主義的問題

且村莊相應地對其勞動力也有不容置疑的徵用權。即使在村民經村長准許後離開了村莊，從事了全然不同的職業之後，村裡有隨時將其叫回，讓其承擔公共責任的權利。這些責任的來源，與農奴身分的解除及免稅的代價等補償金的分期償付特別相關。在肥沃的土地上，除去加諸他們身上的公共負擔以外，農民還可以獲得一些剩餘利益；所以，城市工人一般也能發現，即便自發返鄉對自身也是有利的；在這種情況下，米爾經常對放棄土地權的人支付一定補償金。但是如果稅賦太高，那就意味著在其他地方可能有更高的收入，對留在村裡的人而言，因為納稅屬於連帶責任，所以納稅負擔亦隨之增加。米爾在這樣的情形下會強制其成員返鄉過農民生活。這一連帶責任最終限制了個體成員的行動自由，相當於透過米爾，已廢除的農奴制又得以延續，農民雖已不再是領主的農奴，但變成了米爾的農奴。

俄羅斯農奴制非常殘酷。農民被折磨得很慘；檢查員每年將已到適婚年齡的男女配成一對，併為他們分配土地。對領主而言，沒有其必須遵守的法律，但他們有傳統權利；這樣的安排他可以隨時廢止。在農奴制時期，在土壤貧瘠的情況下，土地的重新分配根據各農戶家庭的勞動者數量進行；而土壤肥沃時，則根據每戶人口數量進行。無論是哪一種情況，只要公社對領主負有連帶支付責任，農民對土地承擔的義務就會超過其享有的權利。與此同時，即便在今天，俄羅斯莊園對農民的剝削即使仍是這樣的程度，領主幾乎不提供任何東西，都用農民的資金與馬匹進行耕種。土地要麼租給農民，要麼在莊園管家的監督下，強迫農民用自己的農具與牲畜耕作。

在16、17世紀，農民所承擔的對領主的連帶責任以及農奴制出現了。之後發展成了土地重新分配的習慣。這種重新分配的習慣並沒有出現在烏克蘭和16、17世紀俄羅斯那些於莫斯科公國統治之下的地區，特

第一篇　家庭、氏族、村落以及莊園

別是西部。這些地方的土地是永久地分配給各獨立農戶的。

荷蘭東印度公司在他們所擁有的土地上遵循的經濟制度也是基於這一連帶責任原則。公司強迫公社對稻米和菸草稅承擔連帶責任。基於這種連帶責任，公社最終強迫社員留在村中以分擔賦稅。隨著19世紀連帶責任制的廢除，強制社員入社的公社也自此衰落。

這種經濟制度包括兩種稻穀種植方法：一種是產量相對較低的旱稻種植法；另一種是水稻種植法，水田四周用田埂圍住，進而再分為小塊，這是為了防止灌溉用水的流失。那些開發出水田的人，都擁有不可轉讓的世襲財產權。旱田實行的是公社外區粗放草田經濟的游牧式農牧業，就像蘇格蘭農村公社那樣，全村一起開墾，各戶單獨耕種與收割。耕種三四年墾地後，就要進行休耕，所以村莊必須再到一個新的地方開墾。從以往情況能夠看出，只有荷蘭東印度公司的殘酷剝削制度產生才會發展成這種重新分配制度。

西元1830年代，公司所採用的制度被另一種制度代替。農民在這種制度下必須拿出五分之一的土地給國家，並且還要在這片土地上耕作，這部分土地是根據規定種植莊稼的。19世紀，這種制度消失了，代之以一種更為合理的農牧業生產方式。

根據中國古代相關文獻的記述，中國也曾經出現過這樣的制度[017]。耕地被分成九塊方田，農戶被分配外圍各塊土地，中間一塊就是給皇帝的。農戶對土地只有使用權；戶主死後，要進行重新分配。這種制度僅具有暫時的重要性，在大河附近便於灌溉水稻的地方，這樣的方式才占居主導地位。在這種情況下，共產主義農業組織的成立並不是源於原始條件，只不過是出於財政方面的考慮。在當今中國農村仍然常見的氏族

---

[017] 與馬克斯·韋伯，《宗教社會學論文集》，圖賓根，1920年版，第1卷，第350頁以及所引用的參考文獻略進行比較。

第一章　農業組織和有關農業共產主義的問題

經濟中反而可以找到中國原始經濟組織，氏族擁有自己的小祠堂和私塾，一起耕種，從事經濟活動。

農業共產主義制度的最後一個假設事例來自印度。這裡同時有兩種不同的農村組織形式。公共牧場和園地是這兩種不同形式的共同點，後者類似於日爾曼農業制度中僱傭勞動者和小屋農賴以生活的那部分土地。這裡居住著寺院僧侶（與婆羅門相比，他們只是從屬地位）、手藝人、洗衣匠、理髮匠及村中的各種勞動者——本村「居民」。他們始終遵守「造物主」準則，他們工作並不要報酬，而只是為公社服務，以此來獲得一份土地或收成[018]。土地所有權因村而異。在實行 Ryotvari 制的村裡，個人擁有土地所有權，納稅負擔也是如此。村莊的首領是村長。農民不能享有統一馬爾克的財產，這些財產歸屬於國王。想要開墾土地的人，都必須支付使用費，才能獲得這一權利。

寺院變成了農舍

另一種形式則以處於一個「共同體」管理之下的村莊為代表，這是一個特權貴族的共同體，即沒有領袖的完全世襲地持有農或海得農的農村貴族階級的共同體。這些農村貴族將土地出租給農民，統一的馬爾克

---

[018] 可用來解釋印度情況穩定性的並不是這類措施，而是種姓制度，正如卡爾·馬克思所認可的那樣，跟中國的氏族經濟類似。

也是他們的；因此他們的地位在真正的農民與國王之間。這類村莊分為兩種類型：一類是實行帕提達里制的村莊，在這裡土地得到具有決定性的分割與分配。使用者死後，他的那份土地由與其有血緣關係的後代繼承，而且當再次繼承時，土地將被重新分配。另一類是實行巴雅查拉制的村莊，在這種村莊裡，土地分配根據擁有的勞動力或所屬等級進行。最後，還有一些完全處於包稅人[019]和領主控制之下的村莊，即實行柴明達里制的村莊，帕提達里制村莊也是封建持有地的分割發展而來。

印度情況的特殊之處在於，由於租稅的承包與分包，大量承包人存在於領主與農民中間。經常會用這樣的方式出現一連串四五個承包人。在承包人與大農場主的這個集團內，曾有一種名義上的共產主義出現。一些農民從事著共產主義農業的生產經營，他們並非分配土地，而是分享收成，而有分享權的所有者對地租進行分配。因此，這種農業共產主義的事例追根究柢也是出於財政方面的考慮。

其次，在德國，學者們認為可從莫瑟爾河（Moselle River）的所謂「農家公社」的持有地中發現原始農業共產主義的蹤跡，他們持有這種觀點一直到拉姆普雷希特（Lamprecht）[020]意識到這種持有地的本質為止。直到如今，這些持有地仍主要是由林地構成，但是以前也曾包括牧場和耕地，它們定期用抽籤的方法進行分配，這是按照公有土地的分配方式進行的。這種方式是來自領主的政策，並不是原始的。農家公社起初是由小農支撐，即由馬爾克公社社員耕種莊園式農場或地產。然而當領主變為騎士，並且不再直接經營農業時，他們發現，農民都有自私心理，利用這一點以收取固定地租為條件把土地出租給農民對自己有更多好處。這裡我們要再一次提到連帶責任制原則。馬爾克組織要麼負責利益

---

[019] 包稅制情況下承包稅款徵收工作的中間人，通過向政府繳納規定金額的稅款，獲得向納稅人徵稅的權利。——譯者注

[020] 德國史學家，跨學科史學的宣導者。——譯者注

第一章　農業組織和有關農業共產主義的問題

的正式分配，要麼負責用抽籤的辦法進行定期的重新分配。

並非所有事例都能用來證明拉弗勒（Laveleye）的論斷，這一論斷是：在社會發展程序的開始階段，農業共產主義所說的是共產主義式的農耕；而不僅僅是指對土地的共同所有權——這是必須加以明確區分的兩件事。但事實並不是這樣，因為實際上最初的農耕並不是一起進行的。這裡的觀點存在明顯的衝突。自由主義者竭盡可能把私有財產的起源追根溯源至想像中的人類遠祖時期，而社會主義作者則視私有財產為由美德向罪惡的墮落。實際上，對於原始人的經濟生活，我們無法做出任何確切的一般性推斷。如果我們想從歐洲影響尚未接觸到的人口中尋找答案，就會發現沒有任何一致之處，差異極大。

所謂的耨耕在原始農業生活中占據主導地位。耕種所用農具僅是一根帶尖的棍子，不用犁也不用馱畜[021]，男人在田間來回走動用它挖坑，女人將種子放入坑內。然而，使用這種種植方法，人們可能結成完全不一樣的組織形式。在巴西內陸的瓜托人能發現個體經濟，但沒有證據表明以前出現過其他組織形式。每一戶家庭都能自己豐衣足食，家庭之間也沒有專門分工，家庭成員之間或許有些分工，而且部落之間的交換關係也頗為有限。與之相反的極端則是工作均集中在一個大的中央居所裡進行，與易洛魁人長屋裡的情形類似。這裡的婦女在一個領頭婦女的領導下聚在一起，她負責給各個家庭分配工作和產品。男人負責作戰與打獵，還會做建造房屋、開墾土地以及放牧牲畜等重體力勞動。放牧起初算是一種高貴職業，因為馴養牲畜必須要有一定的力量與技巧。後來對這一工作的尊重則是出於傳統與習慣。在世界各地，我們都看到一樣的

---

[021] 歐洲在農業經濟上與亞洲各地的主要差別可追溯到如下事實：歐洲早在荷馬時期便有了擠奶的方法，那時中國人和爪哇人都不懂使用動物奶。另一方面，從中世紀開始，印度便禁止宰殺家畜，上層社會即使現在仍譴責食肉者。因此亞洲的廣大地區既沒有用來提供肉食的動物，也沒有用來擠奶的動物。

情況，在黑人部落這樣的情況尤其明顯；在這些部落中，女人一般在田間工作。

第二章　財產制度與社會團體

一、財產的占有形式

財產占有形式（the forms of appropriation）的多樣性與農耕形式的多樣性差不多，很是相似。一開始各地的所有權都歸家庭公社所有，但是由於家庭公社可能是像易洛魁人[022]的長屋那樣的一個大組織，或者是像南方斯拉夫人的札德魯加那樣的單個家庭。因此，可以在兩種不同的基礎上行使所有權。

第一種是勞動的物質手段，特別是當把土地看成是工具的情況下，女子和其親族便常常使用這個手段。第二種是當土地被看成是「父系土地」，也就是已被男人征服並由男人來保護的土地，土地歸屬於男性集團或者其他男性氏族。

無論是哪一種情況，原始占有形式與勞動分工並不單純取決於純粹經濟上的考慮，宗教、軍事和巫術方面的動機也參與其中。

從前，個人必須適應他所在的各種團體。這些團體有如下幾種類型：

（1）家庭。雖然家庭結構各異，但它一直是一個消費團體。物質生產手段，特別是動產，也可能歸屬於家庭團體。在這種情況下，財產的占用可在家庭範圍內進一步劃分，比如一些特殊的繼承方式，如武器及男性裝配歸男子所有；飾品及女性服飾則歸女子所有。

（2）氏族。氏族也可以根據所有權的大小持有財物。它可能擁有土地。不過無論怎樣氏族成員往往對家庭公社的財產仍正式擁有某種權利，例如：有產業要出售時必須獲得成員的同意，或者成員對所售產業

---

[022] 北美洲印第安人的一支，其住房被稱為長屋，每座長屋中住著一個母系家族。——譯者注

有優先認購權，這些均可視為原先廣泛擴張的財產權的痕跡。

除此之外，氏族還負責保護個人的安全。復仇的責任及執行復仇法的責任也均由氏族承擔。成員有權分得一份殺人補償金，而且由於對氏族中的女人享有共同所有權，因此有權從新娘的聘禮中分得一份。結構上，其可能是父系的也可能是母系的，如果財產權及其他權利歸男性所有，則稱之為父系氏族，反之則是母系氏族。

(3)巫術團體。其中，圖騰氏族是最重要的團體，它產生於某種萬物有靈論與靈體信仰占主導地位的時期。

(4)村莊與馬爾克團體，經濟上特別具有重要性。

(5)政治團體。這種組織保護村莊占用的土地，因而擁有土地授予方面的廣泛權利。另外，他還要求個人服兵役及司法服務，並給予個人相應權利[023]；同時它也徵發徭役及賦稅。

在不同的條件下，個人還必須將以下兩點考慮在內：

(6)在耕種非自己土地時的土地領主權。

(7)在自己不是自由人而是他人奴隸時的人身領主權。

從前，每一名日爾曼個體農民均與一位領主有土地與人身的領主權關係，與政治元首也有這種關係，其中一人或者多於一人對其有要求其服徭役的權利。農業發展採取的形式會因為這些領主是同為一人還是不同的人而有不同。在前一種情況下，不同領主之間的競爭有利於農民獲得自由；而在後一種情況下，則有向奴隸制發展的趨勢。

二、家庭團體與氏族

當今，家庭團體或者家庭往往是一個小家庭，即由父母及其兒女組成的團體。它以假設為長久的合法婚姻為基礎。這種小家庭的經濟生活

---

[023] 與農民戰爭時期仍然存在的佩帶武器的權利進行比較，將會發現儘管自由民擁有與參加此類司法團體的義務以及相對應的權利。

在消費上是一體的，不過至少在名義上是有別於生產機構的。在家庭範圍內，一家之主個人擁有全部財產權，不過對於妻子與子女的特殊財物，這一權利受到不同程度的限制。親屬關係是按照父系與母系雙方同樣計算的，這種關係的重要性事實上僅限於在繼承問題上。原有意義上的氏族概念已不復存在；它的痕跡只有在旁系親屬的繼承權中才能找到，即便是在這一點上，這種關係的年代與歷史也仍存在疑問[024]。

社會主義理論源自於對婚姻制度不同發展階段的假設。按照這種看法，原始狀態是原始部落內隨意發生性關係的亂婚，與私有財產的完全缺失相對應。這一假設可從所謂的原始狀態的各種痕跡中找到證據：

原始部落中具有縱慾性質的宗教習慣，當酒肉狂歡之際，加諸性關係之上的各種限制就此消失；在一些部落中，男人和女人在結婚之前均享有性關係的自由；古代東方寺廟裡的奴隸為獻神而委身於任何男子的性濫交；最後，在以色列人中間及很多地方都有迎娶寡嫂的習慣，包括同族兄弟有迎娶自家兄弟遺孀併為其傳宗接代的權利與義務。

根據上述情況可以看出原始通婚的殘餘，而通婚範圍據推斷已逐漸減小為某一特定人的權利。

根據這種社會主義理論，群婚是第二個發展階段。某一些團體（部落或者氏族）與另外的團體結合成一個婚姻單位，某一團體的任一男子均可視為另一個團體中任一女子的丈夫。這種論點是基於來自於下述事實的推斷得出：在印第安人的部落中，除父母的稱呼之外沒有任何親屬的

---

[024] 這種研究可追溯至巴霍芬（J. J. Bachofen）的《母權論》（司徒加特，1861年版）。巴霍芬關於家庭組織的「母權」的起源的主張已經被摩根（L. H. Morgan）（尤其是《古代社會》，紐約，1877年版）和梅因（H. S. Maine）（《古代法律》，倫敦，1861年版）所認可，而且已經成為社會主義理論的基礎。請與倍倍爾（Bebel）、恩格斯（Engels）以及庫諾（Cunow）的著作進行對比。格羅塞（E. Grosse）的《家庭組織和經濟組織》（弗萊堡和萊比錫，1898年版），代表了對片面母權理論的攻擊。瑪麗安妮·韋伯（Mariance Weber）的《權利發展中的妻子和母親》（圖賓根，1907年版）是對相關知識的現況進行闡述而且大體上沒有偏見的。

稱謂；待成長到一定年齡，所有人都會胡亂地得到這些稱謂。再者，進一步的證據可以得自於南太平洋群島一些婚姻團體的個別事例，一些女人對某一特定男人擁有這種權利，或與之相反，一些男人對某一特定女人擁有同時或相繼的性權利。

　　社會主義理論認為「母權制」[025]是一個基本的過渡階段。按照這一理論，在性行為與生育之間的因果關係尚未為人們所認知的時代，家庭公社是由母系團體構成的，並不是由家庭；因此，僅有母系親屬才擁有法律上或者儀式上的地位。這一階段是從分布廣泛的「舅權制」推導得出的。在這種制度中，母親的兄弟是女方的保護者，因此，她的兒女可以從舅舅那裡繼承財產。這種母權制也是發展過程當中的一個階段。在這種很多社會都可以見到的制度下，酋長的榮譽只歸女子所有，並且是經濟事務，尤其是家庭公社經濟事務的領導者。

　　據推斷，透過搶婚制實現了母權制向父權制的過渡。在一定的階段之後，亂婚的禮儀基準受到譴責，而且外婚制代替內婚製成為一般原則，即性關係逐漸限制為僅以其他團體的人為對象，用暴力手段從這些團體中掠奪女人也是被包含在內的。

　　這一做法發展出了買賣婚姻。這種發展過程的論點可以從如下事實中推斷出：結婚儀式甚至在早已發展到契約婚姻階段的很多文明民族中仍具有強行誘拐的特徵。最後，在社會主義思想中，向一夫一妻合法制與父權制的過渡，與私有財產的起源及男人想要得到合法的繼承人有關係。自此，一夫一妻制的婚姻與賣淫攜手並進，墮入了罪惡的深淵。

　　有關母權學說及以此為根據的社會主學說的內容就介紹這麼多。這一學說雖然在細節上是站不住腳的，不過就整體而言，對問題的解決則作出了有價值的貢獻。這裡再次證實了一個古老的真理，那就是巧妙的

---

[025] 根據母系血緣關係決定繼嗣關係和財產繼承關係的母系氏族制。——譯者注

錯誤比愚蠢的正確對科學更有益。若要評價這一學說，則不得不先思考一下賣淫現象的發展演變，但這裡不涉及道德評價。

我們認為賣淫是為了獲得一定的金錢收入而作為一種正式職業存在的，以性關係作為交易的行為。這樣看來，它並非一夫一妻制及私有財產制的產物，而是源於遠古時代。沒有一個歷史時期或者發展階段不存在賣淫。這種賣淫在伊斯蘭教文明中的確很少見，而且也不存在於有些原始民族中，然而在社會主義理論者所說的那些沒有私有財產的民族中卻存在著賣淫制度本身及對同性和異性賣淫的懲罰。

不管在什麼時候什麼地點，這一職業總是被看成是一個社會階層的職業，而且通常處於被排斥的地位，宗教賣淫是個例外。在職業賣淫和各種形式的婚姻之間，存在長久或臨時性關係的各種可能的中間形式，這些形式的性關係不一定受到道德譴責或法律懲罰。雖然現在婚姻之外的性愉悅滿足的合約是無效的，也就是法律所禁止的卑鄙原因使其無效，不過在埃及的托勒密王朝，存在性契約自由，女人不得不以對男人性要求的滿足來交換財產權、食物或者其他報酬。

然而，賣淫不但以無約束的性委身的形式出現，而且還以符合神聖規範的宗教儀式上的賣淫形式出現，例如，印度與古代東方寺廟裡獻神的奴隸。這全部是女奴，她們待在寺廟裡必須履行各種宗教服務職責，其中一部分職責就是於性的狂歡之中。那些女奴時而也為得到報酬委身於平民。這種奴隸制可以追溯到祭祀制度，追本溯源至有性慾特徵的萬物有靈論的巫術，即從瘋狂興奮的狀態進入性的濫交。

在各農業民族中，祈禱豐收的巫術形式的性行為流行甚廣。出於對產量增長的期盼，性的狂歡甚至發生於土地上。為了參加這種聖禮，印度出現了舞妓，她們是自由的藝妓，在印度文化生活中有很大影響力，類似於希臘婦女中的藝妓。雖然她們的生活條件良好，但卻被歸類於最

低賤的階層，而且正像印度舞蹈劇展現的那樣，如果因奇蹟發生而成為生活條件降低很多的已婚婦女，從而地位得以提升，那將被視為無上的幸運。

在巴比倫和耶路撒冷除了用於獻神的奴隸之外，還可找到真正的廟妓，過往的商人主要是她們的顧客。當其職業失去神聖與狂歡節性質後，這些人在寺廟物質利益的保護下仍堅持舊業。反對官方許可的合法賣淫及其產生的根源——狂歡節的鬥爭是由偉大救世宗教的先知及僧侶進行的，例如祆教徒、婆羅門教徒和《舊約全書》的先知。他們之所以進行鬥爭，在一定程度上是出於道德與理性的原因，這些人進行鬥爭是希望讓男性的精神生活更加豐富多彩，而且他們還覺得縱慾是宗教意念取得偉大勝利的最大障礙。

另外，異教團體的競爭也發揮了一定作用。古代以色列人的神並非像巴力（巴力）那樣的陰間神靈，而是山神，而且在鬥爭中支持僧侶的力量中有員警，因為政府害怕狂歡現象相關的情緒激動會引發社會底層的革命運動。然而，在受政府懷疑的狂歡節被廢除之後，賣淫還是被保留下來，不過卻是非法的。中世紀時，雖然存在教會的訓誡，賣淫還是得到了官方認可，而且還組織了同業公會。在日本，茶寮下女偶爾當妓女使用的習俗流傳了下來，並且她們的社會地位並沒有因此喪失，還在婚姻問題上特別受歡迎。

賣淫制度地位的改變一直到 15 世紀末才開始，這一時期正是法國查理八世（Charles VIII）出征那不勒斯期間性病猖獗之後。自那時起開始了大張旗鼓的隔離制度，此前只是劃分割槽域但不與一般居民隔離。新教，特別是喀爾文教派，禁慾傾向的興起抵制了賣淫制度，和之後天主教所發揮的作用一樣，但是後者更溫和和謹慎。宗教對賣淫抵製作用的

結果與同樣發起鬥爭反對狂歡習俗的穆罕默德[026]和《塔木德經》[027]制定者所取得的結果相差無幾。

如若要分析婚姻之外的性關係，那就要把賣淫與女性的性自由區分開。性自由對於男人而言總被認為是理所應當的，但三大一神教首先對其進行譴責，實際上，猶太教對男人性自由的譴責是在猶太法典制定之後才開始的。女人最初擁有的平等的性自由可以從以下事實中發現：

儘管長久婚姻已經被穆罕默德時期的阿拉伯人認可，但仍然存在著為換得生活資料的臨時婚姻與試婚。在埃及與別處也可以找到試婚。上層階級家庭的女孩特別厭惡屈從於家長制包辦婚姻那種嚴厲的家庭約束，而不願放棄自身性自由，往往待在父母家裡，與男人結成自願的任何形式的婚約。

除了這樣的個人性自由的例子以外，不得不提到氏族有可能利用女人為其牟利以及為換得糧食出租女人。所謂的性招待，即把自己的妻女獻給貴賓的義務，也應該得到承認。最後，發展起來了納妾的做法，它在以下事實中有別於婚姻：

妾的孩子不能獲得完全的合法地位。它始終與社會階級差異相適應，並且包括跨越階級藩籬的同居，而且出現於階級內部通婚已經形成之後。納妾在羅馬帝國時期已經完全獲得法律承認，特別是對不准結婚的士兵及出於社會階級方面的考慮結婚機會受限的元老院議員而言更是如此。這一做法在中世紀時期一直得以保持，西元1515年第五屆拉特蘭會議（Fourth Council of the Lateran）第一次對其完全禁止。不過宗教改革中的改革派則在一開始便反對這種做法，自那時起西方世界就不存在被法律所認可的納妾制度了。

---

[026] 伊斯蘭教徒公認的先知，伊斯蘭教的復興者。——譯者注
[027] 記錄了猶太教律法、條例及傳統的宗教文獻。——譯者注

對社會主義母權理論的進一步研究發現，這一理論提出的性生活的任何一個階段均無法表明曾經是一般發展程序的某個階段。有這種情況發生的地方，環境總是很特殊的。就算真的有性濫交，它或者是更為古老的性生活的嚴苛規則退化的產物，或者是一種具有狂歡特徵的特殊現象。

母權理論方面應當承認，萬物有靈論宗教信仰的歷史顯示出，生育行為與生育之間的連繫起初不為人們所了解。結果是，不承認父親與孩子之間的血緣紐帶，就像現在私生子生活於母權的保護之下。然而，孩子單獨與母親生活在一起的純粹的母系組織的現象，僅僅發生於十分特殊的情況下，不是普遍存在的。

家族的內部通婚或者兄妹結婚，是一種為了保持皇族血統純潔的貴族制度，就像托勒密皇族的內部通婚。

氏族的優先權是指女孩在與外面的人結婚之前必須先將自己的身體貢獻給她所在氏族的成員，她也能把這種優先權買回去；這種優先權可用財富的分化進行解釋，是防止財富耗散的一種方式。迎娶寡嫂的行為也不是與原始條件相對應，而是源於以下事實：出於軍事和宗教上的原因，而想方設法避免某個男人絕後；沒有武士的家庭不能讓他絕後。

在社會階層化之後，產生了階級內部通婚，從進一步的意義上講，也就是指把女兒送給那些特定政治或經濟團體的成員。在希臘民主政治時期，為了把財產限定在本市市民階級範圍內，以及透過限制人口以幾何乘數增加而給予市民階級壟斷政治的機會，這一婚姻形式曾經大範圍流行。非常極端的階級分化發展的情況下，例如印度的種姓制度，通婚也採取了跨階級的形式。高級種姓的男人能夠按自己的意願與低階種姓的女子發生性關係或者結婚，但是高級種姓的女子卻不可以這樣做。結果，低階種姓的女子可能會為了錢財而出賣自己，而高級種姓的女孩則

被人用金錢換得一個男人。婚約是在孩提時代定下的，而且男人則可以和幾個女人結婚，並且被女方的父母養著，他能自己選擇去誰家。這種習俗在印度被英國政府取締了，強制名義上的丈夫承擔女人的供養之責。任何存在同族通婚的地方，均非前進，應將其視為一種倒退。

至於家族的外婚制歷來在每個地方都能找到，幾乎沒有什麼例外情況。這種情況是為了防止家族內部男人之間的相互嫉妒而做的努力以及對以下事實的認知：一起長大的男女很難發展出強烈的性衝動。氏族的外婚制通常與屬於圖騰信仰的萬物有靈論觀念相關。那種認為它曾經傳播到世界各地的說法卻無法證實，儘管在像美洲及印度群島那樣被隔開的地區都能找到它。搶婚行為一直被受影響的家屬視為不合法，並且可以把它當成是血親復仇及強徵贖命金的理由，不過與此同時也被看作十分勇敢的冒險行為。

基於家長制的合法婚姻，其突出特徵是從一定的社會團體的觀念來說，一名男性僅其特定妻子的孩子才擁有充分合法的身分。這種社會團體可能是以下幾種類型：

(1)家庭團體：只有與正妻婚生的子女才享有財產繼承權，副妻與妾的孩子則不能享有。

(2)氏族：僅婚生子女才能擁有血親復仇、贖命金徵收以及財產繼承等約定俗成的權利義務。

(3)軍事團體：僅婚生子女才擁有攜帶武器、分享戰利品或所佔領的土地以及參加土地分配的權利。

(4)階級團體：僅婚生子女才是本階級的正式成員。

(5)宗教團體：僅合法後代才被看作有資格獻祭祖先，神也只接受他們的供奉。

除了基於家長制的合法婚姻之外，還有一些其他可能的婚姻安排方式如下所述：

(1)純粹的母權制團體。被視為團體合法領袖的父親在這一團體內是缺失的，親屬關係僅存在於子女與母親或者母親的親屬之間。純粹的母系團體特別與男性團體相關聯（見下文）。

(2)純粹的父系團體。一位父親的所有子女，包括副妻、妾和奴隸所生的子女，以及養子（女），他們的地位一律平等。女人及其子女均須聽他的。基於家長制的合法婚姻就是由此發展而來的。

(3)均隸屬於母親的氏族，而非父親的氏族。據發現，這種情況與圖騰崇拜相關，並且是男妓組織的痕跡（見下文）。

三、由經濟與非經濟因素決定的家庭的發展演變

要研究這一問題，需要首先對原始經濟生活做一全面考察。在當前的科學討論中，原始經濟生活一致被劃分為狩獵經濟、畜牧經濟和農業經濟三個不同階段的做法是站不住腳的。純粹的狩獵部落與純粹的游牧部落都並非原始部落；就算它們的確曾經存在過，也不能擺脫對自己部落內部及其與農業部落之間物品交換的依靠。

與之相反，建立在耨耕水準之上游牧式農業是經濟的原始狀態，而且通常和狩獵經濟結合在一起。耨耕是一種沒有家畜，特別是沒有馱畜的農耕方式；耕犁代表了原始農業向傳統農業的轉變。家畜的馴養需要一段很長的時間。可能一開始先有了耕畜，後來又有了奶畜。直至今日，在東方的一些地方奶畜養殖仍然不為人知。牲畜用作肉食則是在耕畜和奶畜出現以後。作為一種偶然現象，牲畜的屠宰無疑出現得相對較早，而且與肉食者的狂歡儀式相關。最後，我們發現了用於軍事用途的動物馴養。自西元前16世紀馬匹就已經供人們在平原上騎乘之用及其他

第二章 財產制度與社會團體

各地作拖曳、牽引之用；而且中國、印度到愛爾蘭的所有各族居民都習以為常的英勇的戰車作戰時期也已拉開帷幕。

小規模農戶就可對耨耕進行單獨操作，或者由多戶家庭組成甚至多達數百人的勞動群體操作。後一種農耕方式是農業技術歷經了相當程度的發展之後的產物。狩獵原本一定是共同進行的，儘管狩獵活動的社會化是環境狀況所致。家畜的飼養可由個體農戶單獨進行，並且一直肯定是這樣；不管怎樣，因為大規模畜群需要分散於廣泛的區域，所以經營畜牧業的社會團體不可能規模很大。最後，粗放型農業可以有各種經營方式，不過土地開墾卻需要集體行動。

田野

在探討農牧業經營方式的差別時，還論及了兩性之間勞動分工形式。土地耕作與農作物收割工作起初主要落在女人身上。只有當需要重體力勞動時，如耨狀農具被耕犁所取代時，男人才有必要參加。而以紡織為主的嚴格意義上的家庭勞動，則只有婦女參加。男人的工作還包括狩獵、飼養耕牛之類的家畜（小動物的飼養仍然是女人的工作職責）還有木材與金屬加工，以及最後一項也是最重要的一項，參加戰爭。女人的勞動是一個連續過程，而男人的勞動則是時斷時續的。隨著勞動的難度

和強度逐漸增加，男人才開始了連續勞動。

這些條件的相互作用產生了兩種類型的社會化，一方面是家庭勞動與田間勞動的社會化，另一方面是狩獵與作戰的社會化。第一種類型的社會化以女人為中心進行，而且她們經常在此基礎上占有舉足輕重的社會地位；並且往往掌握完全的控制權。女人的家庭最初就是工作間，而狩獵與作戰的社會化則導致男人的社團應運而生。不管一家之長是像印第安人那樣的女子還是男子，家庭內部總是存在傳統的奴役以及相應的家長地位。

與之相反，狩獵與作戰的社會化則是在為實現這一目的而根據功績或天資選拔出來的首領的領導之下進行的。選拔過程中的決定因素並非他的親屬關係，而是他本身的驍勇善戰以及其他個人特質。他是自由選出的領導者，帶領著自由選出的屬下。

與女人從事經濟活動的家庭公社相對應的是男子會所。在人生的 25 至 30 歲這段有限的時間內，所有男子都離開他們的家庭而在一個會所裡共同生活。他們從事狩獵、戰爭、巫術、以及武器和其他重要的鐵製工具的生產製造。年輕人往往以搶奪方式娶妻，因此婚姻具有多夫制的特徵，要不然就是買妻。為了維護其神祕性，男子會所禁止女子進入。它透過營造恐怖環境維護其神聖性，就像南太平洋島民杜克 —— 杜克一樣。當正式流行氏族的外婚制之時，舅權制往往與男子會所制度相關，而且經常、雖然並非總是與母系親屬相關。一般來說，男性團體又可根據年齡分成不同類別。他們到達一定年齡之後就從男子會所退出，回到村裡與妻子團聚。

一般而言，男子會所也招收不滿 25 歲的見習者。男孩子長到一定年齡，就被帶出家庭，完成一定的巫術流程（一般包括割禮），接受成年禮，然後他們開始在男子會所的生活。男子會所是一種軍營，這種軍事

第二章　財產制度與社會團體

制度在瓦解過程中產生了各種不同的發展路線，例如巫術聯盟或者 19 世紀初義大利犯罪分子祕密社團式的祕密政治團體。斯巴達的會團、希臘的胞族[028]以及古羅馬元老院均是這種制度的例證。

並非世界各地都形成了這種原始軍事組織，即便是曾經出現過的地方，也很快就消失了，這或許可以歸因於去軍事化的過程，或者軍事技術的進步使需配備重武器和經過特殊訓練的軍隊更有利於單獨戰鬥。特別是車戰與馬戰促進了軍事組織向這一方向的發展演變。結果是，男人往往回到家中和妻子生活在一起，而且軍事保護的實施是透過制度安排給予戰士土地上的特殊權利，不再是透過男子會所的共產主義，這使他們有能力武裝自己。血緣關係開始變得特別重要，而世界各地伴隨出現的是某種形式的原始的萬物有靈論或者精靈信仰。

在男子會所制度中顯然可以找到圖騰信仰[029]的來源，圖騰信仰以萬物有靈論為基礎，儘管後來逐漸變得與萬物有靈論脫節了。圖騰被認為是一個有精靈附體的動物、石頭、人工製品或者任何物體，圖騰集團中的成員均與這種精靈存在血緣關係。當圖騰是一隻動物時，這樣的動物就不准被殺害，因為它與集團均出自同一血統；而且從這種禁忌中發展出各式各樣儀式上的食物禁忌。同屬一個圖騰的人們形成一種文化同盟，抑或是一個和平集團，集團成員之間不可以發生戰爭。

他們實行外婚制，同一圖騰集團內成員之間的婚姻被視為亂倫，而且亂倫者會受到嚴厲懲罰以贖其罪孽。從而，一個圖騰集團就成為其他圖騰集團的結婚對象。就這一點而言，圖騰集團一般會成為一個貫穿於家庭和政治團體的儀式上的概念。儘管有的父親與妻子兒女一起生活在家庭團體裡，但是母系繼承制卻成為相當普遍的慣例，子女屬於母親的

---

[028] 介於氏族與部落之間的群體，若干有共同祖先或共同祭禮或親屬慣例的氏族結合成胞族，而若干胞族組成部落。—— 譯者注
[029] 見弗雷澤（J. G. Frazer）：《圖騰信仰和外婚制》，倫敦，1910 年版。

氏族，而且與父親在禮儀上疏遠。這就是所謂母權制的事實，因而母權制連同圖騰信仰均是男子會所時期的殘留痕跡。不存在圖騰信仰的地方，我們都能發現家長制，或者說是按父系繼承的父權占統治地位的制度。

　　向父權制發展的傾向越來越明顯，可以從已經存在的土地保有制度看出來，它與年代久遠的母權制的鬥爭。土地分配按照經濟原則來說，土地就是女子勞動的地方，按照軍事原則，土地被看成是征服之後的碩果，也是軍事保護的地方。子女們身上有耕種田地的責任，舅父是這些子女的監護人，因此最後由他繼承這些土地。相反，如果土地被當成了「父系土地」，軍事組織就擁有這些土地的產權；子女被看成是父親的，這就導致子女失去了土地權。為了讓成員有軍事服務的經濟基礎，軍事組織試圖把土地分配權交到父系氏族手中。在這樣的情形下出現了哥哥死亡弟弟繼承，還有一些和女性後代有關的法律規定，就是說，假如一個支系最後活下來的是一位女性，那麼和她親近的族人就要跟她結婚，他們有這個權利和義務。在希臘，這樣的制度普遍存在。

　　另一種可能性是個人財產關係取決於父權制和母權制組織。在經濟上處於平等地位的人之間，更為古老的婚姻形式是換妻[030]；特別是不同家庭之間，年輕男子互相交換他們的姐妹。隨著經濟地位的分化，婦女被認為是勞動力，而且被當作一種價值對象、能工作的動物被買來買去。那些沒有經濟能力購買妻子的男子就要為女子服勞役，或者是在她家裡一直住著。買賣婚姻是父權制條件下的婚姻形態，服役婚姻是母權制條件下的婚姻形態，兩者同時並存，在同一家庭內部甚至也會出現這樣的情況；因此，無論哪一種都不是普遍流行的婚姻形態。女性始終都得服從於男性的威權，無論是在她自己的家庭公社，還是在購買她的那

---

[030] 《創世記》，第 31 章，第 8 節及以下各節。

位男子所在的家庭公社。買賣婚姻與服役婚姻一樣，可能是一妻多夫制，也可能是一夫多妻制。家境富裕的人可以隨心所欲地購買妻子，然而無產者，特別是兄弟之間一般會合夥購買一位共同的妻子。

與上述婚姻關係相對應的是「群婚制」，這種婚姻制度很可能是從具有巫術意義的婚姻之中發展而來，就像圖騰集團或者家庭公社之間一樣。男子可以一個接一個或者同時娶很多姐妹，換言之，當一群女子也變成了以這種方式迎娶她的那個集團的財產時，她們不得不從另一個家庭公社被接收過來。群婚只是偶然發生的個別現象，而且明顯不是婚姻演變過程中的普通階段。

買來的妻子依常規要服從於男性絕對的家長權威。這種最高權力是一種原始社會的現實。它基本上一直作為原始部落的特徵而存在。

四、氏族的演變

現在來講一下氏族的演變過程。蓋爾族[031]的氏族一詞的含義是指「血親」，而且與德語中的單字 Sippe（親族）一樣，和拉丁語中的 proles（後代）是同義詞。首先應把氏族劃分為不同的種類以進行區分。

（1）成員之間具有巫術意義上的血緣關係，而且有飲食禁忌以及彼此之間特定的行為禮儀規範等。這些氏族則是圖騰氏族。

（2）軍事氏族（胞族）就像最初設在男子會所的那種聯盟。他們對後代實行的控制具有非常廣泛的意義。假如一個人沒有在男子會所的見習經歷，未曾經受過與之相關的嚴格鍛鍊和體能測驗，或者不曾被允許參加祭禮，用原始部落的術語來形容，這種人就好像是一個「女人」，無法享有與成年男子身分相配的政治經濟特權。在男子會所消失之後很長時間，軍事氏族依然有它早期的重要意義；例如，在雅典，個人就是透過

---

[031] 母語為蓋爾亞支凱爾特語的族群。——譯者注

第一篇　家庭、氏族、村落以及莊園

這種團體擁有市民身分的。

（3）氏族作為血緣團體而存在，它具有一定範圍。在這種情況下，最重要的是父系氏族，而且現在的討論也僅僅與它相關。它的職能是：①履行對外的血親復仇職責。②團體範圍內的罰金分配。③在「父系土地」的情況下，它是土地分配的單位，而且一直到有正式歷史記載的時期，在中國、以色列及古代日爾曼的法律中，在土地向外族出售之前，必須滿足男性所享有的購買要求。從這方面來說，父系氏族是一個歷經選拔的團體，只有那些在體格上和經濟上有能力武裝自己以參加戰爭的男人才被接納為族人。一個人如果達不到上述標準，則必須將自己託付給一個領主或者保護者，而且服從於他的權力之下。因此，父系氏族實際上變成為財產擁有者的特權集團。

氏族可能是有組織的，也可能是無組織的，最初的情況可能處於中間狀態。氏族往往有一個族長，儘管在有正式歷史記載的時期常常不是這樣。基本上他僅僅是同族中最年長的人。他擔任氏族成員之間糾紛的仲裁者，而且為他們分配土地，分配肯定是根據傳統而非任意進行的，因為氏族成員均享有平等權利，就算是遭遇不平等，起碼也是明確規定的。典型的氏族族長是阿拉伯式的族長，他管理成員僅僅透過勸告和建立良好榜樣，就像塔西佗時期日爾曼人的族長一樣，他的統治與其說是透過下達命令實現的，倒不如說是透過身體力行實現的。

不同氏族的經歷極為不同。氏族在西方已經完全消失了，而在東方卻完整保留了下來。在古代，希臘語中的家族與拉丁語中的氏族都曾發揮過很大的作用。每一座古代城市最初均是由氏族而並非個人構成的。個人僅僅是以氏族成員、軍事組織（胞族）成員、職責分配組織的成員的身分屬於城市。氏族成員身分在上層種姓中是義務性的，然而下層種姓以及後來新成立種姓的成員卻都歸屬於一個迪維克（devak），即圖騰集

團。這裡，氏族的重要性在於如下事實：土地制度是建立在族長賜予的基礎之上的。因此，我們發現這裡也存在著作為土地分配之原則的世襲身分或者上天賜予。一個人無法由於擁有土地而變成貴族，不過與之相反，一個人卻可以因為屬於貴族氏族而擁有土地繼承權。在另一方面，西方封建制度中封建領主負責土地分配，與氏族和親族均沒有關係，下屬對領主的效忠乃是個人行為。一直到今天的中國，經濟制度仍是以氏族為基礎、半共產主義式的。氏族在各自村莊均設有私塾和庫房，用以維持土地的耕種，參加繼承事宜，而且為成員的過錯承擔責任。個人的全部經濟生活均依賴於他的氏族成員身分，而且氏族成員個人的信譽一般代表了整個氏族的信譽。

兩股力量相互作用導致氏族的瓦解。一種是預言的宗教力量；先知試圖不顧自己的氏族成員身分建立自己的團體。基督說，「我之所以會來，並不是讓土地上太平，而是讓地上的人動刀兵。因為我來了，讓人和父親疏遠了起來，女兒和母親也疏遠了起來」[032]，還說「人到我這裡來，如果他不恨自己的妻子、孩子、兄弟姐妹、父母，他就不會作我們的信徒」[033]，這就表達了每一位先知關於作為一種制度的氏族的計畫。教會在中世紀試圖廢除氏族在繼承方面的權利，以使土地根據遺囑繼承，不過，就這一點而言，不單單是教會在這樣做。在猶太人當中，一些力量發揮著完全一樣的作用。一直到被放逐他鄉，氏族一直保持著它的生命力。即使在被放逐之後，平民百姓的確依然在先前由上層階級的家庭所保管的族譜中進行登記。不過這種氏族之間的界限後來逐漸消失了，大概是因為起初具有軍事性質的氏族在去軍事化的猶太國家不能扎根，因而那裡能看到的成員身分就是構築於血緣關係或者個人信仰之上的宗教團體的人了。

---

[032] 《馬太福音》，第 10 章，第 34 節至 35 節。——譯者注
[033] 《路加福音》，第 14 章，第 26 節。——譯者注

官僚階級是推動氏族瓦解的另一種力量。在古代，我們發現在埃及新王國時期官僚階級有過巨大的發展。那裡沒有遺留下來氏族組織的任何痕跡，這主要是因為當時政府不同意。由此，產生了男女平等及性契約自由，兒女則依照常規從母姓。皇權因害怕氏族而鼓勵官僚階級的發展。這一過程的結果與中國的情況正好相反，在中國，氏族勢力並沒有被國家權力所打破。

五、家庭共同體的演變

原始的家庭共同體未必是純粹的共產主義。在共同體內，所有權，即使是對兒女的所有權，往往都有了相當程度的發展，特別是對紡織產品和鐵製工具的所有權。其中，也存在女性從女性處繼承及男性從男性處繼承的特殊權利。此外，不僅存在作為正常狀況的絕對父權，也存在這一權力被其他組織所削弱的情況，例如，圖騰集團或者母系氏族。在某一點上而言，家庭共同體差不多一直都是純粹的共產主義，即與消費有關的方面，儘管不是與財產有關的方面。但在此基礎之上，經歷了各種不同的發展路徑，導致了各種不同的結果。

小家庭可能發展演變成為擴大到一定規模的家庭，而且這個大家庭或者以自由共同體的形式存在，或者以土地貴族或皇族的莊宅之類的莊園家庭的形式存在，第一種情況通常是在經濟基礎上發展而來的，是勞動集中化的產物，然而莊園的發展是根據政治條件產生的。

家庭共同體的發展演變，在南方斯拉夫人中間進化成了札德魯加，而在阿爾卑斯山脈一帶則進化為公社。在上述兩種情況下，一家之長通常都是選拔出來的，而且通常都可以將其罷免。在生產方面的原始狀態是純粹的共產主義。從這種團體退出的人會喪失分享公共財產的所有權利。偶爾在其他地方，例如在西西里島和東方，共同體不是根據共產主義的原則組織起來的，而是以股份為基礎，形成了不同的發展路徑，因

此個人總是可以要求財產分割，因而可以把屬於自己的那份財產帶往任何想去的地方。

家長制是莊園發展的典型形式。家長制的突出特點是財產權完全歸屬於一個人，即一家之長，其他任何人都無權要求核查帳目，並且這種獨裁身分是可以繼承的、終身制的。妻子、子女、奴隸、家畜以及工具根據這種專制權力都是可以世襲的，即羅馬法律中所指的家產，這種專制權力的經典完備形式在羅馬法律中呈現了出來。這是一種絕對的統治權，這種權力與對妻子的夫權或者對子女的父權的原則是有差異的。父親在家中的權力可以大到將人處死，出賣妻子兒女，或者把他們作為勞動力出租出去，在行使這些權力時僅僅受到一些儀式上的限制。按照巴比倫、羅馬以及古代日爾曼人的法律，父親除了自己的孩子，還可以收養別人的孩子，而且養子（女）處於與自己的子女完全平等的地位。女性奴隸與妻子之間、妻與妾之間以及養子與奴隸之間不存在什麼差別。

養子之所以被稱為自由人，僅僅因為他們和奴隸存在一點差異，即他們未來會有可能成為一家之長。總而言之，這種制度是純粹的父系氏族制度。根據有關發現，這種制度與畜牧經濟有關係，也與由獨立作戰的騎士所組成的軍事階層有關係，或者，還與祖先崇拜存在關係。不過，祖先崇拜絕不能和亡靈祭祀相混淆；亡靈祭祀行為可以在沒有祖先崇拜的情況下單獨發生，埃及的情況便屬此例。祖先崇拜卻必然將祭祀亡靈與氏族成員的身分融為一體，例如，中國和羅馬的情況便是如此，父權不可動搖的地位即是以亡靈祭祀與氏族成員身分的結合為基礎。

家長制條件下的家庭共同體不復以其未曾變動的原始狀態存在了。由於在階級內部實行內婚制而造成了家庭共同體的瓦解，根據這種婚姻制度，上層階級的氏族僅願把女兒許配給與其處於平等地位的人，而且要求婚後她們的家庭地位要高於女奴，一旦妻子基本上不再是勞動

力——這一現象也首先在上層階級中發生——男人因而就不再將她當作勞動力購買了。所以想要把女兒嫁出去的氏族就不得不為其準備一份豐厚的嫁妝，以便足以維持她的階級標準。這一階級原則的應用造成了合法的一夫一妻制婚姻與家長權力之間的差別。帶嫁妝的婚姻成為正式婚姻，女方所在氏族約定必須讓她作正妻，而且只有她的孩子才能作繼承人。這一點並不像社會主義理論所認為的那樣，男人對為其財產尋找合法繼承人的關注開闢了婚姻發展的道路。男人擁有繼承人的願望可以用很多方式實現，反而是女人對於確保其子女繼承她丈夫財產的關注具有決定性作用。然而，這種發展根本不是絕對只產生一夫一妻制。一般而言，一夫多妻制在區域性範圍內仍然存在；除了正妻之外還有副妻，副妻的兒女僅擁有有限的繼承權，或者根本沒有繼承權。

　　據我們所了解的而言，一夫一妻制，作為具有統治地位的婚姻方式，首先產生於羅馬，並且以羅馬祖先崇拜的形式對其予以儀式上的規定。一夫一妻制在希臘很流行並為人所熟知，但卻依然保持著很大的彈性。與希臘截然不同，羅馬人則是嚴格執行這種制度。後來，基督教戒律的宗教力量開始支持這一婚姻制度，猶太人也仿效基督教的做法，確立了一夫一妻制，不過這直到加洛林王朝才發生。合法婚姻涉及正妻與妾的差別，不過女方氏族在保護女性權益方面走得更遠。在羅馬，女方氏族先是成功實現了女人在男人那裡經濟與人身的徹底解放，建立了所謂的婚姻自由，這種婚姻的任何一方均可以隨意解除婚姻關係，而且給予女人對自己財產的完全控制權，儘管如果婚姻關係被解除，她就失去了對於子女的所有權利。即使查士丁尼大帝（Justinian I）也不能取消這種制度。在很多的法律制度中，都可以發現帶嫁妝的婚姻和不帶嫁妝的婚姻之間的差別，而帶嫁妝的婚姻向合法婚姻的發展演變，有很長一段時間都反映在這種差別上。埃及人與中世紀的猶太人均是這類情況的例證。

第三章　領主所有權的起源

　　共產主義家庭發展的開始可能是小家庭，不過也有可能由此發展成為大規模的莊園家庭。從經濟關係角度看，莊園家庭主要是農業所有制發展過程中的中間階段，因此也是莊園和封建制度發展的中間階段。

　　在這種發展的基礎上形成的財富分化，有著各不相同的原因。其中一個原因是酋長制，既包括氏族的酋長，也包括軍事集團的酋長。氏族成員之間土地的分配由氏族酋長控制。這種傳統權利經常發展成為領主權利，可以世代承襲。氏族對這種世襲頭銜的尊敬往往以送禮、幫忙耕種、建造房屋等方式表達，一開始是應要求服役，可是後來演變成為一種義務。軍事領袖可能透過內部分化或者對外征服獲得土地所有權。他在戰利品及所征服土地的分配上享有特權。他的部下也在土地分配中享有特殊待遇。領主土地往往無須承受普通份地的負擔——舉例而言，就像古代日爾曼經濟制度那樣——反而還要在普通份地持有者的幫助之下耕種。

　　因為職業軍人階層的出現，內部分化而得以發展的，因為軍事技術的進步和軍事裝備品質的改善而產生了這一階層。經濟上不獨立的人既不能參加軍事訓練，也不能配備武器裝備。因此，兩類人之間的差距便產生了，一類人是由於擁有財產而能夠服兵役且裝備自己的人，另一類人則沒有能力這樣做，從而不能維持其完全的自由民地位。在這方面，農業技術的發展產生與軍事上的進步同樣的作用。結果，普通農民被日益束縛在他的經濟職能上。進一步的分化透過如下事實而發生：上層階級，由於擅長作戰且能自己購置裝備，因而透過軍事行動累積了不同程度的戰利品；非軍事人員，因為沒有能力這樣做而越來越屈從於各式各

樣的賦稅和徭役。這些賦稅徭役或者用直接用武力手段強徵，或者透過購買而豁免義務。

內部分化的另外一個過程是透過對敵對民族的征服而實現的。起初，要殺死那些被征服的敵人，在某些情況下還會發生食人肉的狂歡活動。剝削他們的勞動力並使他們轉變為承載重負的奴隸階級，僅僅是後來才發展出的做法。因此領主階級便從此產生了，他們憑藉其所擁有的人類勞動力開墾、耕種土地，而這對普通的自由民而言則是不可能的。奴隸或被奴役的人口可能作為整個集團的財產而被共用，被用來進行集體性的土地耕作，在一定程度上就像斯巴達的希洛人那樣；或者歸個人使用，分配給單個領主去耕種他們的私人持有地。後一種情況的發展最終形成了所征服地區的貴族階級。

除了征服及內部分化之外，還應該意識到沒有防禦能力的人向軍事領袖領主權的自願歸順。因為前者需要保護，他得承認某位領主為其保護者，或者認某位領主為其主人，就像墨洛溫王朝（Merovingian dynasty）[034]的法蘭克人一樣。因而他獲得了代理人為其在法庭上申訴的權利——就像在法蘭克王國那樣，獲得了請善戰者代其參加決鬥的權利，獲得了不是由族人而是請領主作證為其作無罪證明的權利。而他則以繳納貢奉、服勞役的方式回報領主，然而對歸順者經濟上的剝削並不是意義很大。他只能被要求提供與其自由民身分相稱的服役，特別是服兵役。以羅馬共和國末期為例，很多元老院議員集合了數以百計的隸農和被保護者，以這種方式反抗凱薩。

領主所有權的第四種起源方式是封建條件下的土地賜予。握有大量人類勞動力及家畜的首領能夠以完全不同於普通農民的規模墾殖土地。可是原則上所開墾的土地歸開墾者所有，只要他能繼續耕種，所有權就

---

[034] 是統治法蘭克王國的第一個王朝，最後被加洛林王朝所取代——譯者注

不會發生變更。從而對人類勞動力控制權的差異必然直接或間接地影響到領主階級對土地的占有。在羅馬公地上古羅馬貴族行使的占有權便是利用這種優勢經濟地位的一個例證。

經過開墾以後的領主土地，經常以向外出租的方式進行利用。土地往往租給外地人──例如手藝人，他們那時已受到國王或首領的保護，或者將土地租給貧民耕種。在後一種情況中，我們發現也存在家畜出租的情形，特別是游牧部落中；除了這些，要在領主的土地上居住，移居者通常就要交納貢奉和服徭役。這就是所謂的隸農制，在整個東方、高盧、義大利及日爾曼人中間都能發現這種制度。徵收錢款和實物，特別是貸款，往往也是一種讓奴隸和土地增多的方式。債役農與隸農和奴隸同時並存，它發揮了很大作用，特別是在古代經濟生活中尤為如此。

產生於氏族關係的依附形式與來源於領主權力的依附形式往往混合在一起。對處於領主保護之下的無地者或外地人而言，氏族成員身分已不再是重要的問題，而且在封建依附者這個單一的類別中，馬爾克成員、氏族成員及部落成員之間的差別也都消失了。領主權利得以發展的另一方面的原因在於巫術這種職業的發展。在很多情況下，酋長並不是從軍事首領發展而來的，而是來自能呼風喚雨的巫師。巫師對某個物品施咒後，這個物品就變成任何人都不能碰的禁忌品。巫師貴族因而獲得了僧侶的財產，而且一旦國王與僧侶結盟，僧侶便以這種方式弄到其私人財產；上述情形在太平洋諸島特別常見。

貿易為領主財產的發展提供了第六種可能。最初由酋長完全掌握對與其他共同體之間貿易往來的管理權，在剛開始的時候，酋長要讓他成為部落利益服務。可他卻以抽稅的方式利用貿易增加其個人收入，一開始課稅僅僅是作為向外地商人提供保護的報酬，因為他授予商人在市場上的特許經營權而且保護市場交易──不必說，這始終是為了酬金。後

來酋長自己一般也會從事貿易，而且透過排斥村莊、部落及氏族之類的共同體的成員來確立自己對市場的壟斷。從而他獲得了放貸權，放貸是使本部落成員淪為債役農的一個辦法，同時也是土地累積的辦法。

這些酋長可根據兩種方法開展貿易：一種是掌握貿易的管理權，由此使貿易的壟斷權被酋長個人牢牢掌握在手裡，另一種是酋長們聯合在一起，一群酋長成立貿易區。後一種情況導致了城市的形成，進而出現商人貴族階級，即其社會地位有賴於以貿易利潤形式累積起來的財產的特權階級。第一種情形就像喀麥隆沿海地區一樣存在於很多黑人部落中。貿易壟斷權在古埃及也是典型地被一個人掌握在手裡，法老們的皇權很大一部分建築在他們個人對貿易的壟斷之上。我們可以在昔蘭尼加（Cyrenaica）[035]的國王們中間及後來一部分中世紀的封建制度中找到類似情況。

城市貴族階級的發展是酋長貿易的第二種形式，古代及中世紀早期的特徵就是這樣。正式市民在熱那亞和里阿爾托（Rialto）橋畔的威尼斯僅僅是指定居在一起的貴族家庭。他們自己不從事貿易活動，而是以各種形式將資金貸給商人。可結果居民中的其他人群，特別是農民，向城市貴族負債累累。於是出現了古代貴族土地所有權與軍事諸侯的土地所有權同時並存。因此從貿易中獲利的大地主貴族階層都居住在具有古代國家特徵的密集的沿海城市。一直到希臘時期，古代文化仍然還有這種沿海的特點。在這段古代時期，沒有任何城市座落於離沿海超過一天行程的內陸地區。與之相反，貴族酋長及其佃戶卻在農村居住。

在賦稅組織與國家官制中，領主的財產也可能是其財政根源，並且在這一主題之下應存在兩種可能性。一種是為了讓行政權力完全歸這位王公所有，進行集權化管理的王公貴族的私人企業，行政權力與資產經

---

[035] 指利比亞東部地區，歷史上曾被羅馬帝國、奧斯曼帝國占領——譯者注

第三章　領主所有權的起源

營分離；另一種是，存在一個進行經營管理的階級組織，除了王公的企業之外，還有具有輔助作用的人，如包稅人、封臣以及官員的企業。在後一種情況下，王公將土地賜予下屬，讓他們承擔所有的行政支出。根據這兩種制度所占統治地位的差異，國家的政治和社會制度也不一樣。至於哪一種形式占據統治地位則主要由經濟上的考慮決定。就這一點而言，東方和西方表現出慣常的差異。就東方經濟而言——中國、小亞細亞、埃及——灌溉農業占據主要地位，然而透過土地開墾而得以開發的西方則主要經營林業。

東方的灌溉農業直接從不使用牲畜的原始的耨耕發展而來。與此同時，發展出了用大河灌溉的園藝種植，美索不達米亞[036]用幼發拉底河與底格里斯河，埃及則用尼羅河。農業灌溉及管理要以有規律、組織良好的農業為前提，由這種農業發展而來的近東大規模的皇室企業，就像定都於底比斯的埃及新王國所特別顯現的那樣。亞述[037]及巴比倫諸王帶領可追溯至男子會所制度的大量家臣參加的數次戰役，其目的就是為了掠奪勞動力以修建運河及把沙漠改造為耕地[038]。

國王保留著對水利的管理權，不過需要一個有序的官僚機構具體行使這種權力。在埃及和美索不達米亞，負責農業與水利的官僚機構是世界上最古老的官僚機構，經濟是這一機構的基礎；在其所存在的整個歷史期間始終都是國王個人經濟企業的附屬品。官員是國王的奴隸或者隨從，甚或是士兵；而且為防止逃跑，經常被打上烙印。以徵收實物為基礎，國王進行賦稅管理，在埃及，為了方便國王用來供養官吏及勞動者，所徵收的實物均貯存在倉庫裡。這種供給是政府薪水最古老的形式。

---

[036] 指底格里斯河與幼發拉底河之間的地區，是人類最古老的文化搖籃之一，是古巴比倫所在地。——譯者注

[037] 位於底格里斯河中游的奴隸制國家。——譯者注

[038] 這便解釋了以色列人在埃及的命運。

把居民放在對王公的奴隸關係之中是這一整套制度所產生的結果。這種關係不僅展現在村莊對所擔義務的連帶責任和所有依附者所承擔的徭役上，最後還展現在托勒密王朝[039]戶籍原則上。在這一原則下，個體農民不僅被捆綁在土地上，還與其所在村子捆綁在一起；而且如果他無法證明其戶籍，那他實際上就是一個流亡者。這種制度不僅流行於美索不達米亞與埃及，還流行於日本；在日本，自西元7世紀至10世紀，能夠看出實行了班田制。在這些情況下，農民在地位上與俄羅斯米爾組織的成員相似。

以王公為中心的貨幣經濟從依附者的徭役中逐漸形成。這種發展也可能存在多種不同的路徑。一種是經由王公所從事的生產與貿易這種個體經濟路徑；或是王公利用政治上歸屬於他的勞動力生產產品，不僅自己使用，而且供給市場，就跟埃及與巴比倫的情況一樣。從事貿易活動以及為供應市場而生產產品是作為一個大家庭的副業而存在的，在家庭與生產機構之間並不存在界限。這就是曾經被洛貝爾圖斯（Rodbertus）[040]命名為「莊宅經濟」的那類經濟組織。

這類莊宅經濟又處於各種不同發展路徑的最初階段。埃及的穀物銀行制就是其中之一。法老掌握著分設於各處的穀物倉庫，農民不但把他應繳納的實物稅賦還把他所有的產品均交付給倉庫；國王據以開出可以當作貨幣使用的票據。另一種可能在於皇室貨幣賦稅的發展，然而這種發展的前提條件是：貨幣的使用已經在相當程度上滲透進私人經濟關係之中，而且產品生產與國內一般市場也已經有了相當程度的發展；埃及托勒密王朝具備所有這些條件。受當時管理技術發展狀況的限制，這種制度在預算編制上遭遇難題。因此，管理者通常用以下三種方法的其中

---

[039] 是亞歷山大大帝部將托勒密一世在埃及建立的王朝，統治期間為西元前323年至西元前30年。——譯者注

[040] 德國經濟學家和社會主義者。——譯者注

第三章　領主所有權的起源

之一將這種計算上的風險轉嫁至他人身上：要麼將徵稅工作承包給冒險者或官員，要麼直接交給依賴賦稅生活的軍人，最後則是將該項工作交給地主。所以，由私人做賦稅徵收工作，這是由於缺少可靠的行政機構造成的，而這又是因為政府官員在道德上不可信賴。

在印度，將賦稅承包給冒險者的做法發展規模極為巨大[041]。每一位這樣的柴明達爾（Zamindar）[042]都有可能發展為地主。招募新兵的工作也交由一種被稱為札吉達爾的承包人辦理，承包人要徵收一定數量的新兵，而不用管其組成成分是怎樣的；這些人也力求成為大地主。這種地主與生活上完全獨立的封建貴族相似，他們的地位也與必須提供新兵的華倫斯坦（Wallenstein）的地位相似[043]。當統治者將稅賦徵收工作交給官員時，他依據協定訂出一個定額；超出定額的部分歸官員所有，不過他們也必須給行政人員薪資。

古代東方太守組織制度和中國早期官員管理制度也是這樣的。隨著向現代稅收政策的轉變，中國人口統計數字顯示出突然的驚人增長，這是由於官員過去一直故意少報。以王公為貨幣經濟中心下的第三種可能性，是委託軍人徵收賦稅。這是一種避免政府破產的方式，是王公不能支付軍餉時使用的方法。之所以訴諸這種方式，是因為自西元10世紀起處於土耳其軍人控制之下的哈里發國內形勢變化。由於中央政府已經在現實中無法控制稅收，已經把這種職責交給軍隊而自己從中擺脫出來，所以負責徵稅的這些軍人發展成了軍人貴族。

徵收賦稅與招募新兵這類原始政治職能個人化的三種形式，即將這些職能分別集中於包稅人、官員或者軍人之手——漸漸變成東方封建制度的基礎，因為政府官員在徵稅技術上的無能而導致貨幣經濟瓦解，這

---

[041] 見馬克斯·韋伯：《宗教社會學論文集》，第2卷，第69頁。
[042] 在蒙兀兒王朝時期，印度政府通過中間人柴明達爾向農民徵收田賦。——譯者注
[043] 神聖羅馬帝國的軍事統帥。——譯者注

種制度即從而發展起來。結果是出現了一種從屬的、合理化的農業共產主義，它具有如下特點：農民公社對包稅人、官員或者軍人承擔連帶責任、共同耕種以及對土地的人身依附。東西方制度清楚展現在如下事實上：東方沒有出現領主持有地經濟，占支配地位的是強行攤派。另一個特徵是農民在從實物賦稅向貨幣賦稅轉變的過程中，稍遇困難便有退回到以貨易貨經濟的傾向。在這樣一種情況下，東方政治制度極容易從一種看起來高度發展的文明狀態倒退到原始的以貨易貨經濟狀態。

我們找到了皇室收入第四種，也即最後一種實現方式：將這一職能交給酋長或者地主。王公因而迴避了行政機構問題。他將徵稅，偶爾也將新兵招募工作交給業已存在的私人性質的代理機構。這發生在羅馬帝國時期，此時沿海地區的文明傳播至內地，而羅馬帝國也基本上從沿海城市聯盟變成一個封建割據國家。內陸地區僅僅熟悉莊園經濟，卻不使用貨幣。此刻既然將稅賦徵收與新兵招募職責強加其身，因而大地主——有產者——變成了統治階級，這種情況一直持續到查士丁尼[044]時代。雖然在他們統治之下的依附人口使他們能繳納賦稅，然而帝國行政體制卻未能跟上帝國自身的發展。

在行政技術上，這種形勢的特徵展現在如下事實上：封建割據地區與都市一起出現，割據地區的首領是負責為國家徵收稅賦及招募新兵的地主貴族。在西方，隸農從這種狀況中發展而來，然而在東方，隸農制與戶籍制同樣古老。整個帝國在戴克里先（Diocletian）[045]的統治之下均已實行這項基本原則。地方納稅單位將每一個人都包括在內，並且不讓其離開。沿海地區一開始是政治生活與經濟生活的中心，當其轉至內陸地區時，這地區的領主往往是該地區的首領。

---

[044] 東羅馬帝國皇帝，在位期間為西元526至565年。——譯者注
[045] 羅馬帝國皇帝，在位期間為西元284至305年。——譯者注

第三章　領主所有權的起源

殖民地所有權的出現是這種發展的特殊案例。最初從征服殖民地中獲得的利益是純粹財政性質的——殖民地資本主義。為實現這一目的，也就是實現財政剝削，征服者要求所屬的原住民以貨幣的形式繳納賦稅或者交付實物，特別是糧食和香料。國家往往將對殖民地的這種剝削轉交給商業公司辦理——例如，英國東印度公司與荷蘭東印度公司。由於原住民的首領成為連帶責任的中間人，所以變為地區領主，最初的自由民則變成他們的農奴或者被捆綁於土地上的依附者。對土地的依附關係，與封建義務、共同耕種制度及土地重新分配中的權利義務均一起出現。由領主負責個人份地的分配是殖民地所有權的另一種發展形式。西班牙的南美託管地就屬於這一類型[046]。託管地是一種封建賜地，擁有對印第安人強行徵派強制性義務、勞役以及貢奉的權利，一直到19世紀初，仍然是這種形式。

在財政基礎與貨幣經濟方面，西方封建制度與日本的產品經濟以及經由土地賜予而發展起來的封建所有權與東方政治特權私人化的制度形成對比[047]。封建制度透過把土地與領主權授予有能力擔負封臣義務的那些人，得以實現其供養騎兵的一般目的。依據其是當作封地賜予還是當作俸祿支付，這種所有權因而又具有兩種不同的形式。

對於作為俸祿而給予的封地而言，土耳其的封建組織頗為獨特。在土耳其，永久性的個人所有權未獲認可，僅有作為其所服軍役的酬勞而存在的終身授予。這種封地以其收益進行價值評估，而且與受封者的身分及其所服軍役相稱。由於封地不能世襲，因此只有在建立特殊軍功的情況下，受地者的兒子才有權繼承。透過參考法蘭克王室事務總管的做

---

[046] 見黑耳普斯（A. Helps）：《西班牙對美洲的征服》，共四卷，倫敦，1855 – 1861年版。農奴分配制是委託制的前提條件，也就是按照人丁數量在領主中分配印第安人。

[047] 見馬克斯·韋伯：《經濟和社會》（刊載於《社會經濟學大綱》），圖賓根，1922年版，第724頁。

法，土耳其政府制定了具體規章制度，就像最高封建機關那樣。

這一制度類似於起初通行於日本的制度。日本自西元 10 世紀之後由班田制轉變為以俸祿原則為基礎的制度。將軍 —— 天皇的封臣及總司令 —— 在其幕府幫助之下，根據稻米的產量評估土地價值，而且把土地當作俸祿授予他的封臣大名，大名轉而再將土地賜予自己的武士。之後，其逐漸建立起了封地的世襲制度。然而，大名[048]最初對將軍的依附關係仍然以將軍對其進行行政上的控制為形式保持不變，大名轉而監督其下屬武士的活動。

俄國封建制度與歐洲封建制度比較接近。在俄國，只有對沙皇承擔一定的奉公義務及納稅義務才能獲賜封地。受封者必須出任文武官員，一直到葉卡捷琳娜二世（或稱凱薩琳大帝，Catherine II）[049]時期，這種規定才被取消。在彼得大帝（Peter I）[050]時期，賦稅制度從土地稅到人頭稅的轉變所導致的結果是，土地持有者根據定期人口調查時所記錄的其所持土地上養活的人口數量承擔納稅責任。在整個農業組織方面，這種制度所產生的效果已在前文述及。

緊隨日本之後，封建制度發展最純粹的地區是中世紀時期的西方[051]。羅馬帝國末期的情況為向封建社會的轉變做好了準備，特別是已經具備了半封建性質的土地租佃。日爾曼酋長的土地權利已經與羅馬的封建制度混合在一起。透過土地開墾與征服 —— 獲勝軍隊要依賴土地來裝備自己 —— 及最後透過規模龐大的「託庇」活動，土地持有的規模與重要性因而大大增加。沒有財產的農民，或者不再有能力為自己配備軍

---

[048] 日本古時的封建領主，大多擁有武士。—— 譯者注
[049] 俄國女皇，在位期間為西元 1762 至 1796 年，與彼得大帝齊名。—— 譯者注
[050] 俄國皇帝，俄羅斯帝國的奠基人，被認為是最傑出的沙皇，在位期間為西元 1682 至 1725 年。—— 譯者注
[051] 參見《劍橋中世紀史》第 2 卷，第 631 頁，維諾格拉多夫（P. Vinogradoff）關於「封建制度的起源」，和第 3 卷第 458 頁對「封建制度」的敘述。

事裝備以服兵役的農民，為軍事技術的進步所迫而不得不依附於經濟實力雄厚之人。

土地被大規模地轉移至教會手中是另外一個影響。不過，其中產生決定性作用的條件乃是阿拉伯人的侵略以及不得不以法蘭克騎兵抗擊伊斯蘭教徒。查理‧馬特（Charles Martel）[052] 大力推動規模龐大的教產還俗運動，希望用沒收的土地建立采邑，以建成一支規模巨大的封臣騎士軍隊，其成員則為有能力全副武裝自己的騎兵。最後，除了土地以外，賜封政府官員與特權成了平常的事情。

---

[052] 墨洛溫王朝末期的宮相，握有法蘭克王國的實權，他的兒子丕平三世（Pépin III）建立了加洛林王朝。——譯者注

第四章　莊園

　　領主所有權首先取決於政治與社會階級關係，特別是西方莊園[053]的內部發展。領主的權力由三方面因素組成：第一，擁有土地（領土權）；第二，擁有人（奴隸）；第三，專擅政治權力（透過封賜或者是搶占）；第四，最後一項特別適用於司法權，而司法權恰好是一種與西方發展有關的、極為重要的力量。

　　為了能夠抗衡上層的政治權力，領主到處力爭「豁免權」。他們不准國王的官員來到他們的領地，或者即使允許，官員也不得不直接去找領主本人，請其幫助履行政治當局交託的使命，例如徵收封建賦稅與招募士兵等。除消極的一面之外，這項豁免權還有其積極的方面，最起碼，從政府官員那裡拿走的一部分權利，並直接行使，成了豁免權擁有者的特權。不僅法蘭克帝國存在這種形式的豁免權，並且在此之前，古埃及、巴比倫王國以及羅馬帝國就已存在這項特權。

　　司法權的專擅問題具有決定性的因素。擁有土地與奴隸的領主為這一特權到處鬥爭。他們在穆斯林的哈里發[054]所轄區域中沒能成功；最高政府的司法權仍然保持完整。相比之下，西方土地所有者為此所做的努力卻經常成功。在西方，領主最初就對他的奴隸擁有不受限制的司法

---

[053] 參見多普施（A. Dopsch）：《加洛林王朝的經濟發展》，第 2 版，總共兩卷，魏瑪，1921 – 1922 年版；另參見維諾格拉多夫（P. Vinogradoff）《劍橋中世紀史》第 2 卷；塞伊（H. Sée）：《法國的農村階級和莊園制》，巴黎，1901 年版；西博姆（F. Seebohm）：《英國鄉村公社》，倫敦，1890 年第 4 版；維諾格拉多夫（P. Vinogradoff）：《英格蘭的農奴制》，牛津，1892 年版，以及《莊園制的發展》，倫敦，1911 年第 2 版；梅特蘭，(F. W. Maitland)：《末日裁判書及其他》，劍橋，1897 年版；波洛克和梅特蘭（F. Pollock and　F. W. Maitland）：《愛德華一世以前的英國法律歷史》，總共兩卷，劍橋，1898 年第 2 版；克茨克（Kötschke）：《經濟史》，第 80 頁。

[054] 伊斯蘭教國家政教合一的領袖。──譯者注

權，然而自由民則僅受民眾法庭管轄。對於非自由民，正式法庭的刑事審判是最終判決，領主必須參加審判早已成為通例。隨時間發展，自由民與非自由民之間的差別漸漸消失了，也慢慢地削弱了領主對奴隸的權力，可是卻增強了對自由民的權力。

13 世紀的莊園

自西元 10 世紀至 13 世紀，公共法庭越來越多地干預奴隸案件的審判；往往是在民眾法庭審判他們的刑事案件。特別是自西元 8 世紀至 12 世紀，奴隸的地位得以慢慢改善。隨著規模巨大的征服運動結束，奴隸貿易逐漸衰落，奴隸市場的供給也變得日漸困難。與此同時，由於森林開墾的原因，對奴隸的需求急遽增長。為了獲得與留住奴隸，領主不得不逐漸改善其生活條件。與拉丁的所有者不一樣，領主主要是武士而非農場主，且發現很難監督其非自由依附者，使得奴隸的處境也因而得以改善。在另一方面，由於軍事技術的改進，領主對自由民的權力得到增強，而且最終導致領主的家庭權力從最初僅限於家族之內擴展至他所管轄的整個領地內。

在自由民與非自由民之間以及自由租佃條件與非自由租佃條件之間存在著互相適應的關係。在這方面，我們必須考慮租佃與封授。租佃是一種以書面合約為基礎的租賃關係，合約由各階層自由民簽訂。最初可

隨意終止合約，可是很快發展為每五年重新簽訂一次的合約，不過實際上合約是終身有效的，而且往往可以世襲。

封授是對封地進行授予，主要是為換得勞役，起初無論任何形式的勞役均可，或者在某些情況下換得貢奉。後來封授的對象分化為兩種主要類型，一種是自身被束縛於封建勞役的自由封臣，另一種是自身被束縛於領主莊園勞役的自由民。除這兩種租賃形式以外，仍存在第三種形式——定居地的租賃，封建領主一般用這種辦法以收取固定租稅的方式將土地租給農民墾殖，而且承租人對土地的占有可以世襲。這便是所說的免役租用，後來這種租賃形式也發展到城市。

以上三種租賃形式均與位於鄉村公社之外的土地有連繫，莊園地產及其所屬土地與此形成對比，查理曼（Charlemagne）[055]的鄉村法規大全對這些進行了詳細描述[056]。在莊園範圍內首先是領主土地，或者領地，包括領主的管事直接經營的土地和領主在自由民村莊中所持有的土地；另一個則是農民持有地或者海得份地。根據一整年都要用人力或者包括家畜在內的一整套農具服役，或是僅在耕種與收割時服役，後者又可分為承擔無限勞役的奴隸份地以及承擔有限勞役的自由份地。實物貢奉及領主領地（皇室所持土地稱為皇莊）上的所有產品均貯存在倉庫裡，用來滿足軍隊及領主家庭所需，餘下的將被出售。

自由民與非自由民之間關係的決定性轉變起因於以領地為界限的領主與法官管轄權的確立，這一方法起初的阻礙在於持有地的分散，例如，富爾達[057]修道院（Princely Abbey of Fulda）就持有數千處分散於各地的農莊。自中世紀早期起，司法權與產權的擁有者就力求將其持有地合併。

---

[055] 加洛林王朝國王，神聖羅馬帝國開國皇帝，在位期間為 771－814 年。——譯者注
[056] 對於多普希（Dopsch）將鄉村法規大全解釋為阿基坦的獨特教規的嘗試，見拜斯特（G.Baist）：《社會史和經濟史季刊》，第 7 卷（1914 年），第 22 頁，另參見賈德和斯匹澤（J. Jud and L. Spitzer）：《詞語和事物》，第 6 卷（1914－1915 年），第 116 頁。
[057] 德國黑森州的城市——譯者注

第四章　莊園

14 世紀莊園的內部展示

　　在某種程度上，這種合併是經由「真正的依附關係」的發展而實現的，除非承租者甘願承受對領主的人身依附，否則領主將拒絕把一塊特定土地出租給他。在另一方面，因為領主莊園的自由民與非自由民混在了一起的緣故，莊園法律從而得以發展。在西元 13 世紀，莊園法律到達了發展的巔峰。領主最初僅僅對家族中的非自由民擁有司法權，超出這一權力範圍，他只有在國王的准許之下，才能在其擁有「豁免權」的領地上行使司法權，不過在他自己的持有地上，卻不得不應付承擔著完全相同勞役義務的各階層的人。在這種情形下，自由民能夠迫使領主與其所有依附者共同成立一個莊園法庭，由依附者行使裁判官職責。因此，領主就喪失了對其依附者所承擔義務的專斷管理權，並且這種方式已經變成一種傳統（類似於德國革命時期士兵試圖自己組織士兵委員會與軍官抗衡的過程）。在另一方面，自西元 10 世紀至 12 世紀，演變出如下原則：僅依據土地租佃這一事實，承租者就不得不服從於領主司法權的管轄。

　　對於依附人口而言，這種發展一方面改變了他們的自由，但另一方面也限制了領主對他們的奴役。自由身分的變化在政治上取決於領主對那些由於經濟原因而處於未武裝狀態的自由民所擁有的司法權，然而對

非自由身分的變化卻起因於如下兩點：一是森林開墾導致對農民的需求大大增加，二是德意志向東殖民的要求大大增加。這兩種情況均使非自由民能夠擺脫領主的權力，領主也被迫爭著為其依附者提供更好的生活條件。另外，奴隸貿易已經停止，因此奴隸的新增供給也停了下來，對現有奴隸就不得不多加照顧。依附者階級地位的提高也同樣得益於領主的政治地位。領主是職業軍人，並非農場主，因而不能更好地經營農業。他不能以波動的收入為基礎編制預算，因而願意採用傳統的固定稅賦的方法，因此也願意在簽訂合約的基礎上實行這種方法。

因此，在中世紀，農民階級內部產生了顯著的分化，各種農民結合在一起僅僅是因為領主的權力與莊園法律。與這種依附者階層一同存在的還有自由農民，他們處於領主產業的社會圈子之外，占有免役租用的自由持有地，所以實質上是私人業主。領主對這種人不享有司法權。這種自由持有者從來沒有徹底消失過，但是僅僅在少數幾個地方這類人口才達到相當大的數量。其中一個例子便是挪威，那裡的封建制度一直未得到發展；他們被稱為「自由擁有」農，與依附於他們的沒有土地的非自由階層形成對比。北海弗拉西尼（Flassigny）與迪特馬爾申（Dithmarschen）沼澤地是另一個這樣的地方；類似的情況還存在於在阿爾卑斯山脈的某些區域、提洛（Tyrol）[058]和瑞士各地及英格蘭。最後，俄國很多地方存在「身披盔甲的農民」，他們均是個體經營者；後來出現了哥薩克[059]騎兵，這一庶民士兵階層在社會中處於小農地位，他們也是個體經營者。

作為封建制度發展的結果，當地主貴族開始徵稅時，貴族本身卻免於納稅，而未武裝的農民則負有納稅義務。為增強地方軍事實力，法國的封建法律確立了無地無領主的原則，最初是想要增加封地的數量，以

---

[058] 位於歐洲中部，現在分屬義大利與奧地利。——譯者注
[059] 生活在東歐大草原的遊牧族群，善騎射。——譯者注

第四章　莊園

保證軍事實力；日爾曼國王每一次封賜土地均是依據這一原則而進行的強制性的重新分封。納稅義務的這種分化形成了王公保持農民持有地政策的基礎。他們不能同意農民轉讓海得份地，因為承擔納稅義務的土地面積將會從此減少。因此，有領土的王公實行了保護農民以及禁止貴族沒收農民持有地的制度。

一些經濟上的後果也因而產生：

(1) 領主的大家庭與農民的小家庭同時存在。農民的租稅最初僅用來滿足領主的需要，而且早已按常規確定下來。在滿足自身生活所需以及繳納租稅之外，農民對土地增產沒有興趣，而且只要領主不是在為供應市場而生產，就對提高租稅也沒什麼興趣。領主的生活方式與農民沒什麼差別。因此，正如馬克思所言：「領主的肚皮為其對農民的剝削設定了一個限度。」按常規確定的農民階級的租稅受莊園法律及共同利益的保護。

(2) 由於與賦稅有關，政府有維護農民階級的興趣，因而法學家也參加進來，特別是在法國。羅馬法並非如平常所認為的那樣，促進了古代日爾曼農民法律的瓦解，正好相反，它對為抵制貴族，維護農民的利益造成很大作用。

(3) 農民依附在土地上。這種關係或者是源於個人對領主的忠誠，或者是因為領主要對農民的租稅義務負責而產生的；貴族也在日益增加的程度上以擅專的方式將這種關係確立下來。農民僅在放棄自己的土地並確保有人來接替時才可以退出共同體。

(4) 農民在土地上享有的權利變得特別複雜。就非自由的佃戶來說，領主通常擁有在他死後收回其持有地的權利。如果領主由於沒有佃戶承租而放棄行使這一權利，他起碼也要收取租地繼承稅等特別捐稅。自由佃戶要麼是持有一塊可在任何時候撤銷租約的租佃土地，要麼是擁有永

067

久權利的佃冊農。在這兩種情況下，法律地位均清楚明確，不過國家經常進行干預，不許撤銷租約——即所謂的租佃權。在最初以自由民身分委託領主庇護的依附者當中，形成了對領主的依附以及反過來領主對他們的依附。領主不能簡單地將奴隸遣散了事，早在西元 13 世紀，德意志地方習慣法彙編時期，領主被迫支付給予奴隸一小筆現金作資本。

（5）領主按例將統一的馬爾克，也經常將公共牧場或者公有土地占為己有。最初酋長是馬爾克組織的領導者。在中世紀時期，從領主的監督權中發展出一種對馬爾克及村莊公共牧場的封地所有權。西元 16 世紀的德國農民戰爭主要就是反對這種侵占，而並非反對苛捐雜稅。農民要求自由牧場及林地，可是牧場與林地因為過於稀少而無法出佃，森林有可能被砍伐殆盡，就像西西里（Sicilia）[060] 一樣。

（6）領主曾經設定了許多「定役權」或者專利權，這主要是為了個人私利，例如迫使農民在領主的磨坊碾磨穀物以及使用他的麵包烘房與烤箱等。一開始這些壟斷權的形成並沒有強迫性；因為僅有領主才能建造磨坊或其他設施。後來領主向農民施壓，迫使其使用這些裝置。除此之外，領主還擁有許多狩獵與貨物運輸上的專利權。這些權力從對酋長、此後變為擁有司法權的領主的義務發展而來並用於經濟目的。

領主對依附農民的剝削是透過使其變成交租者進行的，並不是透過強迫其勞動進行，不過存在兩種例外情況。世界上只存在兩種例外情況，這些例外將在後文「莊園範圍內資本主義經濟的發展」部分進行論述。這種剝削方式起初是基於領主的墨守傳統。他們缺乏建立大規模企業的進取心，從而不能充分利用農民的勞動力。另外，只要騎兵仍然是軍隊的核心，領主就被束縛於他的封臣義務上，而無暇顧及農業經營，而農民就不用參加戰爭。再者，領主自身未擁有流動資本，因而願意將

---

[060] 地中海最大和人口最稠密的島。——譯者注

積極經營的風險轉嫁給農民。最後，在歐洲，莊園法律的限制也束縛著領主的行為，然而在亞洲，由於不存在相當於羅馬法的現成法規，市場生產缺乏充分的保護可以依恃，因此，這裡的領主自營地或者內田根本沒有任何發展。

領主收取租金的方式有很多種：
(1) 透過封建賦役，向自由農民徵收實物捐稅，向農奴徵派徭役。
(2) 在變更承租人時收取過戶費，並作為出售持有地的條件被領主強制推行。
(3) 收取繼承稅與婚姻稅，繼承稅是作為農民將土地傳給繼承者的條件而強加於農民頭上的，而婚姻稅是農民為獲得讓女兒嫁到領主轄區之外這一特權而必須支付的。
(4) 收取森林稅或者牧場稅，這是農民從森林裡獲得牲畜飼料的條件。
(5) 強加於農民身上的運輸捐與路橋捐之類的間接租費。

所有這些捐稅最初均透過「莊司」制度徵收。這一制度是德國南部和西部、法國的莊園管理代表性類型，而且無論在任何地方該制度均是進行土地剝削的最古老的封建組織形式。這種制度的前提條件在於四處分散的持有地。領主在其廣泛分散的每一塊持有地上均設一個莊司或莊頭，這些人的職責是向附近領土的依附者徵稅並監督其履行義務。

第五章
進入資本主義社會之前西方各國農民的地位[061]

法國。最初，奴隸與半自由民是同時存在的。在農奴之中，有一些可能是人身農奴，承擔無限徭役，除了生與死之外，領主對他們擁有絕對的權力；另有一些可能是永業農奴，承擔有限徭役，而且有權退佃，可是在佃農死後或者遷走以後，領主擁有將土地重新處置的權利。半自由農或者隸農擁有土地轉讓權，而且承擔徭役或捐稅，這最初是自由身分的一種象徵。之後出現了兩種情況，於是這種關係就經歷了廣泛變革。首先，早在西元12世紀和13世紀，農奴人口的數量明顯減少，因為大批奴隸得到解放。這與貨幣經濟的引入同時發生。這與領主的個人私利相符，因為這將使得自由農民承擔更為沉重的賦役。

農民聯盟的成立是另一個起因。村莊公社自己組織了一個團體，對領主的租費承擔連帶責任，以換得行政上的完全自治，國王也保護這種自治。雙方均從這種安排中獲得了利益，從而領主僅需和一個債務人交涉，農民的權力也大大增強。這些聯盟甚至臨時應邀參加三級會議。

貴族階層發現這種改革越省事，他們越演變為（與那時普魯士的土地貴族形成對比）宮廷貴族，一個食利階層（Rentier），遠離土地居住，而且不再代表任何勞動組織；因此革命一旦爆發，他們就很容易被從國家經濟組織中消滅。

義大利。在市民購買土地或者政治騷亂中占領者沒收土地的情況

---

[061] 一般參考文獻 —— 博納邁爾（E. Bonnemère）：《從中世紀到現在的農民史》 總共三卷，巴黎1886年第4版；阿弗內爾子爵（G. Vicomte d'Avenel）：《1200－1800年關於財產、工資、商品以及一般價格的經濟史》，總共六卷，巴黎，1886－1920年版。

下，最初的農業組織早已發生改變，人身奴役早就被義大利的城市廢除了，除此之外，還限定了農民的徭役與賦稅，而且採取了收益分成式的經營方法，並非最初就有什麼資本主義的設想，而是為了滿足所有者的要求。分益佃戶不得不對貴族提供食物供應，各戶分別負責供應不同種類的產品。流動資本往往由有財產的市民提供，他們不想將其財產用於資本主義農業。這種收益分成式的租佃制度將義大利和法國南部與歐洲其他各國分離開來。

德國西北部和西南部及與法國北部相連線的地區，特別是以莊司制組織以及分散的持有地為特色。以此作為起始點，農業組織的發展在西南和西北經由兩條特別不同的路徑進行。在德國西南部，莊司制度解體了。領主在土地與個人忠誠上的的權利以及司法權開始變為一種純收取租金的權利，而僅有相對很少強制性徭役以及和轉移繼承權相關的痕跡依然存在。萊茵河或德國西南部的農民因而在現實中是自己的主人，可以出售其持有地或者傳給繼承人。這種情況的產生主要是由於莊園法律發揮了它的最大作用以及持有地非常分散的原因；一個村莊中往往住著幾個土地所有者，而分別由不同的人掌握司法權、土地持有權及隸屬關係，從而在他們的相互爭鬥中農民能夠坐收漁翁之利。將大部分統一的馬爾克以及一小部分公共牧場占為己有是德國西部與西南部的土地持有者可以獲得的主要收益。

在德國西北部，土地持有者將莊司制度取消了。他們一旦發現在市場上賣出產品的可能性，就會對增加土地收入以及獲得適於為市場生產產品的持有地產生興趣。因此，在西元 13 世紀德意志地方習慣法彙編時期，甚至更早一點，就有大批農奴得到解放。以這種方式解放出來的土地均按一定的期限出租給被稱為「佃農」的自由租佃者，在政府施以強大壓力的情況下，這些人的財產變為世襲的，並受國家保護免受租金意

外增加造成的利益損失。如果地主想要趕走一個佃農，為了避免稅收減少，政府會迫使其再找一個農民代替。

因為大塊持有地符合領主的利益，所以出現了單人繼承法，領主強行規定一塊持有地僅可由一位繼承者繼承。一般說來，地租仍以實物支付，而強制性的封建勞役則可用貨幣支付替代。在西發里亞[062]的某些地方，農奴制曾經存在，可僅限於領主在佃農死後可以取回一部分遺產。在德國東南部——巴伐利亞、上帕拉提內特以及南符騰堡農民的財產權常常缺乏保障。世襲租佃與非世襲租佃是有差別的，而且受保護的租佃與不受限制的租佃也存在差別。後者只能是終身的，而且允許領主在承佃者死後增加賦稅或把持有地出租給其他人。領主自己往往是堅決執行強制繼承法的。賦稅包括什一稅與變更承佃人時的過戶費。賦稅名目的多少取決於財產是世襲性質的還是非世襲性質的。徭役非常輕。人身奴役雖一直通行至18世紀，但只不過是需要向所依附的領主繳納一點適度的、種類有限的賦稅。這種領主和莊園領主往往不再是同一個人。

一直到16世紀，德國東部的農民始終處於最理想的法律地位。耕種者往往持有附有免役條件的土地，不用服勞役，並且享有人身自由。相對大一些的地塊均由貴族掌握在手裡，他們從一開始就擁有大塊海得地，一個村莊常常有三四塊或者更多這樣的大塊土地。司法權與土地持有權在很多地方都是一致的。這一特徵後來讓貴族直接經營的持有地變成大規模的農場與強迫佃農承擔強制性勞役變得更簡單了。

在英格蘭，處於農奴地位的農僕以及從嚴格說來地位相對較高的莊園僕役；他們均完全地依附在土地上，不過均是平民法庭的成員。莊園法律已經變得很有用處了，這使領主壓迫農民或增加其賦稅變得困難。

---

[062] 德意志西北部的歷史地名。——譯者注

土地所有權與司法權相一致；而且諾曼第征服[063]時期，就是將結合了這兩種權利的地區賜予封臣。不過土地持有者的上面存在一個強大的國家，歷代英國國王均透過皇家法庭與訓練有素的法官所擁有的權力，來保護農民免受封建地主的損害。

---

[063] 指 1066 年法國封建主在諾曼第公爵威廉的帶領下對英國的征服。——譯者注

第一篇　家庭、氏族、村落以及莊園

第六章　莊園中的資本主義發展

在和經濟相關的巨大軍事利益的壓力下，莊園制產生了，其原本是想要利用其附屬的土地與勞動力支撐上層階級的生活，而此時卻顯現出強烈的資本主義發展趨勢。這一趨勢展現於種植園及地產經濟這兩種形式。

一、種植園

種植園是一種使用強制性勞動專門為市場生產園藝產品的體制。種植園經濟普遍出現於任何由因征服而產生的領主階級進行農業經營並適於集約耕作的地方，在殖民地，這樣的特徵尤其明顯。在近代，種植園的產品一直是菸草、甘蔗、咖啡及棉花；在古代是酒與油。想要獲得發展，一般情況下要歷經初級的準種植園制度。在這一階段，僅是對市場進行調節並把這種職權集中於一人之手，而將產品生產作為一種強制性勞動交給奴隸階級來做，村莊公社承擔連帶責任，依附於土地之上，而且向正式的種植園主繳付賦稅，這些準種植園是一種殖民機構。這種情況在南美洲占統治地位並且一直持續到 19 世紀初期革命發生時，而在新英格蘭各州，一直到與母國分開時這種狀況仍然存在。

世界各地都有種植園。這一制度曾經歷了兩次典型的發展。先是古代的迦太基[064]——羅馬種植園，第二次發生於 19 世紀美國南方諸州的黑人種植園。種植園的經營完全是靠有紀律的奴隸勞動來進行的。在種植園經濟中，我們找不到像莊園經濟一樣大規模地產與農民個人小塊持有地同時存在的情況，可是奴隸人口卻被集中於屯舍。勞動力的增加是

---

[064] 地中海地區古城，位於非洲北海岸，建城時間早於羅馬；西元前 9 世紀末，腓尼基人建立迦太基城邦，西元前 146 年被羅馬所滅。——譯者注

第六章　莊園中的資本主義發展

這種企業的主要困難。勞動者自己無法生育後代，也沒有家屬。因此，這種種植園的生存依賴於奴隸的捕捉，要不然就是發生戰爭，要麼是對能捕獲大量奴隸的地方發動規律性的侵襲，例如非洲就是進行黑奴交易的地方。古代種植園[065]在迦太基得以發展，馬戈（Mago）[066]曾對這裡的種植園作過科學描述，拉丁文獻中加圖（Cato）[067]、瓦羅（Varro）[068]與科隆麥拉（Columella）也進行過這類描述。

16 世紀的莊園

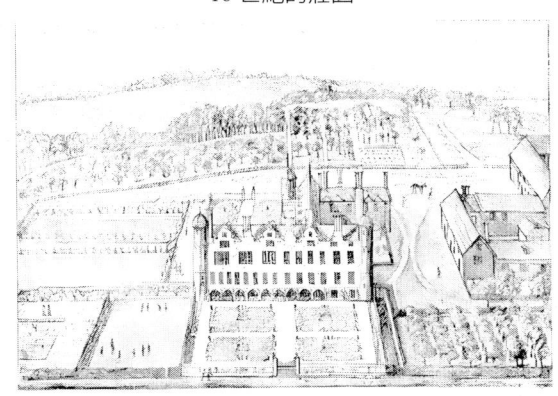

16 世紀的莊園和村莊

---

[065] 見韋伯：《在國家法與私法方面具有重大意義的羅馬農業史》，司徒加特，1891 年版；《辭典》，第 3 版中韋伯對「農業史」論述和羅斯托佐（M. Rostowzew）對「永佃權」的論述這兩條（以及廣泛引用的參考文獻）。
[066] 迦太基名將哈米爾卡 – 巴卡（Hamilcar Barca）的兒子，傑出的高級將領。──譯者注
[067] 羅馬共和國時期的政治家，首位用拉丁語撰寫歷史著作的羅馬人。──譯者注
[068] 古羅馬著名學者和作家。──譯者注

能隨時從市場上買入奴隸是種植園存在的先決條件。羅馬種植園生產酒和油。隸農——自由小佃戶和農奴——奴隸在這種種植園中同時存在。隸農使用領主提供的家畜及農具在土地上種植莊稼，因而成為一種勞動力，而不是現在所說的農民。奴隸沒有家眷和財產，而且被集中在屯舍，屯舍集宿舍、隔離室以及防止其逃跑的牢房於一體。早晨聽見起床號就起，排隊上下班，衣服由倉庫發放且必須歸還，工作都是按照嚴格的軍事程序進行。莊司或者監工是唯一的例外，他擁有私有財產，而且是共同居住者，這是指他能帶著一定數量的家畜在種植園主的牧場上放牧，還可以獲准與一個女奴結婚。

最大的難題是勞動人口數量的保持問題。由於奴隸之間的性亂交帶來的自然增長無法滿足需要，所以許諾女奴在第三胎後獲得自由的方法被用來鼓勵生孩子。這種方法經過試驗證明是沒有任何作用的，因為除了賣淫，這些重獲自由的婦女沒有別的出路。由於對奴隸的穩定需求，住在城市的種植園主的困難日益增加。由於帝國初期大戰結束之後，奴隸市場已不再可能實現永久供給，奴隸屯舍注定要消失。

與煤礦開採的失敗對現代工業的影響一樣，奴隸市場縮小帶來的影響也很大。造成羅馬種植園在性質上發生變化的另一個原因是古代文化重心轉向內陸地區，然而奴隸屯舍則需要設在沿海附近區域，而且依賴商業的發展。在內陸地區，傳統的莊園經濟占統治地位，而且具備相應的運輸條件；隨著文化重心轉向內陸地區，再加上帝國帶來的和平環境，之後肯定會發生向另一種制度的過渡。因此在帝國衰落時期，只在和農業勞動有關的範圍內來講，我們發現奴隸均有家眷，而且住在自己的份地上；然而在另一方面，隸農也要承擔勞役，而不再是只支付租金；也就是說，這兩個階級越來越趨於融合了。帝國的經濟與政治政策被有產階級控制了。貨幣經濟與城市生活日漸沒落；其狀況與以貨易貨經濟階段相接近。

第六章　莊園中的資本主義發展

　　類似的困難也出現在北美合眾國的南方諸州。在棉花利用方面取得了重大發明以後，那裡的種植園制度才得以形成的。在18世紀的最後三分之一的時間裡，棉紡機（西元1763年至1769年）與織布機（西元1785年）被英國人發明了出來，將纖維與棉籽剝離開的鋸齒軋花機（西元1793年）被美國人發明了出來；軋花機的使用代表著首次有效利用棉花作物成為可能。因此，棉花的成批銷售發展起來，從而代替了麻毛的生產。然而，生產過程中機器的使用在歐洲和美洲產生了完全相反的結果。在歐洲，棉花加工推動了自由勞動力組織的成立，英國的蘭開郡[069]發展出了第一批工廠；然而在美洲，則是推動了奴隸制。

　　在16、17世紀，曾試圖利用印第安人進行大規模生產，可是很快便行不通，因此不得不轉而依賴黑人奴隸的進口。然而黑人奴隸沒有家眷，無法自行繁育，在新英格蘭諸州陸續禁止奴隸貿易後，只經過了一代──到18世紀末期，便發生了黑人奴隸的嚴重缺乏。雖然一些貧困的移民想靠這種植園進行勞動來支付那筆渡重洋的鉅額花費，可是僅僅靠他們是不夠的。另一個權宜之計是蓄養黑奴，這一方法在南方許多州有系統的進行，使得蓄養黑奴的州與消費黑奴的州是能夠分辨的。

---

[069] 位於英格蘭西北部，1764年發明珍妮紡紗機的詹姆斯·哈格里夫斯便是蘭開郡的紡織工；到1835年，英國全國一半以上的棉紡織廠在蘭開郡。──譯者注

第一篇　家庭、氏族、村落以及莊園

理查‧阿克萊特（Richard Arkwright），
英國紡織工業家、發明家，他發明的水力紡織機被譽為工業革命的第一步

　　與此同時，發生了為黑奴勞動的使用而搶奪土地的鬥爭。這種制度要求有廉價土地以及不斷有新地可供耕種。若是勞動力昂貴，土地就必須廉價，並且由於黑人只能用最原始的農具而不能使用現代工具，因此僅能做開墾工作。從而在使用自由勞動的州與使用非自由勞動的州之間發生了爭執，進而形成了一種奇怪的現象，那就是只有輔助作用的生產要素「奴隸」能產生地租，而土地則產生不了任何地租。在政治上，這種狀況則意味著北方資本家階級與南方種植園貴族階級的鬥爭。自由農民支持資本家，沒有奴隸的南方白人──「窮苦白人」則支持種植園主；後者懼怕黑奴的解放[070]，這是由於經濟競爭與階級地位。

　　奴隸制僅僅在執行最嚴格的紀律並與殘酷剝削相結合才能賺得利潤。另一個必要條件是奴隸供給與蓄養價格低廉而且有可能進行大規模的開墾，而大規模開墾的前提條件則是土地供給不受限制。當奴隸價格變得昂貴並且無法再讓他們保持單身時，古代種植園及其奴隸制因而瓦

---

[070] 參見凱恩斯（J. E. Cairnes）：《奴隸勞動力及其性質、經歷和可能的計畫》，紐約，1862 年版；涅伯爾（H. J. Nieboer）：《作為一種工業制度的奴隸制》，海牙，1990 年版；杜‧波依斯（B. Du Bois）：《非洲奴隸貿易的取締》，紐約，1904 年版；科納普（G. Knapp）：《處於被奴役地位的農民及其自由》，萊比錫，1909 年第 2 版，第 1 頁。

第六章　莊園中的資本主義發展

解了。在這方面，基督教沒有造成一般所歸因於它的那種作用，反而是斯多噶學派（Stoicism）[071]的帝王開始保護家庭並在奴隸中間介紹婚姻制度。

北美，對於奴隸制的廢除，貴格會信徒尤其活躍。然而，自1808年起國會禁止奴隸的進口，而且可供開墾的土地已經不多了的時候，奴隸制走向滅亡的命運就已注定。即便是沒有南方諸州脫離聯邦而引發的美國南北戰爭，從奴隸制經濟向分益佃農制度的轉變也是不能避免的。北方獲勝者處理問題的方式不對，黑人甚至被給予特權，然而在軍隊撤走後，黑人就被剝奪了選舉權，白人和黑人之間形成了明顯的種族差異。黑人變成了被債務捆綁的分益佃農。因為鐵路依賴白人土地所有者經營，黑人也就失去了經商機會，黑人的自由遷徙僅僅停留在紙上。在「土地」要素被消耗殆盡後，黑人解放所帶來的混亂狀態，定然會自發地、漸漸地形成了。

二、地產經濟

我們所理解的地產是指定位於為市場生產產品的大規模資本主義產業，它要麼可能專門致力於畜牧業，要麼可能專門致力於農業耕種，或兩者兼而有之。如若主要從事大規模畜牧業，則就像羅馬大平原上的情況一樣，該產業不需要資本便可經營。這裡以著名的大領地占統治地位，它的起源明顯可以追溯至神權國家的貴族封地。羅馬的大貴族均是羅馬大平原上的地產所有者；另外，還存在佃農，他們主要養殖大量牲畜向羅馬供應牛奶。但農民則被剝奪了土地而不得不搬至別處。

在南美洲的彭巴草原（Pampas）及蘇格蘭，用不了多少資本的大規模畜牧業也占統治地位。在蘇格蘭，農民也被剝奪了土地。在西元1746年

---

[071] 古希臘哲學家芝諾（Zeno）於西元前305年左右創立的哲學流派。——譯者注

第一篇　家庭、氏族、村落以及莊園

卡洛登戰役（Battle of Culloden）[072]中遭到破壞之後，蘇格蘭便獨立了。英國的政策把原有的氏族族長看作領主，而把氏族成員看作他們的佃農。結果是，在18世紀和19世紀，地主自作主張行使所有者的特權，趕走佃農，將土地變為狩獵場所或者牧羊場。

在英國，隨著羊毛工業的增長並在歷代國王政策的鼓勵之下，集約經營的資本主義畜牧業經濟得到了發展。14世紀之後，考慮到徵稅的可能性，英國國王先是對生羊毛出口商予以照顧，後來又對面向國內消費市場的羊毛製造商提供支援[073]。因此，視自己為公有地所有者的地主將公共牧場變為牧羊場的「圈地運動」開始了。地主成批買進農民的土地，或與之達成協定，從而變為大農場主並開始從事畜牧業。這一過程從15世紀一直持續到17世紀，而且於18世紀在人民與社會作家中間發生了反對圈地運動的風潮，最後致使資本主義大農場主階級的出現，他們租入土地，使用最少的勞動力，主要從事為羊毛工業提供原料的養羊業。

種植園裡正在勞作的人們

另一種形式的地產經濟主要進行穀物生產。英國在羅伯特‧皮爾

---

[072] 西元1745年6月，英格蘭國王詹姆斯二世（James II）的孫子查理‧愛德華‧斯圖亞特（Charles Edward Stuart）為復辟斯圖亞特王朝而在蘇格蘭起事，但最終被英國國王喬治二世（George II）之子昆布蘭公爵（Prince William, Duke of Cumberland）在庫羅登戰役中擊敗。——譯者注

[073] 見《劍橋中世紀史》第2卷以及多普施（A. Dopsch）：《加洛林王朝的經濟發展》；另見阿什利（Ashley）、坎甯安（Cunningham）以及羅傑斯（Rogers）的歷史書籍。

第六章　莊園中的資本主義發展

(Rovert peel)[074]廢除穀物法之前的150年間便一直是這樣的情形。那時在保護性關稅制度與出口補貼制度之下，小農普遍被取代，給承租者更有效率的農業耕種讓路。從而，養羊與種植穀物或者只經營一種，或者同時經營兩種。這種一直狀況持續至穀物的保護性關稅因為清教徒與英國勞工階級的反對運動而被取消。從這以後，種植穀物不能再獲得利潤，用在這上面的勞動力也因而得以解放出來。在英格蘭低地的廣大地區人口數量非常少，然而在愛爾蘭，那時在地主的大規模地產之上小佃戶農業仍持續存在。

俄羅斯的狀況和英國完全相反[075]。在16世紀，這裡仍然存在真正的奴隸，而絕大部分農民則是自由分益佃農，他們將收成的一半交給地主。地主擁有在任何一年年底撤租的權利，但是很少行使。然而，由於地主寧可收取固定地租，而不願收取波動起伏的實物租金，因此，他們要求農民用貨幣繳納其固定地租。與此同時，他們企圖將最初僅由奴隸承受的強制性勞役也用到自由佃農身上；修道院持有的土地通常是在以最經濟的方式經營，因而在這一點上產生帶頭作用。貨幣經濟的成長導致農民陷入沉重的債務負擔。僅僅一次歉收便能導致這種結果，農民因而失去了遷徙自由。

自16世紀末期開始，沙皇運用他們的權力以及帝國整個行政機構的權力為貴族利益服務。然而後者被直接威脅到生存，因為大地主能夠向農民提供更為有利的租賃條件，使得下層貴族面臨佃農缺少的問題。沙皇的政策是試圖保護他們免受大貴族的傷害。西元1597年沙皇鮑里斯·戈東諾夫（Boris Godunov）的敕令便是因為這個；宣布租約不可撤銷，於是農民實際上被捆綁在土地上；並且農民還被登記在賦稅冊籍上，再次

---

[074]　曾於西元1834至1835年和1841至1846年任英國首相，英國保守黨的創建者。——譯者注

[075]　見斯特恩（E. V. Stern）：《俄國農業問題和俄國革命》，哈雷，1918年版。

第一篇　家庭、氏族、村落以及莊園

形成了由領主負責保護農民的政策。

隨著彼得（Peter）大帝對人頭稅制度的改革，自由農民與農奴之間的差別消失了。兩者均依附在土地上，領主對他們均擁有不受限制的權力。農民不再比一個羅馬奴隸擁有更多的權利。西元 1713 年，公然授予領主鞭撻權；根據許可，地產上的監工可隨意指定男女青年結婚，貢納的數量也隨領主的意願而定，就跟徵兵一樣。他們有權將不聽話的農民流放至西伯利亞，而且可以在任何時間將任何農民的持有地收回，儘管許多農民能夠成功藏匿財產並累積很多財產。但農民沒有法庭可去申訴冤苦。他們被視為租稅或者勞動力的來源而遭受領主剝削，在俄羅斯中心地區，他們被當成租稅的來源，而在有可能開展出口貿易的西部則被當成勞動力的來源。這些就是俄羅斯農民進入 19 世紀時的狀況。

在德國，土地租佃持續存在的西部和莊園經濟占統治地位的東部及奧地利之間存在明顯的差異[076]。最初這兩個地區農民的狀況是非常一致的，甚或東部農民的狀況要好一些。在東部，有著德國最好的土地法，最初本不存在人身奴役。農民均在大塊海得地上安居，其面積與原來的王室海得大致相當；由於農民是納稅人與徵兵對象，自普魯士的弗雷德里克·威廉一世（Frederick William I）[077] 和瑪麗亞·特雷薩（Maria Theresa）[078] 時期起，國家就禁止奪地。漢諾威與西發里亞也同樣不允許這樣做——禁止奪地，不過在萊茵河與德國西南部卻是准許的。儘管東部大部分地區均發生了奪地之事，而在西部[079]與南部卻從未發生。其中的原因各式各樣。在三十年戰爭以後，農民人口死亡率很高，西方的持有

---

[076] 見馮·貝洛（G. von Below：《地區和城市》，慕尼克和萊比錫，1900 年版，第 1～94 頁；科納普（Th.Knappe）：《法律史和經濟史論文集》，圖賓根，1902 年版；維提克（W. Wittich）的論文，載於《社會經濟學大綱》，第 7 卷（1919 年版），第 1 頁。另見《辭典》，第 5 卷，第 3 冊（1911 年版），第 208 頁（「地主階級」條）。

[077] 普羅士國王，在位期間為西元 1713 至 1740 年。——譯者注

[078] 奧地利女大公、匈牙利和波希米亞女王，在位期間為西元 1740 至 1780 年。——譯者注

[079] 見布倫塔諾（L. Brentano）：《繼承法政策：新舊封建制度》，司徒加特，1899 年版。

地被重新分配，而在東方則被合併成了大規模的地產。

在西部與南部，混合持有地具支配地位，而在東方則是貴族連在一起的大農場。然而在西部與南部，即使在貴族連在一起的大農場占支配地位的地區，也沒有大地產發展起來。由於這裡土地占有權、人身宗主權與司法權是相互分開的，因而農民能夠借一方之力對付另一方；然而在東部，這三種權力與不可分割的封地被視為一體。這種狀況使地主更易於奪取農民的土地或者強迫農民接受強制性勞役，儘管最初僅有地方法官而不是地主才擁有這種權利。最終，教會的土地在西部要比東部多，而且教會傳統上比凡俗地主更為體恤農民。即使在大塊持有地掌握在教會手裡的東部，就像在澳洲掌握在修道院手裡一樣，傳教士也比凡俗持有者經營得更經濟，不過對農業出口同樣沒有多大興趣。

因此，市場關係在東部與西部的差異中產生關鍵的作用。凡是當地市場不能吸收可利用的大量穀物產品而必須向國外出口的地方，大地產就會產生。然而，由於一個漢堡商人無法與馬爾克或西利西亞（Silesia）中的單個農民談判，所以不可避免的就向地產農業過渡了。與之相反，南部與西部的農民可以在附近的城市銷售其產品。從此，地主的地租來源於農民，而在東部農民僅能被當成勞動力用。隨著城市在地圖上出現頻率的減少，地產出現的頻率隨之增加。

在南部與西部，有利於舊式農民生存下來的另外一種力量來自於莊園法，而且傳統主義在更大程度上與之結合。甚至有人聲稱德國西部與南部的農民戰爭與這種發展有一定關係。這次戰爭以農民的失敗而結束，可是它帶來的影響卻與一次失敗的總罷工一樣，對地主而言是一個不好的徵兆。

不過英國在14世紀也發生過農民戰爭，農民依然被剝奪了土地；儘管波蘭與德國東部沒有發生過一次農民起義，但事實是，就像所有的革命運動並沒有爆發在受壓迫階級處境最惡劣的地方一樣，就我們所探討

的問題而言，農民戰爭沒有發生在農民階級處境最惡劣的地方，而是發生在革命者有了一定覺悟的地方。

在東部用來表述農民與地主之間關係的專業術語不是奴役而是可以世襲的依附。農民隨地產一起被買入賣出，是地產的附屬品。在德國易北河以東，與在堪比王侯的大地產（這種地產十分遼闊，在梅克倫堡占到土地總面積的一半）之上的農民同時存在的是私人地主的農民。財產權存在各種差異。德國農民最初生活於非常有利的關係之下，持有免役租用的土地。

相比之下，斯拉夫人的權利則非常缺乏保障。這就造成這樣一種現象，在斯拉夫人占大多數的地方，日爾曼人的處境漸漸惡化。因此在18世紀，東部的大部分農民生活於農奴制度下。農民已變成了地產的附屬品。他不擁有任何可靠的可繼承的權利，甚至始終未曾擁有一項以終身為期的權利，儘管他們已經被捆綁於土地之上，在找不到接替的人或者沒有地主的同意的時候，他們就不能離開這塊地產。他們必須承擔類似於英國封建法律中的家庭勞役；也就是說，不僅他自己要服勞役，而且他的子女也要到地主的家裡當僕人，即使在地主自己也是地產的承租人時也得這樣。地主可以迫使任何一個農奴持有一塊土地。最後，地主擁有隨意增加勞役以及辭退農民的權利。然而，在這裡他們與王侯的權利有了尖銳的衝突。在德意志東部，統治者開始保護農民；他們擔心長此以往現存的農民階級會被毀滅，尤其是在奧地利與普魯士，這樣做是要維護本階級的稅源和兵源，並非出於對農民的愛心。的確，對農民的保護措施僅僅在有強大國家的地方才能得以確立下來。因此，在瑞典的西澤爾──波美拉尼亞（Pomerania）、梅克倫堡（Mecklenburg）及霍爾斯坦州（Schleswig-Holstein），發展起來了統一的大地產經濟。

第六章　莊園中的資本主義發展

大約西元 1890 年前後[080]，易北河以東區域的地產是一種季節性的經營。在一年之中，田間勞動分配得並不均勻，冬天田間人手主要經營副業，造成勞工生活艱辛的主要根源是後來副業的消失。

地產上有常年從事農業勞動的男僕與女僕。另外，從事田間勞動的還有第二種勞動者，他們被稱為的「長工」。他們居住在自己家裡，均已結婚，然而在西利西亞[081]則是集中居住在屯舍。他們根據一年期的合約工作，任何一方均可終止合約。他們的薪酬要麼是固定的實物補貼並另外給一些現金，要麼是變化不定的產品分成，包括莊稼收成與來自磨坊的收入。脫粒工作是用手進行的，而且整個冬天持續做，通常把六分之一或者十分之一分給「長工」。長工在這項工作上擁有壟斷權；地產主不能將這項工作交由別人來做。另外，只要三圃制仍然存在，他就在三圃中的每一圃中持有一塊長條地，由所有者為他們耕作，此外還擁有一塊種植馬鈴薯的園地。他們只有極少的薪酬或者沒有，不過可以養豬銷售，也可以賣出自己那份結餘的收成。因此他們對豬與穀物的價格上漲感興趣，從而使他們與地主有相同的經濟利益，然而領取貨幣薪資的農業無產階級則希望這些物品價格下降。地主提供家畜與重型農具，而長工一定要自行配備連枷與大鐮刀。

在收穫季節，地主需要額外的勞工，因而僱用流動工人──所謂的「短工」或在村中招人。另外，長工如果不願意看到自己薪資降低，那麼在夏天起碼得找一個助手，在收穫季節一般還得再多找一個，他往往找自己的妻子兒女，從而整個家庭都與地主建立了勞動合作關係。工業意義上的契約自由僅適用於移民工人與非獨立農場主的長工，據發現後者的狀況不符合「規章」（參見下文）。然而，從世襲農奴制時期以來，他們

---

[080]　見韋伯（M. weber）：《易北河以東的德意志農民的境況》，萊比錫，1892 年版。
[081]　中歐的一個歷史地名，現絕大部分屬於波蘭，小部分屬於捷克和德國。──譯者注

的狀況已經發生了根本的變化，因為在那期間地產所有者是透過工人的幫助與農民的合作從事地產經營，已不是用自己的資本了，因此工人和他的勞動工具並沒有發生分離。

三、莊園制度的解體

波蘭與白俄羅斯也同樣地組織了地產經濟，經由維斯瓦河（Vistula River）[082]與梅梅爾河上的帆船貿易，這些出口國將他們的產品輸送到世界市場。在俄羅斯，地主更願意將土地出租給農民，農民因而保留了對自己勞動力的控制權。

在地主與農民之間存在著錯綜複雜的依存關係，地主把農民當作租金與勞動力的來源進行剝削，最終又透過這兩種剝削將農民束縛在土地上，這種關係是導致農業莊園組織瓦解的原因。這種變化代表著農民與農業勞工獲得了人身解放和遷徙自由，還代表著土地從農民的村社組織以及領主的權力中解放了；相反地，凡是農民擁有權利的地方，統治者都必然實行了保護農民的政策，因而這種變化也代表著莊園土地從農民權利的阻礙中解放出來。

首先，就像梅克倫堡、英格蘭、西澤爾——波美拉尼亞以及西利西亞的部分地區那樣，透過剝奪農民的土地，農民成為沒有土地的自由人。其次，透過剝奪領主使其失去土地，農民變成了擁有土地的自由人。法國與德國西南部發生了這種情況，一般而言，凡是地主以租佃方式利用土地的幾乎都發生了這種情況，這種情況在波蘭也發生了，不過卻是俄羅斯干涉導致的。最後，它還可能以上述兩種方式相結合的形式出現，農民變成擁有一部分土地的自由人。由於地產組織形式不能輕易被取代，所以凡是有其存在的地方，這是必然會經歷的階段。由於普魯

---

[082] 波蘭最長的河流，也是波羅的海流域最大河流。——譯者注

士過於貧窮，不能用工薪制職員代替地主，因此不得不依賴他們。

莫萊灣莊園

莊園農業制度的崩潰使得一些權力與限制的廢除成為可能，這其中包括：地主世襲的司法權、各種定役權或者專利權，以及以強制分封或者所謂永久管業權的方式加在土地上的所有政治與宗教限制。上述障礙的廢除可能採取各種形式：

(1)正如在巴伐利亞一樣的教會土地的清償法。

(2)取消或者限制遺產的轉分，特別是在英格蘭。

(3)就像普魯士透過西元 1860 年代的稅收立法所實現的那樣，取消領主在地產上的財政特權，例如免稅權及與此相似的政治特權。這些就是廢除障礙各種不同的可能性。結果要依被剝奪的對象而論，地主或是農民，如若是農民，還要視其是否仍擁有一些土地而定。

推動莊園制度解體的力量首先來自於莊園內部，並且主要是經濟性質的。市場利益的發展與地主與農民雙方市場活動以及與貨幣經濟相關的農產品市場的穩步發展是直接原因。然而，這些因素或者不能導致莊園制度的瓦解，或者即便導致莊園制度瓦解，也必然符合地主的利益，地主定會透過剝奪佃農的土地，建立大規模的農業企業。

莊園制度的瓦解一般而言必然還有其他利益關係參與其中。新興城市資產階級的商業利益便是其中之一，該階級促進了莊園的衰落或者解體，因為莊園限制了他們的市場機會。一方是城市及其經濟政策，另一方是莊園，他們之間的對立，倒不是在於一方代表以貨易貨經濟，另一方代表純粹的貨幣經濟，因為在相當程度上莊園是在為市場而生產，如果缺少市場機會，領主便無法向農民收取大量貨幣租金。僅因為佃農擔負的強制性勞役與租稅這一個事實，莊園制度就限制了鄉村人口的購買力，因為它妨礙了農民將其全部勞動力投入到面向市場的生產活動中，而且阻礙了他們購買力的增長。因此，在利益上城市資產階級與地主階級是相互對立的。

另外，建立自由勞動力市場是發展中的資本主義的利益所在，然而莊園制度卻把農民束縛在土地上，阻礙了自由勞動力市場的建立。為了避開行會，最初的資本主義工業不得不轉而利用鄉村勞動力。新興資本家獲得土地的願望造成了他們與莊園制度之間的另一種利益衝突；為了躋身於社會上享有特權的地主階級行列，資產階級想用他們新獲得的財富投資於土地上，這需要將土地從封建束縛中解放出來。最後，國家的財政利益也在其中發揮作用。莊園制度的瓦解有利於提高鄉村納稅能力。

上述這些就是莊園經濟瓦解的各種可能性。詳細地說，它的發展極為複雜。在西元前 3 世紀，中國[083]的封建制度就已被廢除，並建立了土地私有制。秦始皇——秦朝第一個皇帝——他以不同於封建軍隊的世襲軍隊為基礎構築了自己的權力，這種軍隊依靠依附者階級繳納的賦稅供養，中國的人本主義者，也就是後來儒家的先驅，堅定地支持君主制，他們與歐洲對應集團發揮著相同的合理化作用。自那時以來，中國

---

[083] 見《辭典》，第 2 卷，第 3 冊，第 541 頁（科納普等撰寫）以及福克斯 J. C.Fuchs 撰寫的「農民解放」條目，《線民經濟辭典》，第 1 卷，第 2 冊，第 365 頁。

第六章　莊園中的資本主義發展

的財政政策經歷了無數次的變更[084]。它在徵稅國家與「經理制」國家這兩個極端之間來回搖擺，換言之，一個極端是把國民看作稅賦來源，用稅收供養軍隊和政府官員，而另一個極端則是把國民當作徭役來源使用，並指派一定階級負責徵收實物，供應國家所需。

後一種政策是羅馬帝國在戴克里先時期採用的，並且還為這一目的組織了強制性公社。一種制度使民眾獲得了形式上的自由，而另一制度則將他們變為國家的奴隸。後一種制度在中國的應用方式與在歐洲一樣；在歐洲，在這種制度之下，地主將依附人口當作勞動力而不是透過徵收租稅來剝削。在後一種情況下，私有財產消失了，而對土地的義務與依附以及定期的重新分配則相應產生了。在中國，18世紀之後這種發展的最終結果是放棄了經理原則，實行徵稅原則；賦稅是上繳給國家的，除了這些，還有一些殘留下來的不重要的徭役。賦稅流入官員之手，雖然他們上繳朝廷的金額有嚴格的規定，而他們卻盡可能將農民的稅賦提高。不過，這樣做明顯是較為困難的，因為氏族力量十分強大，每一位官員都必須取得農民的認可。結果，農民獲得了較大解放。儘管仍然存在一些佃農，可是他們擁有人身自由，並且僅支付適度的地租。

莊園制度在印度仍繼續存在，的確，這種制度最早是以一種次要的方式產生於國庫的包稅[085]實踐中。英國曾經立法保護先前沒有權利的農民，與格拉德斯通（Gladstone）[086]法保護愛爾蘭人占有他們的持有地並防止隨意增加傳統租稅的方式相同；不過對既定的秩序沒有原則上的改變。

封建租佃在近東也依然存在，但是僅僅以一種修改過的形式存在，

---

[084] 見韋伯（M. Weber）：《宗教社會學論文集》，第1卷，第350頁的綜述。
[085] 是指政府並不直接向納稅人徵稅，而是將稅賦以一定金額承包給私人徵收。──譯者注
[086] 英國政治家，曾作為自由黨人於1868至1874年、1880至1885年、1886年和1892至1894年四次出任英國首相。──譯者注

因為舊的封建軍隊已經消失了。波斯及其他國家的基本變革均只停留在紙上。在土耳其，瓦庫夫制度（參閱下文）至今仍對土地持有關係的現代化產生阻礙。

中世紀時期在日本一直到西元1861年才結束，伴隨著當時貴族統治的瓦解，封建土地持有權也因為所有權的瓦解而衰落。武士——封建制度的支柱——由於貧困而走向工業生活，日本的資本家便是從這個階級發展而來。

封建土地持有制度的被取代在古代的地中海地區[087]僅僅發生於像羅馬與雅典之類大城市的直接管轄範圍內。城市資產階級和土地貴族是相互對立的，同時這種對立矛盾也存在於城市債權人與鄉村債務人之間。因為需要動員廣大農民服軍役，這種情況使得希臘不得不為披甲戰士配備土地。這就是所謂暴君立法的重要意義所在，梭倫（Solon）立法便屬此例。騎士家庭被迫加入農民組織。克里斯提尼（Cleisthenes）[088]立法所理解的民主制度在大約西元前500年前後是以下這種情況：

每一位雅典人，就要像在中古時期的義大利民主制度中貴族被迫加入行會一樣，想要享有公民特權，就一定要歸屬於某一村莊。這有利地打擊了土地的分散持有制度和貴族權力，他們直到那時仍然高高在上並居住在鄉村之外。與此同時，混合持有地制度在各地均已被廢除。

羅馬的階級鬥爭對農業組織的影響也有類似的結果。這裡的土地被劃分成200多英畝的方田。每一塊持有地均用草埂隔開，草埂禁止深耕；地界是公用道路，一般情況下禁止移動地界，這會使得土地的轉讓極為便利。這種土地制度法肯定在十二銅表時期已經眾所周知，而且定是一錘定音的。該項法律與城市資產階級的利益相符，它將貴族持有的土地

---

[087] 參考文獻參見《辭典》，第3版，第1卷，第182頁中韋伯所寫條目。
[088] 古代雅典著名政治家，聯合平民推翻貴族統治，進行了一系列民主改革，確立了奴隸主民主政治。——譯者注

第六章　莊園中的資本主義發展

與城市中用於投機建築的土地以相同的方式對待,而且動產與不動產之間的差別被有系統地取消了。然而,在城市的直轄區域之外,古代的土地制度仍然未曾變動。

古代文明——在東方,一直到亞歷山大大帝;在西方,一直到奧古斯都——均具有沿河文明特徵,而內地的租佃制度依舊沒有改變;後來又由此向外擴展,最終遍布整個羅馬帝國,這一制度在中世紀前半期始終占統治地位。在佛羅倫斯(Florence)[089]領導下的義大利城市的商人共和國,第一個走上了農民解放的道路。的確,為了城市統治者與議會的利益,為了手工業行會與商業行會的利益,他們剝奪了農民的政治權利;這種狀況一直持續到貴族自己轉向農民尋求支持以對付城市居民時為止。不管怎樣,為了購買土地並把自己從統治家族的控制中解脫出來,這些城市解放了農民。

在英格蘭,從未發生過合法的農民解放。除了在查理二世(Charles II)[090]統治時期廢除了農奴制且透過「繼承者有絕對處理權」的方式將封賜的土地變為私人財產之外,中世紀的制度在形式上依然有用。「佃冊地」是唯一明顯的例外,這種土地最初由非自由農民持有,持有者沒有任何正式合約,而僅有在莊園名冊上記錄的副本。在英格蘭,只靠市場的發展這一個事實就已足夠將莊園制度從內部摧毀。依據順應形勢的原則,從農民手中剝奪來的土地交給了資本主。農民因而變成沒有土地的自由人。

事情的發展在法國[091]與之完全相反。西元1789年8月4日夜的大革命一舉廢除了這裡的封建制度。然而,仍舊需要對那時所採取的制度進行一番解釋。國民議會的立法給出了解釋,這一立法宣布,為了地主

---

[089] 義大利歷史文化名城,文藝復興的發源地。——譯者注
[090] 蘇格蘭和英格蘭國王,在位期間為西元1661至1685年。——譯者注
[091] 見科瓦利斯基(M. Kowalesky):《革命前夕的法國經濟和社會》,第1卷,巴黎,1909年版;博納邁爾(E. Bonnemere):《從中世紀到現在的農民史》,巴黎,1886年第4版;塞伊(H. sée):《法國的農民各階層和公產制度》,巴黎,1901年版。

的利益而加在農民身上的所有負擔均是封建性質的，全部廢除，沒有任何賠償。

另外，國家沒收了逃亡貴族與教會的大量地產，並將其分給市民與農民。然而，由於早在取消封建負擔之前，就已經實現了持有地平等的繼承與分配，因此最終結果是，法國變成了中小規模農場的國家，和英國大不一樣。具體過程是透過剝奪地主的土地而給予農民財產權利。之所以能夠這樣，是由於法國地主並非農場主，而是一些透過把持在軍隊與行政部門的地位而謀生的朝臣貴族。所以，革命摧毀僅僅是一種租佃關係，並非生產性組織。

德國南部與西部的發展過程在性質上與大革命相似，但是採取了一種漸進的方式。巴登在西元1793年受重農學派影響的馬格拉夫・查理・弗雷德里克（Margrave Charles Frederick）早就已經開始了對農民的解放。關鍵的事實是，德意志諸邦在解放戰爭以後採用了成文憲法制，任何用上奴役字眼的關係均難以與一個立憲國家相容。因此，不受限制的勞役、賦稅以及任何有人身依附特徵的服役在所有地方均被廢除了。

在巴伐利亞，蒙特格拉斯（Montgelas）[092]完成了這些並得到西元1818年立法的認可；農民獲得了遷徙自由，最終還得到了合適的財產權。1820、30年代，這種情況在德國南部與西部非常的常見，幾乎所有地方都有，僅巴伐利亞直到西元1848年才真正實行。那年，被以折合為貨幣債務的方式取消了農民剩餘的負擔。在債務處理過程中，國家信貸機構曾經給過資助。具體而言，在巴伐利亞，人身捐稅的廢除沒有任何補償；而其他捐稅則變成貨幣支付並得將其贖買；與此同時，無條件地解除了所有封建束縛，從而德國南部和西部農民分到了地主的土地；除了進展緩慢和採取了更為合法的過程之外，改革情況與法國相同。

---

[092] 巴伐利亞公國當時的首相。——譯者注

第六章　莊園中的資本主義發展

東部——普魯士東部諸省、奧地利、俄羅斯和波蘭——的發展過程截然不同。這裡如若像法國那樣採用激進的方式，現存的農業組織必然遭到破壞，而且只能導致混亂。它還有可能如發生在丹麥的那樣，引起莊園向農民持有地的演變；不過簡單宣告廢除封建負擔也是不可能的。東部的地主既無家畜也無農具。那裡僅有擔負個人與集體勞役的小塊土地持有者，沒有鄉村勞動力，地主依靠他們的勞動力耕種土地；換言之，它不能立刻廢除。

基於如下事實，另一個難題是：那裡不存在擔任鄉村地區行政職務的官員階層、政府，履行公共職能只得依靠持有地產的貴族階層義務進行。因此，由於存在律師這樣的官員階層，法國才有可能採取斷然措施，而這裡卻不可能像那樣，就跟英國因為僅有貴族的治安法官而不可能一樣。

如若將保護、維持農民階級視為農業制度的恰當目標，那奧地利莊園的瓦解則是以一種理想的方式發生的。不管怎樣，它總要好過普魯士的方法，因為像查理六世（Charles VI）[093]與瑪麗亞·特雷薩（Maria Theresa）這樣的奧地利統治者，更清楚自己在做什麼，至於弗雷德里克，他父親曾說他根本不知道如何終止租約與扇佃農巴掌。

在奧地利[094]，除了自由農民占支配地位的提洛之外，世襲奴役制與土地貴族始終同時存在。在摩拉維亞、波美拉尼亞、西利西亞、下奧地利以及加利西亞把農民當作勞動力使用的地產制度還是很常見；而其他地方則是租佃制度占統治地位，在匈牙利，租佃制度與對奴役勞動的利用是混合在一起的。在加利西亞與匈牙利存在著最大程度的人身奴役。根據土地清冊繳納賦稅的「鄉農」與定居於領主自營地而沒有納稅賦擔的

---

[093] 哈布斯堡王朝神聖羅馬帝國皇帝，在位期間為西元1711至1740年。——譯者注
[094] 見格隆伯格（K. Grünberg）：《波希米亞、摩拉維亞和西里西亞的農民解放以及地主農民關係的解除》，總共兩冊，萊比錫，1894年版，以及《奧地利農業史研究》，萊比錫，1901年版；埃米爾·庫恩（Emil Kun）：《匈牙利農民社會史的研究》，耶拿，1903年版。

「自營地農」不一樣。在某種程度上，鄉農所處的地位更好一些。也和自營地農一樣，他們可再分為可替代的與不可替代的兩類。可替代的持有地擁有代代相傳的權利，而不可替代的持有地可隨時撤租。

資本主義發展趨勢在17世紀後半期之後開始滲入這種組織。國家在利奧波德（Leopold）[095]一世統治時期最初是以在土地清冊上強制登記的形式進行純財政上的干預。這一政策是為了確定國家到底能從哪一種土地上徵稅。在這一措施確定並沒有任何作用後，當局出於對勞動者的保護，又試圖推行「勞動專利」制度（西元1680至1738年），規定了每一個農民的最大工作量。然而，奪佃還是有可能的，因此瑪麗亞・特雷薩為減少奪佃的發生，便採用賦稅「修正」制度，這樣使業主為他所趕走的所有農民的賦稅負責。可是這一措施也沒什麼作用，因而女皇於西元1750年直接干涉奪佃行為，但還是沒有取得任何關鍵性的成果。最後，女皇於西元1771年頒布了全面登記制度，規定土地所有者全部在地籍簿（一種人口與土地調查清冊）中登記，每一個農民所持有的土地及其擔負的義務都要填好。與此同時，農民被給予折償義務的權利，於是獲得了可以代代相傳的占有權。這類權宜之計在匈牙利很快消失了，而在奧地利則獲得了勝利，取得了明顯的成果。這定然是試圖保持農民的現存人數並保護他們免受農業資本主義發展的傷害。它並未導致現有農業組織的瓦解，因為儘管農民受到保護，可是貴族的地位也得到了維護。

在約瑟夫（Joseph）二世[096]的帶領之下，立法第一次具備了革命的性質。這主要展現在他把人身奴役關係廢除了，而且賜予由此帶來的自由，即職業選擇自由、遷徙自由、婚姻自由及免服兵役與家庭勞役的自由。原則上，他認可農民在其持有地上的財產權，而且於西元1789年的

---

[095] 神聖羅馬帝國皇帝，在位期間為西元1658至1705年。──譯者注
[096] 神聖羅馬帝國皇帝，頗具民主思想，推行了包括廢除農奴制在內的激進的改革措施，在位期間為西元1765至1790年。──譯者注

第六章　莊園中的資本主義發展

賦稅與登記法中開創了一條真正的新道路。

先前封建持有地上的強制性勞役與徵實制度全部廢除，捐稅與勞役均變為對國家的定額貨幣支付。可是試著一步發展成徵稅制國家的努力失敗了。農民不能透過賣出農產品獲得足夠的貨幣收入以用來繳納賦稅；而業主的經濟計劃也被攪得極為混亂，致使當大動盪出現時，這位皇帝被迫在生命垂危之際撤銷了大部分的改革措施。一直到西元1848年革命成功，農民的全部負擔才被廢除，一部分是以有償的方式購買，另一部分則無須任何補償。從有償購買的部分而言，奧地利政府對勞役估定了一個非常低的價格，而且設立了提供清償手段的信貸機構。這一立法表明瑪麗亞·特雷薩與約瑟夫二世的成果達到了巔峰。

在普魯士[097]，王室土地上的農民與私人持有土地上的農民始終存在著顯著而持續的差別。對於王室土地，腓特烈自己一直實施徹底的保護性舉措。第一，他廢除了強制性家庭勞役。他在西元1777年使農民的持有地變成代代相傳的財產。弗雷德里克·威廉（Frederic William）三世[098]在西元1797年宣布，在原則上廢除強制性勞役，要求王室土地的每一個承租者明確宣布廢除。從而現代農業制度在王室土地上逐漸確立了下來。另外，還准許農民以比較合適的金額購買全部財產權；官僚階層之所以同意這些舉措，主要是有兩方面的原因：一是國庫能收到抵償金，二是王室土地上的農民對國家的要求權將伴隨全部財產權的獲得而消失，從而減少行政工作量。

對於私人持有地上的農民而言，任務要困難得多。腓特烈大帝[099]本打算把奴役制廢除了，不料卻遭遇了形式上的有作用的反對，反對的理

---

[097] 科納普（G. F. Knapp）：《普魯士原領地中的農民解放和農民的起源》，共兩冊，萊比錫，1897年版，以及《農奴和自由》，萊比錫，1909年第2版。

[098] 普魯士國王，在位期間為西元1797至1840年。──譯者注

[099] 普羅士國王，傑出的軍事家，使普魯士成為德意志的霸主，並在農業、軍事、教育、法律方面推行了一系列改革，在位期間為西元1740至1786年。──譯者注

由是普魯士並不存在奴役制，而存在世襲的依附關係。國王所處的位置使其並不能有效反對貴族，因為他自己的官員階層就是由貴族構成。耶拿與提爾西特的大災難最先引發了一場改革。

西元 1807 年，世襲的人身依附關係得以廢除。問題在於農民以不自由的佃農身分持有的土地到底應變成什麼樣的土地。普魯士官方的觀點不一樣。一種觀點是將特定土地上產品的最大產量作為目標，而一種觀點則強調讓農民人口保持最大限度。對於第一種觀點，英國的農業制度為其提供了示範，因為它是當時最高程度的集約式耕種的代表，不過這種制度也是有弊端的，犧牲了土地上的人口。但這種觀點被大總裁馮‧舒恩（Von Schoen）及其所在階層的人士支持。另一種觀點意味著對英國典範的背離，背離集約式耕種。歷經長期談判之後，西元 1816 年的限制令得以產生。該法令代表著行政政策與保護農民之間的一種折中辦法。

首先，任何擁有一組一起拉車的牛或馬等牲畜的農民都必須遵循「規章」，而小型耕種者則實際上不包括在內，因為地產業主說他們不能沒有幫手。即使是有牲畜的農民，也僅當所占有的土地已經登記在賦稅名冊上，並自西元 1763 以來始終占有，才被含在其中。選這一年作為分界點是為了僅將最低限度的農民持有地包含在方案裡。規章在申請時生效。農民獲得持有地的財產權後，就不再提供勞役或支付捐稅，不過與此同時地產上的權利也沒有了。換言之，他放棄了如下權利：修葺房屋時請求援助、從業主那裡獲得緊急幫助、使用公共牧場與林地、從地產那裡預支款項以繳納賦稅。特別是農民不得不將他所持有的全部世襲土地的三分之一以及非世襲土地的一半給業主。這種形式的章程對業主極為有利。的確，他必須自己準備好農具與家畜，可是他卻可留下小屋農作幫工，還從農民的放牧權中解脫出來，而且由於奪佃禁令的立即停止實行而將他的持有地合在一起。現在可以果斷驅逐僅負責幫工而不受規

第六章　莊園中的資本主義發展

章管制的農民了。在西利西亞，勢力尤為強大的貴族還另外獲得了突破常例的有利規定；然而，在波森（Posen）的波蘭籍業主深受影響，因為那裡的整個農民階級都受規章管制。

在普魯士，一直到西元 1848 年，立法才邁出了最後一步。西元 1850 年，農民身上的負擔一律被廢除。除了按日計酬的零工以外，目前每一個農民都置於規章的管制之下，連同農民持有地的各項義務，不管是產生於規章抑或與規章無關，均可折為現金。這其中包括了世襲地租與其他捐稅。的確，在此期間，小型農戶的持有地早已被地產業主剝奪了。

在普魯士，這一發展的最終結果是農民的數量與農民持有地的範圍都在減少。從西元 1850 年開始，土地價格不斷上漲，這導致了勞動人民日益貧窮。早先將土地出租給「長工」的做法已不能再賺得利潤；他們從打穀與磨麵中分得的收成也改用貨幣支付。其中特別重要的是引進了甜菜的種植，這使得農業具有非常強的季節性特徵，對此，對工人的需求也帶有季節性；所謂的「薩克森行幫」負責提供這種流動工人，一開始是來自東部波蘭諸省，而後來是從俄屬波蘭與加利西亞來。對於這些人來說，既不用為其建造房屋，也不用為其分配土地，他們情願一起住在屯舍裡，願意接受任何日爾曼勞動者所排斥的生活方式。因此，在越來越大的程度上成為一支流動的勞動大軍，他們代替了起初束縛於土地上的農民，代替了後來因為與地產業主擁有共同的經濟利益而忠心耿耿地依附在土地上的勞動者。

在俄羅斯[100]，亞歷山大（Alexander）一世[101]也曾經致力於農民的解放，但他所作的努力是非常少的，與尼古拉（Nicholas）一世[102]一樣。俄羅斯在克里米亞戰爭[103]中的失敗使得將其付諸實際行動成為非做不可的

---

[100]《國家科學大辭典》，第 3 版，第 2 卷，第 604 頁，辛克維茨（G. Simkhovitsch）所寫，「農民解放」條以及所列出的參考文獻。
[101] 俄羅斯皇帝，在位期間為 1801 至 1825 年。——譯者注
[102] 俄羅斯沙皇，在位期間為 1825 至 1855 年。——譯者注
[103] 為爭奪巴爾幹半島的控制權，1853 至 1856 年土耳其、英、法等國與俄羅斯之間發生的戰

事情。亞歷山大二世[104]害怕爆發革命，由於這個原因，歷經了無休止的商議後，於西元1861年釋出了解放農民的偉大宣言。

土地分配問題的解決採取了以下方式：

帝國的各個省規定了每個人持有土地的最低與最高限額，土地面積從3公頃到7公頃不等。然而，業主能完全避開此項規定，公開給予農民最低限額的四分之一。實際上他用這種方式讓鄉村無產階級家庭徹底依靠他地產上的工作。要不然農民分得的那份土地僅夠用作賠償。賠償金所佔比例越高，土地越小，立法者以土地品質好、產量高這些理由為自己說話。此外，在某些過渡期間，農民的強制性勞役仍然存在，業主的意見決定農民賦稅的折算。這種制度導致了農民普遍對業主負債。抵償金設定得相對較高，高達6％，期限為48年；到西元1905至1907年革命爆發時，債務仍然沒有還完。皇室地產與俄皇領地上的農民不僅獲得了解放，還取得了全部的土地所有權，可以說是被給予了厚待。

的確，僅僅是在一個面上俄羅斯農民獲得了解放；他們僅是從領主那裡解放出來，而不是從對公社的連帶責任中解放出來。總之，對農民的人身奴役依然沒變。米爾公社能召回任何人，無論是誰，只要他在村中長大，根本沒有遷徙的自由可言。由於政府將這種所謂的農業共產主義視為一種保守力量，是專制統治的支柱，可用來抵制自由主義的發展，因此這項權利絲毫未動。

俄羅斯政府由於政治方面的原因，在西部諸省，特別是在波蘭[105]走上了不一樣的發展道路；在波蘭，農奴制已被拿破崙（Code Napoleon）廢

爭。──譯者注

[104] 俄羅斯帝國皇帝，廢除了農奴制，創立了國家杜馬制度，制定了君主立憲制改革計畫，在位期間為1855至1881年。──譯者注

[105] 見羅斯特沃羅世奇伯爵（Count Rostworvski）：《波蘭王國農民境況的發展》，耶拿，1896年版；加茲金斯基（K. V. Gaszazyski）：《波蘭王國農民獨立的發展》，慕尼黑，1905年版。

第六章　莊園中的資本主義發展

除，儘管附帶一個條件，那就是農民一旦遷走，土地則重歸領主所有。這一附帶條件造成大量農民被驅逐，為此，在西元1846年被廢除。然後在西元1863年俄羅斯對波蘭農民進行了解放，以此作為反擊曾支持1863年革命的波蘭貴族的手段，而且使農民依附於俄羅斯的政策。由此，農民與土地的關係是以農民自己的意願為基礎決定的。因此，農民的解放採取了徹底剝奪波蘭貴族的形式。這個事實尤其可以解釋農民在林地與牧場擁有的廣泛特權。

封建土地制度的廢除導致了現在農業制度的形成。另一部分和法國一樣，農民從領主那裡得到了解放；一部分與英國一樣，農民從土地上獲得了解放，而土地也從農民那裡解放出來；還有一部分類似於歐洲其他地方的情況，形成了一種混合制度，東部地區與英國的情況更為接近。

最後的調整方式主要受繼承法影響，而英國與法國在繼承法上的差異最大。在法國，土地的平等分配是定律，即使在舊制度下也是如此，民法典僅是使之成為強制性的規定。在英國，封建制度的長子繼承制普遍通行，無論農民還是地主，長子一人繼承所有的土地。在德國，我們發現了最為極端的對比。任何個人繼承存在的地方，均並非英國那樣的長子繼承制，而是先確定一個繼承者，然後由他繼承土地並負責供養其他繼承者。在某些情況下，這一法律是由於純粹技術上的原因而實施的，例如大規模地產或者黑森林中的大型農場，因自然條件的限制無法分割；或者是由於從封建領主時期流傳下來的歷史因素。莊園主感興趣的是土地支持服役的能力，因此不願意分割土地。在俄羅斯，我們發現農業共產主義一直持續至西元1907年斯托雷平（Stolypin）改革時；農民不是從父母那裡而是從鄉村公社分得土地。

封建束縛已被現代立法徹底廢除。這些束縛在一些地區已經被信託制度或者遺產轉分所取代。這一制度起始於西元12世紀，最初是以某種

特別基金的形式在拜占庭帝國[106]出現的。為保護土地免受國王的侵害，人們將土地捐給教會，因而具有了某種神聖性。

然而，教會土地的用途是十分嚴格的，有其規則，例如用來供養一些僧侶。剩餘部分約占地租總額的十分之九，歸設立基金的家族永久擁有。因而在穆斯林社會中形成了瓦庫夫制，看起來是為僧侶或者其他一些宗教目的設立的基金，可事實上是為了保住家族的地租收入並防止蘇丹[107]抽稅。這一轉分遺產的方式由阿拉伯人帶到西班牙，然後又在英國與德國大力推廣採用。

在英國，這種方式遭到了抵制，不過法學家設計出「限嗣繼承」制[108]來替代。限嗣繼承制的性質可以表述如下：

在傳給下一代時，土地持有權的不可分割與不可讓與是以契約的方式來保證的，因此在持有者的一生中不可能發生任何變化。透過這種方式，英國的大部分土地始終在少數家族手中操控著，然而在普魯士，前不久仍有十六分之一的土地以託管的方式凍結起來。結果，大莊園所有制不僅流行於蘇格蘭、英格蘭、愛爾蘭、西利西亞的一些地區（在西元1918年之前）以及先前的奧匈帝國，並且在德意志的某些地方也有很小的程度上通用。

封建組織以及土地制度的發展被代替的辦法，不但對鄉村狀況的改善有很大影響，並且對一般政治關係也影響深遠。特別會影響到一個國家是否有土地貴族以及採取何種形式之類的問題。

從社會學意義上講，貴族是這樣的人：所處的經濟地位使其能夠自由參加政治活動並使其能為政治職能而生，而又不用靠此生活；因此，

---

[106] 是位於歐洲東部的君主制國家，存在期間為西元395至1453年。——譯者注
[107] 指根據沙里亞法設立的穆斯林統治者。——譯者注
[108] 西元1285年頒布的《限嗣遺贈條例》規定，土地只能由直系卑親屬繼承，尊親屬或旁系親屬均無權繼承。——譯者注

他擁有固定收入（食利者）。那些被束縛於某種職業的階級，需要工作以養家餬口的階級，即商人與勞動者，都沒有這些條件。具體而言，純粹的貴族在一個農業國家均以地租為生。英國是歐洲唯一真正擁有這種貴族的國家——先前的奧地利在有限程度上也存在這種貴族。

在法國，情況與之相反，地主階級的被剝奪造成政治生活的城市化，僅有城市的富豪在經濟上才擁有足夠的自由將政治當作一種職業，而土地貴族則沒有這種可能了。

德國的經濟發展僅留下了一個很小的地主階層擁有參加政治活動的自由，主要分布在普魯士東部諸省，在那裡對農民進行了最大限度的剝削。大多數普魯士地主沒有成為像英國那樣的貴族階層。更準確地說，他們僅是從過去流傳下來的帶有封建社會印記的鄉村中產階級，該階級的成員像農業企業家一樣工作，為商業利益進行日常經濟爭鬥。他們的命運隨著穀價的下跌以及生活需求的提高早已被注定了，因為對於一個騎士來說，平均只有四五百英畝的持有地已不算什麼了，不能維持其氣派的貴族生活。這個現象表明，該階級之前及現在的經濟利益與其在政治生活中所占的地位之間有極為顯著的矛盾。

隨著早先農業共產主義殘留的痕跡透過合併與分立等方式消失以及莊園制度的瓦解，已經完全建立起來了土地私有制。與此同時，家庭共同體逐漸變小，社會組織在此期間也始終往上面所說的方向變化；在財產關係方面，發展到現在，家庭中作為一個單位執行仍然只有夫妻及其兒女。這在以前因為自然的關係是不可能發生的。與此同時，家庭內部也經歷了很大的變革，變革主要表現在下面這兩個方面：

家庭的職能逐漸限制在消費領域，並且以帳面為基礎進行管理。繼承法的發展取代了原始的完全共產主義，這導致男女財產越來越分離以及帳目的獨立。這兩方面的變革均與工商業的發展密不可分。

第一篇　家庭、氏族、村落以及莊園

第二篇
現代資本主義發展之前的採礦業

第二篇　現代資本主義發展之前的採礦業

第七章　工業經濟組織的基本形式 [109]

我們所認為的工業是指原材料的轉變；因此這一範疇不包括自然資源產業與採礦業。然而，接下來我們將礦業與工業放在一起論述，因此除農業、商業及交通運輸之外的所有經濟活動都能稱為「工業」。

工業——在原材料的轉變這個意義上講——從經濟觀點來說，一般是為家庭共同體提供生計的工作形式發展起來的。從這一點來看，它其實是一種副業；當產品超過家庭需要時，我們開始關注工業。這一工作可能是為外部的家庭所做，特別領主家庭，是由自己的依附者所做。在這樣的情形下，一戶（農民）家庭生產的產品可以來滿足另一戶家庭的需求。輔助性的工業勞動就像印度那樣，也有可能是為一個村莊做的。這裡的手工業工人是小戶農民，他們無法僅靠份地上的產品維持生活。他們受任何需要工業服務的人的差遣，依附於村子。他們實質上是村莊的農奴，領取一份產品或者一定的現錢。這種勞動我們稱之為「造物主式」的勞動。

第二種改變原材料的方式，除了滿足家庭的需要之外，為出售而生產，也就是手工業。我們認為手工業是指以一定程度的專業形式進行嫻熟勞動，或者是透過技術專業化，或者是透過勞動分工；要麼是非自由勞動者，要麼是自由勞動者；或者為共同體，或者為領主，抑或為自己進行生產。

接下來將看到，最早是在封閉的家庭共同體中出現了滿足工人自身

---

[109] 有關工業史的序論，可見阿什利（W. J. Ashley）、布斯（H. Boss）、吉賓斯（H. Gibbons）、施穆勒（G. Schmoller）《國民經濟史》第1卷、卡爾·畢歇爾（Karl Bücher）、嘎司（W. S. B. Gars）以及阿什爾（A. P. Usher）的著作。

所需的工業勞動。一般而言，最古老的專業化形式是兩性之間嚴格的勞動分工。女人專門從事田間耕種；她們是最初的農民。她們絕沒有獲得像塔西佗（Tacitus）所想像的日爾曼人那樣高尚的地位。

在古代的英格蘭，誘姦別人的妻子可用錢來解決掉，因為這只被視為一種財產損害。女人要做的是所有的從土地上長出來的農作物的利用、田間耕種、烹調器皿的生產以及各式各樣的紡織工作——編織草蓆、紡紗織布等勞動均落，她們被當成田地上的奴隸。

關於織布，的確存在一些特別地方。在埃及，令希羅多德（Herodotus）[110]印象深刻的是男性（奴隸）坐在織布機旁工作，這種發展通常發生於織布機非常沉重難以操作或者男人解除了武裝的地區。在另一方面，男人承擔了與打獵、戰爭、金屬加工、家畜飼養、皮革修整以及肉類加工等有關的所有職責。肉類加工被視為一種禮儀上的行為，最初僅僅在與狂歡節有關的活動中才有肉吃，通常只許男人參加，而女人僅能得到些許剩飯。

僅在臨時性的工作中才能找到集體形式的工業勞動，特別是在房屋修建工作中。這項工作十分繁重，不是單單一個家庭、一個男人所能完成的。所以它就像波蘭至今仍然存在的做法一樣，是被當作一種幫忙性質的勞動來完成的，它以村莊互助為基礎，而且會飲酒助興。另一種例子是很早以前為酋長從事的勞動，以及由自願組成的公共群體所從事的造船勞動，這種群體還可能見機從事海盜活動。最終，也可能發生這種情況：若干自由人組合在一起，從事金屬加工工作，雖然鐵製品生產出現得相對較晚。最初建造房屋無法用金屬釘，儘管存在積雪負擔，阿爾卑斯山地區的房子也均是平頂，因為沒有釘子建造坡頂。

---

[110] 西元前古希臘歷史學家，著有史學名著《歷史》一書，在古羅馬時期便被稱為「歷史之父」。——譯者注

從幫忙勞動的流行中，可以獲知最早的專業化並不包含技術行業。後者在原始地區與巫術相關，覺得事情僅能由個人用巫法完成的信念肯定是最早獲得了發展。特別是在醫療行業，「巫醫」是最早的職業。整體而言，每一個高度技能化的職業最初均被視為巫術，特別是鐵匠，每一個地方的鐵匠均被視為是擁有神奇能力的人，因為他們有些技能看起來很神奇，並且他們自己也有意使自己神祕化。這類技能型職業一般出現在酋長或者地主的大家庭裡，僅有他們才可能訓練其依附者術業專攻，也僅有他們才會產生對技能性工作的需求。技能型職業的演變也可能與交換機會有關。

就這一點而言，關鍵性的問題是工業是否與市場存在連繫以及由誰來出售歷經各生產者之手的最終產品。這些問題對於行會的鬥爭以及其瓦解也極為重要。一個具備專業技能的手工業者可以自由地為庫存或為市場而生產，可以做一個小企業主銷售產品。我們稱這類極端事例為「計件勞動」，它的前提條件是控制原材料與勞動工具。其中一種可能的情況是，某一團體提供原材料，以及在某些情況下連同勞動工具。因此，中世紀的行會是作為採購和分配像鐵、羊毛之類的原材料的團體而存在的，其目的在於保證成員之間的平等。

因為手工業者沒有原材料與勞動工具，僅能向市場提供他的勞動力，而不是他的勞動產品。造成了一個與之相反的極端：手工業者作為僱傭工人為另一個人服務。在這兩個極端之間存在著為訂購而工作的手工業者。他們可能擁有原材料與勞動工具，不過又存在兩種可能。一種可能是將產品賣給消費者——可能是一個從他那裡訂貨的商人；我們把這種這種情況稱為面向顧客的自由生產，或者是為壟斷其勞動力的企業主生產。後一種關係就像中世紀時期的出口工業一樣，一般情況下出現在對企業主的負債，或者由於自然條件的限制而無法進入市場時。這被

確切地稱為來料加工制或者代理商制,也被稱為「家庭工業」制;這種情況下的手工業者是為別人工作的僱傭勞動者。

第二種可能是原材料和勞動工具,或其中之一,或兩者都是,由訂貨的消費者提供。在這裡,我們將論及為顧客生產的僱傭勞動。

最後一種情況是訂貨人是為營利而進行生產的企業主;這種情況就是家庭工業,即來料加工工業。這裡包含兩個方面,一方面是發貨商人,他們一般是 —— 並非總是 —— 購買原材料,而且在某些情況下也提供勞動工具;另一方面是在家中接受訂貨的僱傭勞動者,由於必要的手工業組織的缺失,他們無法把產品拿到市場上出售。

關於工人與工作場所的關係,接下來將會論述其中的差異:

工人在住所內進行工作。在這種情況下,手工業者可能是獨立制定產品價格的僱傭工人,或者也可能是面向顧客生產的賺薪資的家庭工人,根據消費者的訂貨進行生產。

在另一方面,在工人的住所之外進行工作。這可能是流動工作,就像至今仍然常見的女裁縫與女裝裁縫一樣,在消費者的家裡完成工作;這類工作最初是由「流動」勞工來做的。另一種可能是,可由工人帶回家中的工作,不過也可能存在一些就像粉刷業的情況一樣無法由工人帶回自己家中的工作。最後,工作場所可能是「工作間」或者作坊,以及諸如此類與工人的住所分開的工作場所。工作間並非必然是工廠,它可能是將工作地點與銷售地點合為一體的作坊。否則,它可能是由若干工人合夥租用的;最後,它或者可能歸某位領主所有,領主將他的奴隸安排在這裡工作,他可能自己銷售,或者以支付規定金額的款項為條件允許奴隸售出產品。這種工作間的特徵可從現代作坊式企業中最為清楚地觀察到,向工人支付薪資的企業主規定這種企業的工作條件。

固定投資的撥付也可能以各種不同的方式進行,而固定投資則涵蓋

了勞動場所以及未列入工具項下的工作手段等內容。在純粹手工勞動的情況下，正如中世紀的行會經濟一樣，有可能不需要任何固定投資。行會經濟的特徵之一就是不需要固定資本，然而只要固定資本出現，行會經濟則面臨著瓦解的危險。如若存在固定投資，它可能是由某種團體——村莊、城市或者工人組織——提供並維持的。這種情況很普遍，特別是在中世紀時期經常見到，資本總是行會自己提供。另外，我們還發現就像寺院製造出縮絨機後出租給自由工人那樣，工人獲准可以租入領主裝置的情況。領主的裝置不僅可能租給自由工人使用，並且也可能租給完全受業主控制的工人用於生產過程，而則由業主自己銷售產品。我們稱這種工業為「oikes」，也就是莊宅手工業。雖然由法老開創這種工業，可是我們在地主、王公以及中世紀寺院的產業中發現各種不一樣的形式。不過在莊宅手工業中，家庭和企業之間沒有差別，後者僅僅是企業主的附加利益。

所有這些在企業主的資本主義公司裡都發生了變化。在這種情況下，勞動是靠企業主所提供的辦法進行，並且紀律也是不可或缺的。企業主的作坊作為固定資本，在企業主的帳目上形成專門的一項；而這類由個人掌握的資本則是導致行會制度瓦解的原因所在。

第八章　工礦業的發展階段

為滿足小戶或者大戶家庭的需求，進行的一種家庭工業生產是工業發展的初始點。工業由這一點開始可能發展到部落工業，這是由於某一部落對一定原材料或者產品的壟斷而形成的。最初作為很不錯的輔助性收入來源而出現了部落工業，不過後來越來越發展成為一種正式的職業。

在這兩個階段中的任一個階段都意味著使用由家庭共同體提供的勞動工具與原材料而生產出的家庭活動的產品，是要帶到市場上去銷售的，從而在自給自足的家庭經濟中開啟了一扇天窗，使其可以眺望到市場。某些原材料——例如石頭、金屬製品或者纖維以及最普通的鹽、黏土、金屬的蘊藏——僅產於某一部落的領土，從而形成了對原材料的壟斷。對於壟斷權的利用可能導致流動商業的出現。商業與許多巴西部落或者俄羅斯「手工業者」的情況一樣，可能是由從事工業的人經營的；在一年中，他們用一部分時間進行農業生產，而用另一部分時間將這些產品賣出。再者，它可能正如以工藝聞名的羊毛產品常有的情況一樣，工人掌握了不易相傳的技術祕密或者專門技能，是一種獨門手藝。這種情況涉及一種特殊形式的僱傭勞動，這門手藝是透過占有土地而實現壟斷的，並且由於祖傳的特殊技藝而依附於某一部落或氏族。專門化生產在不同的種族集團之間產生了。它可能就像在非洲那樣，局限於地理上相毗鄰的不同地區之間的產品交換，抑或可能存在更為廣闊的發展。

第一種可能是正如在印度一樣[111]，導致了等級制度的產生。最初平

---

[111] 見巴登．鮑威爾（B. H. Baden–Powell）：《英屬印度的土地制度》，總共 3 卷，牛津，1892 年版，以及《印度帝國》，總共 4 卷，牛津，1908–1909 年版；另見馬克斯．韋伯：《宗教社會學論文集》，第 2 卷，第 1 頁，第 91 頁，並見於各頁。

行並排的部落工業變成縱向分層排列了,這是因為經由受同一領主管轄的各部落群體之間的合併;而此時在同一領主管轄的居民之間可以看出種族之間的勞動分工。最初相互視為異類的部落之間的關係展現於等級制度之中,不同等級的成員既不相互通婚,也不在一起吃飯,彼此之間僅僅接受規定的服務。它對印度整個社會組織該等級制度一直都具有巨大的影響,因為它屬於禮儀制度,因而也屬於宗教制度。它將一切工藝勞動都模式化了,因此使新發明的利用或者任何以資本為基礎的工業的引入變得不可能。任何時候對任何技術改進的採用均必須以一個新等級的建立為前提,而這個新等級處於先前存在的全部舊等級序列之下。

《共產黨宣言》提到無產階級時說:「在這個革命中,無產者的損失只是自己脖子上的鎖鏈。而他們收穫的是整個世界。」這句話來說印度人[112]頗為適合,只有此生履行完等級義務的最後一項,他們才能在死後解掉鎖鏈。在印度,每一個等級均有其規定的傳統生產方法;任何放棄傳統生產方法的人都會喪失其等級,之後,不僅會被逐出去做被社會遺棄的賤民,而且喪失了來世的機會,也就是喪失了轉世於一個更高等級的機會。因此,這一制度成了可能存在的社會秩序中最保守的一種。它在英國的影響下已經逐漸解體,即使如此,這裡的資本主義依然在緩慢發展。

第二種可能性是往專業化市場方向的演變,在不同種族之間存在交換活動的階段出現。最早的職業的地區性劃分可能是「造物主式的」,換言之,儘管沒有與已不再是種族之間的市場發生連繫,而村莊或者地主則已在力爭獲得手工業工人,並迫使他們為村莊或者地產工作。例如,印度的村莊工業就可以歸為此類;在德意志,一直到西元14世紀,領主還被認為有義務提供一隊村莊手藝人。在這裡,我們發現自給自足式生

---

[112]　馬克斯・韋伯:《宗教社會學論文集》,第2卷,第121頁。

產的地方專業化，而工作地點的世襲所有權則往往與之存在連繫。

地方專業化從這一階段再往後發展則最終形成了面向市場的專業化。村莊與莊園工業的專業化是它的上一個階段。在村莊中，一方面是農民，另一方面是地主，地主使手工業工人定居下來，根據地主的需要進行生產，並以收益分成或其他方式支付報酬。由於沒有交換發生，這種專業化不同於面向市場的專業化。此外，它仍帶有種族之間專業化的特徵，因為手藝人都是異族人；不過也包括一些因他們的所持土地不足以維持生存而失去其社會地位的農民。

對手工業工人的莊園式利用採取的另一種方法，那就是大戶家庭或者地產式的專業化，這一專業化是王公或領主出於私人或政治目的而進行的。在未發生交換的情況下產生了這裡的專業化。個體手工業者或者整個手工業者階層擔負起了根據領主的調配提供特定服務的職責。在古代，這種方法流行甚廣。管事——例如大戶家庭中負責財務之職的人員，這一職位往往由奴隸擔任，還出現了工匠。他們主要由奴隸組成，不過也包括某些類別的為大地產生產所需物品的農家手藝人。這些農家手藝人包括生產五金器具的工人、鐵製品製造工人、建築工人、車輪修造工人和紡織工人——特別是家庭作坊或者女館的紡織女工——磨坊主、糕點師以及廚師等。在上層城市貴族家庭中也可以找到這類手藝人，這些家庭擁有大批奴隸以供差遣。奧古斯都（Augustus）[113]妻子利維亞（Livia）皇后的奴隸包括為公主縫製衣物以及滿足公主其他個人需要的手藝人，他們的奴隸名單也是眾所周知的；其中。在中國與印度的名門望族中也發現了類似情形，而且在領主與寺院的中世紀莊園裡的情況也大致如此。

除了滿足領主個人需要的手藝人以外，為其政治需要服務的工人也

---

[113] 古羅馬帝國開國皇帝，在位期間為西元前 27 – 西元 14 年。——譯者注

存在。希克索斯王朝（Hyksos）[114]被趕出去後新帝國法老們的施政就是一個大規模的範例。在這裡我們發現一種由依附階級所繳納的實物補充倉庫的貨棧制度，還有用以滿足國王的家庭與政治需要的手工業的廣泛專業化與其相伴。官員的俸祿是就像現在國家發行的紙幣一樣，按規定的清單用倉庫的實物支付的，用以提貨的書面單據可在商業活動中使用。這些產品由農民的勞動獲得一部分，而專業化的地產工業生產出另一部分。

奢侈品工藝在近東的大規模地產上也獲得發展與鼓舞。埃及與美索不達米亞的歷任國王使在他們的作坊中接受訓練並依附於他們的工人創造了古代東方藝術的奇蹟，因而賦予地產一種文化史上的使命。為了實現從這種狀況到為顧客與市場而生產的過渡，就必然得存在一個擁有購買力的消費者群體以吸納產出；換言之，必須發展一定程度的交換經濟。在這裡我們發現了與農民的發展過程相類似的情況。是把工人的技能僅當作勞動力使用而自行組織面向市場的生產，還是把他們當成一種租稅泉源來剝削，領主或者奴隸主必須二選其一。在第一種情況下，領主變為使用非自由人口為其工作的企業主；不管是在古代還是在中世紀均可見到這種制度，領主僱傭一些人來進行市場銷售。這些人便是商人，即依附於王公或者其他類型家庭的代理人。

在這種情況下，領主把人民當成勞動力使用的方式可能各式各樣。他可能把他們僱傭為非自由的家庭工人；他們被迫交付一定數量的貨物，仍然留在自己的住處；原材料可能是工人自己的，也許是領主供應的。在古代，這類關係普遍存在。以這種方式生產出來的紡織產品與陶器被帶到市場上去。在中世紀時期，西里亞與波美拉尼亞的麻布工業便是如此發展起來的；領主即是手工業工人的商人資本家僱主或者「代理商」。

---

[114] 埃及歷史上第一個異族政權，統治期間為西元前1650－西元前1542年。──譯者注

若不然，領主可能走向作坊工業。我們在古代大地主的輔助性工業中發現了使用女奴紡紗和織布的大型家庭作坊。我們還發現了赤土陶器場、採砂坑以及石礦場。在加洛林王朝時期也存在這樣的家庭作坊。作坊工業在中世紀的寺院經濟中得到了特別發展，這其中包括啤酒釀造業、矸布業、釀酒蒸餾業以及聖本篤修會與卡爾特教團的其他工業。

除了鄉村的輔助工業以外，我們還發現了使用非自由勞動力的城市工業。在鄉村工業中，領主想要銷售產品，就要透過非自由勞動力的代理機構，而在城市則往往透過由商人使用其商業資本創立的使用非自由工人的商業機構來銷售產品。這種關係在古代甚為常見。舉例而言，傳說狄摩西尼（Demosthenes）[115]從父親那裡繼承了兩個作坊，一個是製造武器的五金作坊，另一個作坊用來生產床架——床架在當時是奢侈品而非必需品。而兩業兼營的原因則可用如下事實解釋：他的父親最初是一個象牙進口商，而象牙不僅可用來鑲嵌劍柄，而且可用來鑲嵌床架，後來他父親由於債務人無力償債便將作坊連同奴隸接管過來以抵償債務。一個擁有一百個奴隸的「工廠」也被利西阿斯（Lysias）[116]提及過。在這兩種情況下，我們發現生產活動一方面是為了少數上層階級，另一方面是為了戰爭。然而，無論哪種情況均與我們現代意義上的工廠無關，而僅僅是一種作坊。

至於一個作坊的經營是使用非自由結合的勞工還是使用自由結合的勞工，這需要視具體情況而定。如果一個大型機構使用奴隸勞動為市場生產產品，那麼它是一個有關勞動累積，而並非有關專業化與相互合作的案例。很多人在一起工作，每個人都獨立生產出一種類別的產品。在所有這些人上面設立一個工頭，工頭必須向領主支付雙倍的人頭費，而

---

[115] 古希臘傑出的民主派政治家、演說家。——譯者注
[116] 西元前4世紀左右的雅典演說家。——譯者注

且產品在一定程度上的一致性是他唯一關注的事。在這種關係下，進行現代意義上的大規模生產是不可能的，儘管有時是這樣，因為作坊沒有固定資本，一般情況下並不屬於領主。

此外，這樣一種機構不可能發展成為現代工廠原因之一就是奴隸持有制的獨特特徵。在市場萎靡的非常時期人力資本消耗巨大，並且人力資本的保養與投資於機器的固定資本截然不同。奴隸特別容易發生變故，也極易暴露於風險之下。奴隸如果死了，就給自己帶來了損失，與現在將風險轉嫁給自由工人的情況形成對比。特別是在戰爭時期，奴隸逃跑的可能性很大，而且在軍事失利時特別常見。

在伯羅奔尼撒戰爭[117]中，最終，雅典慘遭失敗，工業上的奴隸資本全部消失殆盡。再者，由於戰爭的原因，奴隸價格的波動起伏異常驚人，而在古代戰爭又會經常發生。

希臘城邦戰事連年不斷，他們認為締結永久和平條約是一種犯罪；和約僅僅是暫時的，就像現在締結貿易協定一樣。

在羅馬，戰爭也是極為平常的事。奴隸的價格在和平時期則極為昂貴，而在戰爭期間低廉。領主對待此項通常以高價獲得的資本，並各有自己的辦法，或者是把奴隸養在屯舍裡，或者連同他的家人一起供養。在第二種情況下，還必須為女人找到一種不同的職業；如果領主還沒有讓自己的機構實現專業化經營，而不得不在自己地產上同時經營幾種業務。如若進行專業化經營，那麼奴隸的死亡將是災難性的。奴隸對工作沒有任何興趣是另一個原因，因此為了迫使他們完成現在契約制度下自由工人的工作量，只能用十分殘暴的紀律。因此，使用奴隸從事大規模經營是十分少見的；在所有的歷史中，壟斷權只有在相關生產部門手中，

---

[117] 西元前431至西元前421年雅典為首的提洛同盟與斯巴達為首的伯羅奔尼薩斯同盟間的戰爭。——譯者注

第八章 工礦業的發展階段

才有可能形成大規模經營。俄羅斯的事例顯示出,這種壟斷地位的維持是使用奴隸工人的工廠的支柱;如果壟斷地位被打破,它們就會在自由勞動的競爭中崩潰。

誠然,古代組織常常呈現出有些不同的特點。領主不是作為一個企業主出現,而是以收入領受人的身分出現,奴隸的勞動力被他們當作租稅來源利用。他們讓奴隸學會一些手藝;然後如若不把奴隸出租給協力廠商,則允許其獨立為市場生產產品,或者讓其自己尋找僱主,或者讓其經營自己的業務,不過均需徵收捐稅。在這裡我們發現了已獲得經濟自由而尚未獲得人身自由的手藝人。在這種情況下,奴隸自己擁有一定的資本,或者領主借給他資本去從事商業活動或者經營小規模的手工藝業。因而激起了奴隸的利己之心,根據普林尼(Pliny)[118]的觀點,之後領主甚至給予奴隸立遺囑的自由。大批奴隸就是以這種方式被利用的。類似的情況可以在中世紀找到,也可以在俄羅斯找到;並且我們隨處可見的像捐稅、代役租之類的有關賦稅的專業術語,均足以證明我們所論及的並不是異乎尋常的例外,而是完全正常的關係。

領主在這種奴隸利用方式之下是不是獨立經營,要看當地市場是否存在。這類市場與奴隸可以出售其產品或勞動力的一般市場不一樣。若是古代勞動組織與中世紀勞動組織從相同的起點出發,而且早期發展階段也甚為相似,只是後來才走上了完全不同的發展道路,這是因為這兩種文明的市場有著截然不同的性質。在古代,奴隸受領主支配,而在中世紀,他們開始變得自由了。在中世紀,存在廣泛的自由手工藝者階層,而這在古代則是從未有過的。其中緣由如下:

(1)西方的消費性需求不同於世界上其他所有國家。我們要清楚的了解一個日本家庭或者雅典家庭的全部生活所需。日本人居住在用木頭與紙

---

[118] 古羅馬百科全書式的作家,著有《博物志》一書。——譯者注

建造的房屋裡，幾張草蓆、一張木製炕桌，合在一起成為臥榻，連同一些杯碟、陶器，即為全部家庭設施。我們有一份從一個希臘犯人（有可能是阿爾西拜提（Alcibiades））審判案中得到的拍賣清單。這個家庭有著令人不可思議的有限設施，並且主要是藝術品。與之形成對比的是，中世紀貴族的家庭設施數量要多得多，也很實用。這種差異源於氣候的不同。火爐在義大利是必需品，即使是現在還依然如此；在古代，床被視為一種奢侈品，睡覺時僅需披上一件斗篷，躺在地上即可；而在北歐，火爐與床均是必需品。科隆被套織工行會的文獻便是我們擁有的最古老的行會資料。儘管不能說希臘人是赤裸的；身體的一部分確實遮蓋起來了，不過他們對服裝的要求是無法與中歐比較的。最後，再次由於氣候的關係，日爾曼人的飯量要比南方人大。但丁（Dante）[119]曾稱「德意志是饕餮之地」。一旦這些需要得以滿足，依照邊際效用遞減規律，日爾曼人的工業生產必然比古代廣泛得多。西元10世紀到12世紀出現了這種發展。

(2) 市場規模與古代不一樣。西元10世紀到12世紀的北歐與古代的國家相比，對於具有購買力的買主而言，工業產品在更大的範圍內觸手可及。古代文明是沿海文明，沒有一座聞名的城市距離沿海超過一天的行程。的確，其市場範圍也包括狹窄的沿海地帶後面的腹地，不過由於它仍舊處在自然經濟階段，因此幾乎沒有什麼購買力。此外，古代文化以奴隸制為基礎。隨著文明從沿海地區向內地傳播並開始具有了內地的特徵，奴隸供給停止了。所以領主試圖透過使用自己的勞動力提供生活所需使自己獨立於市場。

地產的自治曾被洛貝圖斯（Rodbertus）[120]認為是整個古代社會的特徵，而實際上則是古代社會末期的現象，並在加洛林王朝時期達到發

---

[119] 義大利中世紀詩人，其著作《神曲》是中世紀文學的巔峰之作。——譯者注
[120] 馬克斯·韋伯：《在國家法與私法方面具有重大意義的羅馬農業史》，司徒加特，1891年版。

展巔峰。使市場範圍變窄是它的第一個影響，而此後的財政措施則發揮了與之相同的作用。整個過程意味著向自然經濟的加速退化。在另一方面，隨著農民在中世紀購買力的增長，從西元 10 世紀起市場規模開始擴大，領主的控制正在失去效力，這是由於集約式耕種的進步；而領主束縛於其軍事職責之上，無法分享這種進步，不得不聽任增加的全部收益均歸於農民；因此農民的依附地位開始變得不那麼難以忍受。手工業由於這個事實有了第一次大發展的可能。從市場特許權和城市建立的時期發展開始，並於西元 12 世紀和 13 世紀又往東發展。從經濟觀點來看，王公投機冒險之地是城市；他們想獲得能向其徵收捐稅的依附者，因此需要買賣人口的定居地，所以建立了城市與市場專門進行這種買賣。這種投機活動並非總能結局圓滿。猶太人由於反猶太主義浪潮的發展被驅趕至東方，當貴族則打算利用這一浪潮來建立城市時，波蘭貴族的投機活動大多數以失敗而告終。

(3)第三個緣由是把奴隸制當成勞動制度賺不到錢。只有當奴隸能以低廉的價格來蓄養時，蓄養奴隸才可能賺到錢。然而在北方無法實現奴隸的廉價蓄養，因此寧願把奴隸當作交租者剝削。

(4)北方奴隸關係不穩定的重要事實。在北方的土地上，逃亡的奴隸隨處可見。由於不存在刑事偵查機構，領主在關於奴隸方面又相互覬覦，所以逃亡的奴隸風險並不大，因為他能夠在另一位領主或者另一座城市尋得庇護。

(5)城市的阻礙。皇帝特別賜予城市特權，產生了「城市的空氣使人自由」的原則。他宣布，任何人，不管來自何處抑或哪個階級，只要定居在城市，便屬於這座城市。有一部分城市的公民權便是如此取得的；市民中一部分由商人組成，一部分是貴族，另有一部分是獨立的熟練手工藝者。

皇權的逐漸削弱及其引起的城市獨立化有利於這種發展；城市擁有了權力，可以當面嘲弄當地領主了。然而，「城市的空氣使人自由」的原則並不總是通行無阻。一方面，皇帝被迫向王公許諾反對城市奪取新特權；可是另一方面，因為貧困，他們不得不繼續賦予城市新特權。這是一場實力的較量，最終證明與城市有利益關係的王公的政治實力勝過其興趣在於保留依附者的當地領主的經濟實力。

以這些特權為基礎，讓很多手藝人定居了下來，他們有著不一樣的出身與法律地位。他們之中僅有極少數是持有免役土地的正式市民；一部分人承受著封建人頭稅，束縛於對城內或城外領主的租稅義務上。第三種人是處於被保護地位的雖擁有人身自由，可是要託庇於一位自由民，在需要出席法庭的時候，這位自由民可以代表他們去；作為回報，他們向這位自由民承擔特定的服務。

另外，城市裡有一部分莊園擁有自己的手藝人以及專門的工藝規則。然而，我們不能因而認為從領主的工藝規則發展而來了城市的手工藝制度。一般而言，手藝人屬於不一樣的人身領主；另外，城市領主管制著他們。因此，能開創出一套工藝規則的也只有城市自身，而且城市領主有時不希望他們獲得城市自由手藝人的階級地位，不准其依附者擁有他賦予城市的合法權利；自由手藝人雖擁有自己的工具，但沒有固定資本，並且他們不是以成本會計為基礎經營業務。他們基本上一直是僱傭勞動者，將自己的勞動力而並非自己的產品拿到市場上去。然而，他們均是為顧客而進行生產，而且最初是為訂單而生產；至於他們是賺薪資的僱傭勞動者，還是開始變為計價勞動者，則取決於市場狀況。

那些為富裕階層所做的工作，主要是以僱傭勞動；而為廣大民眾所做的工作，則主要是計件勞動。民眾可購買單件製成品；因此，就像後來是資本主義出現的基礎一樣，民眾購買力的增長是計件勞動出現的基

礎。然而，兩者的差別無法清楚地描述。僱傭勞動者與計件勞動者一直同時存在，不過在中世紀早期——就像印度和中國的情況與德國的古代一樣，通常是僱傭勞動者居於主導地位。僱傭勞動者有可能是外出工人（在僱主家裡工作），或者是家庭工人，主要是原材料的價格決定用什麼樣的人。為防止偷竊與摻假，以及金、銀、絲綢以及昂貴的紡織品不會讓手藝人帶回自己家中加工，而是讓手藝人移步以就地加工。由此外出勞動在上層家庭的消費品領域尤為常見。相反，那些因其工具昂貴或者沉重而不便搬運的手藝人必然是家庭工人，比如，織布工、糕點師、磨坊主以及榨酒師；在這些職業中，固定資本嶄露頭角。在僱傭勞動與計件勞動這兩類職業之間，還存在因機緣巧合或者傳統規定而形成的中間類型。然而一般而言，僱傭勞動的專業術語還是穩占支配地位；出傭、包工、薪資，所有這些措辭均與薪資相關，而並非與價格相關。戴克里先（Diocletian）敕令中的條款也均傾向於薪資稅而非價格稅。

第二篇　現代資本主義發展之前的採礦業

第九章　手工業行會

行會[121]透過對內實施工作規章，對外實施壟斷這兩項職責而發揮作用。它是與職業類型相一致的專業化的手藝工人的組織。行會要想實現它的目標，只有本地每一個從事這行的手藝人都參加了行會。

非自由組織的行會可以在古代社會的晚期找到，也可以在埃及、印度與中國找到。這些組織均是為了監督上繳國家的強制性捐稅而設立的。它們的出現與如下事實有關：滿足一位王公或者一個團體政治需要的職責加諸各式各樣的工業集團的目的，將生產按行業組織起來。有人認為，從這樣的行會發展起來了印度的種姓制度，而實際上它們卻是從不同種族集團之間的關係發展來的。國家利用了這種已經存在的種姓制度，國家要求工業向它供給產品，為其提供實物融資。在古代社會的早期，已經出現了經理制的行會，特別是在軍需物資方面。百工長或者手工業者與百夫長在羅馬共和國的軍隊裡同時存在。此後羅馬政府運入糧食，這是為滿足城市人口的需要而進行的。出於這一目的，設立了船長組織，由其負責造船事宜。出於財政上的考慮，在帝國的最後幾百年，差不多所有的經濟生活均是以這種「經理制」方式組織起來的。

我們還能看到有一些行會作為禮儀團體而存在的。並非所有的印度種姓都是行會，其中有許多是禮儀行會。任何存在種姓的地方，在種姓以外都不存在任何行會；而且也不需要行會了，因為將每一種類別的勞

---

[121] 有關行會的歷史，見赫沃斯托夫（M. Chwostoff）：《希臘人和羅馬人的埃及的工商業組織概況》，喀山，1914年版；瓦伊青（I. P. Waitzing）：《羅馬行會史研究》，布魯塞爾，1895－1900年；馮‧勳伯（G. von schönberg）〈中世紀德國行會經濟史〉，載於《國民經濟和統計年鑒》，第9卷（1868年）；馮‧殷那瑪－斯特納格（K. Th. Von Inama Sternegg）：《德國經濟史》，第3卷，萊比錫，1901年版；另見關於英國工業史的文獻資料。

第九章 手工業行會

役指派給某一特定種姓便是種姓制度的特徵。

自由組織的團體是第三種形式的行會的形式,這是中世紀時期的特點。它的發端可能是在古代社會末期;向這種具有行會特徵的組織發展的趨勢至少在羅馬化的晚期希臘文明中顯現出來。在紀元初始,先是很多地方有流動的手藝人出現。如果沒有他們,基督教是不可能得到傳播的;從一開始,基督教便是流浪手藝人的宗教,基督使徒保羅(Paul)[122]那句「不勞動者不得食」的名言恰好表達了他們的倫理觀,也證明他也屬於這類人。然而,自由行會在古代僅僅顯露了一點點苗頭。一般而言,古代的手工藝,就我們所了解的來說,氏族工業的特徵之一是具有以代代相傳的祕籍為基礎,那時並不依附於地產。

在鎮守厄瑞克忒翁神廟(Erechtheion)[123]的廊柱的鑿刻工作中,雅典市民、自由僑民與奴隸在一起勞動;在與行會民主制度完全相反的古典民主制中,完全不存在行會的觀念。之所以沒有行會的觀念,在一定程度上是由於政治上的原因,不過主要還是由於經濟上的原因。奴隸不能與自由民參加相同的宗教儀式。此外,行會在任何存在等級組織的地方顯得十分多餘,所以行會沒有必要存在;正如中國的情況一樣,行會在任何氏族經濟占支配地位的地方也顯得沒有任何意義。在中國,城市的手藝人均歸屬於某一村莊,民權問題不管在北京或者任何其他城市都是不存在的,因而行會並沒有成為城市組織的一部分。相比之下,行會就像布哈拉那樣在伊斯蘭教的國家內則存在,甚至還出現過行會革命,但次數極少。

西方中世紀行會的理念在「行會政策就是生活政策」這一主張中得到了最為顯而易見的表達。換言之,雖然競爭漸趨激烈,生活機會越

---

[122] 基督教最偉大的傳教士,基督教首位神學家。——譯者注
[123] 雅典衛城主要建築之一,傳說為爭做雅典保護神,女神雅典娜曾與海神波塞頓在這裡鬥智。——譯者注

來越少,它意味著行會會員殷實的生活能維持著;使每個會員必須均能實現傳統生活標準,並一直保持下去。傳統生活標準的概念相當於現在「能維持基本生活的薪資」。行會用以實現目的的手段引人深思。

關於對內政策,行會想盡一切辦法讓所有行會會員有平等機會,農民將土地分成長條地的原因也是這樣。為實現機會平等,必須對資本主義勢力的發展加以反對,特別是避免資本在單個工藝師父手中的不平等增長以及隨之產生的分化;一位工藝師父不准跨越至另一位的前面。出於這一目的,對勞動過程進行了規定,沒有哪位工藝師父敢採用規定之外的任何方法打破傳統進行工作。行會控制產品品質,並規定學徒與工人的數量。它還盡可能控制原材料的供給——只要那時計件勞動仍然通行,這相當於是一種集體的方式。

另外,行會或者城市負責採購原材料並分配給各個工藝師父。一發生向計件勞動的轉變,作為小資本家的手藝人即擁有了自行購買原材料的足夠財力,行會便要求會員提供財富證明。這一慣例從西元 14 世紀起始終得以保持。沒有財產的人可能會被別人招為僱傭勞動者。活動範圍一受到限制,行會便實施封閉政策了,工藝師父的數量因而也固定下來,儘管這一結果僅發生於某些地方。

最後,行會對個體手藝人之間的關係也進行了規定。行會堅持如下立場:原在單個作坊內,材料的全部加工過程必須盡可能完成,每個工匠必須盡可能獨立完成對勞動對象的加工。所以,勞動分工不是建立在不同工序的專業技術上,而是建立在最終產品的基礎之上。

以服裝工業為例,從亞麻到成衣的生產過程沒有橫向分為紡紗、織布、染色、修整等單獨的工序;但是行會卻盡可能堅持最終產品的專業化;一個人生產齊膝短褲,而另一個人則生產背心等。因此,我們從中世紀的行會目錄找到的兩百個行會,根據我們的思考方式,若按所需技

術計算，需要有兩三千個。然而行會唯恐生產流程的橫向劃分可能使離市場最近的工人處於一種主導其他工人的地位，因而將他們壓低為僱傭工人。

工人在操作珍妮紡紗機

至此，行會在生活上遵行一種政策。然而，它也盡力使成員獲得平等的機會並得以保持。為了實現這一目的，必須對自由競爭加以限制，因而行會制定了如下規章：

（1）工業技術。規定了每個成員能僱傭的工人數量，尤其是學徒的數量；特別是在可能把學徒逐漸當成廉價勞動力來僱傭的地方，每位師父只能招一兩個學徒。

（2）原材料的種類。特別是必須使用合金的工業，例如鐘鈴鑄造工業，則需要嚴格的控制，以保證產品品質並排除不公平競爭。

（3）工業技術與生產流程，因而對麥芽生產、皮革製造、布料修整以及染色等工藝不得不加以規定。

（4）對所使用工具的種類進行控制。每個行會一般都擁有對某種工具的壟斷權，只能本行會使用這種工具；工具的樣式遵循傳統的規定。

(5)在銷往市場之前，產品的品質必須得到行會的檢驗，檢驗合格才行。

行會還對工業的經濟關係進行了規定：

(1)限制資本數量，沒有一個僱傭工人的企業主在行會內能發展到這種程度，即超過其他工藝師父並強迫他們服務於自己。出於這一目的，禁止與行會之外手藝人的所有連繫，儘管此項禁令罕見實施。

(2)任何參加行會的人都被禁止為別的工藝師父工作，以防止他們淪為僱傭工；也禁止為商人工作，這一定會立即導致發料加工制。最終產品必須是由面向顧客的僱傭勞動生產出來的，這種僱傭勞動是由行會中為薪酬而勞動的手藝人提供的；對於那些計件勞動的人，產品以自由買賣的方式售出去更好。

(3)採購機會被行會控制了。行會禁止搶先採購，換言之，行會任何會員都不敢在其他同伴之前自行購買原材料。他們往往確立平等分配權；如遇缺貨，任何會員均可要求兄弟會員以成本價格為其提供原材料。

(4)行會還反對個體會員在其他會員之前銷售產品。為實現這一目的，他們常常推行強制性銷售，而且以禁止減價與招引顧客的方式強化控制；因而限制了價格競爭。

(5)禁止銷售外人的產品。如果違反此規定，會員則被當成商人並趕出行會。

(6)為維持傳統生活標準，對價目單進行控制銷售。

在對外方面，行會政策具有純粹的壟斷性質。

(1)行會力求實現這樣的目標，那就是，在許多情況下，將本行業工藝技術的管理權牢牢掌握在自己手裡，這樣他們就維持了一個工業法庭。要不然，他們將無法控制工藝技術與生產流程，也無法維護會員的機會平等。

第九章　手工業行會

（2）力求實現強制入會的目標，起碼字面上是這樣，儘管實際上往往被規避。

（3）在許多情況下，它們在每個地方都力爭成功設立了行會區。不過僅有德意志這一個地方完全成功；在法國與義大利獲得部分成功，而在英格蘭則一事無成。行會區是指對某些區域的壟斷。在行會權力完全控制的地區，在行會的工業以外，不准再有任何工業。這項措施是為了對付在相當程度上受壓制的流動工人以及鄉村工業而採取的。行會在城市一旦得勢，他們首先想到的便是盡力壓制來自鄉村的競爭。

（4）在產品從一個行會轉到另一個行會時，行會設立了價格稅；為了應對外面的價格壟斷實行最低價。

（5）為有效實施行會規章，勞動分工必須盡可能根據行業而非根據橫向工序進行。換言之，正如上文所述，一個工人必須按生產工序從始至終生產出最終產品，而且始終儲存在自己手中。在行會控制的工業範圍內，行會用盡所有辦法抵制大型企業的發展。來料加工業的發展是他們無法阻止的，還有其中暗含的手藝人對商人的依賴也是他們沒辦法組織的。

另外，還必須加上一些行會制度晚期所出現的規章。這些規章假設行會已經到達其活動範圍的極限，所以設想只有進行資本主義經營、勞動的地區分工和市場範圍的擴展，才能產生新的工業機會。首先，行會使工藝師父身分的獲得變得越發困難。起初是透過「名作」制度實現這個目標的。而此後的發展結果則是，名作從西元 15 世紀以來又加上了嚴格的經濟條件。從價值的觀點出發，名作常常沒什麼重要性，甚或所附帶的條件也頗為荒謬；因此，這種規定只不過意味著透過一段時間的強制性義務勞動而把沒有財產的人排除在外。除了名作這項規定以外，已經處於計件勞動者地位的工藝師父還透過為以後的工藝師父規定最低限額的資本來爭奪壟斷地位。

學徒與幫工的組織在這一階段出現了，特別是歐洲大陸。

首先，定下了學徒的期限，並且逐漸變長——在英格蘭長達 7 年，其他地方 5 年，德國是 3 年。學徒出師以後，便成為幫工。此後還規定了一段義務勞動時間。這一情況在德國引發了流動期制度的形成。幫工在獲准以工藝師父的身分定居於某地之前必須流動一段時間，這種安排在法國或者英國從未聽聞過。

其次，行會通常接著把工藝師父的數量限制在絕對的最大數字內。這項措施並非總是為了維護作為壟斷者的行會的利益而採用的，而是城市（其領主或者地方議會）規定的，特別是後者唯恐因工藝師父的數量太多，致使沒有足夠的生產能力用於軍需物資以及具備政治重要性的生活資料的生產。

隨著行會的逐漸解體，工藝師父的身分出現了世代相傳的趨勢。中世紀所有國家出現過一種現象，工藝師父的兒子，甚或女婿，享有加入行會的優先權，儘管從未成為普遍適用的規則，但這一現象一直存在。伴隨著這種發展，中世紀手工業必然會有某些部分出現資本主義的特徵，永久性的幫工階級的出現與這一特徵相對應。這種發展不但發生於這樣的地方：手工藝勞動作為一種計件勞動而存在，有採購原材料與組織生產所必需的一定金額的資本，此外，還普遍發生於已對工藝師父的數量有限制的地方。

第十章　歐洲行會制度的起源

正如我們在前文所論述的，為滿足經濟與政治需要，手藝人與管事同時存在於封建領主或王公的大家庭裡。行會是否恰如莊園法理論[124]所斷言的那樣，由這些地產上的組織發展而來？這一理論來源於這樣一種觀點：莊園，作為莊園法體系組成部分的領主的組織，包括滿足它自身所需要的工人，這是很明顯的事實。貨幣經濟時代起始於市場特許權的賦予。地主發現在他們的土地上建立市場符合自己的利益，因為他們能對商人徵收賦稅。因而產生了手藝人的市場機會，他們先前僅是提供強制性服役，以滿足領主需要。下一個發展階段是城市。城市依舊是以皇帝授予王公或者領主的特權為基礎建立起來的，而王公或者領主則利用城市將受莊園法約束的手藝人當作租稅的泉源來僱傭。由此，這一理論認為，他將行會組織強加給手藝人，這是為了實現具有軍事性質的政治意圖或者他的家庭目的。因此行會最初是城市領主（地方行政官）的官方組織。從而第三個階段——行會合併時期開始了。加入這種莊園法組織內的手藝人聯合在一起，而且在經濟上透過為市場生產而在手中累積了貨幣以後開始變得獨立了。然後展開了爭取市場與自治的鬥爭，行會在鬥爭中慢慢獲得成功。因貨幣經濟的引入，領主被剝奪了所有權。

這一理論從整體來看是不堪一擊的。它忽略了這個事實：城市領主——即司法領主——是有別於土地領主的官員，而城市的建立依舊在某種程度上與司法權向城市特權接受者的轉移有關。憑藉其作為公共法官所擁有的權力，可以將各種負擔強加在受他管轄的那些人身上，就

---

[124] 施穆勒（Schmoller）是這個理論的主要提出者，見其著作《斯特拉斯堡的紡織行會》，斯特拉斯堡，1878－1881年版。

像土地領主或者人身領主把負擔強加給其依附者一樣。

　　從他必須盡可能降低租稅以力爭吸引定居者而言，司法領主的確受到某些限制。因為，就像以前僅論及人身領主時所發現的那樣，我們往往發現這種司法權持有者擁有要求其依附者強制性服役的權利。因此，租地繼承稅與領主的分享遺產並不一定總是人身依附的象徵；城市領主也向未受奴役或者未承擔強制性土地服役的人收取這些謝禮。因此，承受這些負擔的手藝人的發展沒有必要追溯至上文論及的司法領主的人身宗主權。

　　更為缺乏確切依據的是這一設想：行會法是從莊園法發展而來的。實際上，我們在同一座城市不僅能發現獨立的莊園，還能發現朝後來發展成為行會的排他性單位演變的趨勢。認為莊園習慣法是這種單位的基礎的斷言是毫無可能的。依附於土地領主的手藝人加入行會甚至常常受到土地領主的阻止。因為我們不能證實在行會出現之前發現的團體發展成了行會，比如兄弟會。兄弟會是宗教社團的一種，然而行會卻起源於世俗。的確，我們知道有許多宗教團體後來演變成為世俗團體，可是最初出現的是非宗教性質的行會，宣稱負有宗教職責僅是在中世紀晚期，特別是在基督聖體聖血節[125]遊行出現以後。最後，從總體上看，莊園法理論過高地評估了土地領主的權力。在沒有與司法權相結合的地方，他們的權力是相對較小的。

　　在工業發展與行會起源中，領土管轄權的實際貢獻並不是在莊園法理論所臆想的那個方面。市場特許權出現以後，熟練工匠的古老傳統從家庭與氏族中脫離了出來，這些都促進了家庭與氏族集團之外的熟練工匠的出現。這是西方朝著中國與印度那樣的家庭、氏族及部落工業方向發展的制約因素之一。古代文化從沿海地區向內地的轉移導致了這一結果。

---

[125]　這是由原來耶穌聖體和耶穌寶血兩個瞻禮合併而成的一個瞻禮。——譯者注

第十章 歐洲行會制度的起源

內陸城市出現了，而且在這裡手工業團體實現了地方專業化，而且面向當地市場安排生產，從而取代了種族部落之間的交換。在地產經濟的發展中，出現了訓練有素的工匠；這些人開始瞄準市場，市場需要什麼他們就生產什麼，這使得承受人頭稅賦擔的勞動者湧進城市，把面向市場需求的生產當作一種類型來發展。行會推動了這種趨勢的發展，並使之成為主要力量。在行會沒有獲勝或者根本沒有出現的地方，家庭工業與部落工業正如俄羅斯的情況一樣，一直存在下去。

在西方，對於自由工匠與非自由工匠誰先出現的問題，是無法一言以蔽之的。誠然，在文獻資料中，非自由工匠先於自由工匠被提及。此外，最初僅存在少數幾種工匠；在《薩利克法典》(*Salic law*)[126]中，只發現了工匠一詞，它可能是指鐵匠、木匠或者任何其他種類的工匠。在歐洲南部地區，自由工匠早在西元6世紀就被提到過；而歐洲北部則在西元8世紀，而且自加洛林王朝時期起變得更為常見了。

然而與之形成對比的是，城市中最早出現了行會。若想清楚描述行會的起源，我們必須反覆思考如下事實：中世紀的城市居民是混合組成的，而且也並非只有自由出身的階層才擁有城市特權。另一方面，向城市領主提供的強制性服役，看起來類似於土地領主或者人身領主，可是無法證實奴役關係的存在。不管怎樣，肯定有相當一部分的城市工匠，也可能是大多數，的確出身於非自由階層；勞動者只有為市場生產產品，並且作為計件勞動者在市場上銷售產品，其商人身分才被承認，這是一種嚴格說來與市民身分相稱的工作。大部分工匠最初的確處於受保護的關係之中，而且最後，只要工匠處於不自由的狀態，那他必然服從於領主司法權的管制，儘管這僅限於需要領主法庭准許的事情上。所以，只要他仍在莊園內持有一塊田產並有義務承擔封建土地勞役，他就得接受

---

[126] 是法蘭克國王克洛維一世 (Clovis I) 於西元6世紀初頒布的薩利克人的習慣法彙編。——譯者注

這種管制；領主法庭管轄範圍不包括市場事務，而由市長或者城市法庭處理，這是由於他是商人並以商人身分參加城市事務，並非由於他是自由人或者非自由人。

在義大利，從羅馬帝國末期起，行會好像始終存在。相比之下，在北部，行會則從未被提出過，北部的法律並非以司法領主的准許為基礎，可是想要行使維繫行會生活所必要的強制權力，只有司法領主才能做到。各種私人團體在行會以前明顯出現過；不過實際上對於行業的起源我們所知道的只有這麼多。

最初一些抵制行會的權力被城市領主保留了下來，特別是為了城市，堅持任命行會的首領，要求行會供給一定軍事或經濟性質的服務當作課稅；而且常常進一步控制行會的經濟事務，這是出於生活政策、治安以及軍事上的考慮。城市領主所擁有的所有這些特權後來都被行會透過革命或購買產權的方式取得了。一般而言，行會從一開始就展開了鬥爭。它們先是對選擇自己首領以及自行制定規章的權力進行爭奪，要不然無法執行壟斷政策。至於強制會員入會，因為這也符合城市領主自身的利益，它們通常沒費多大周折便實現了目的。它們還為自己能從各種負擔中解脫出來而鬥爭，這些負擔包括應交給城市領主或者城市議會的捐稅、強制性服役、人身與土地上的免役稅，以及加諸他們的各種租費。行會一般在這樣的情況下將這些負擔轉變為固定的貨幣支付，以此讓鬥爭結束，行會作為一個整體來擔負這一義務。為從封建捐稅中擺脫出來，美因茲[127]的紡織工早於西元 1099 年便展開了鬥爭並最終獲勝。最後，行會也進行了反對保護關係的鬥爭，特別是反對保護人代表被保護人出庭，而且還為了獲得與上層家庭在政治上的平等而展開鬥爭。

在取得這些鬥爭的勝利以後，行會壟斷地位的趨勢開始出現在行會

---

[127]　位於萊茵河和緬因河的交匯處，現為德國萊茵蘭——普法爾茨州的城市。——譯者注

的具體生活政策中。最早反對這種趨勢的是消費者。儘管他們一直是無組織的，就像現在的情況一樣，然而城市或者王公有可能成為他們的支持者。這兩者形成了對行會壟斷強而有力的抵制。城市常常保留不考慮行會的決定而自由任命工藝師父的權利，這是因為要改善對消費者的供給。此外，城市還建造肉類市場、屠宰場、磨粉廠和烤爐，從而廣泛控制了食品工業，並且常常強迫工匠使用這些裝置。因為行會在剛成立時是在毫無固定資本的情況下執行的，所以這一規定實施起來較為容易。再者，為了與行會爭奪權力，城市還透過主管價格制定的行政機構與行會鬥爭，設定最高薪資或價格以抵制行會的最低薪資或價格。

此外，在另外很多方面，行會也面臨著競爭。競爭對象包括地產上的工匠，特別是城市和鄉村寺院中的工匠。寺院因其合理的經濟方法，能夠建立種類繁多的工業機構，而且積聚了可觀的財富，這和有軍事顧慮的世俗領主不一樣。它們是行會強而有力的競爭者，都面向市場而生產，因此競爭不可避免地出現在行會與寺院之間。即使在宗教改革期間，市民支持路德（Luther）[128]的理由之一就是寺院工業產品的競爭。另外，全體鄉村工匠也是鬥爭的目標之一，無論他們是自由的或是不自由的，定居的或是流動的。儘管結果仍是家庭工業與部落工業的廣泛崩解，在鬥爭中，商人還是與鄉村工匠一起反對行會。

行會的第三類鬥爭是針對勞工的，這些人還尚未成為工藝師父；行會一旦以任何形式進行人數限制，或者關上行會的大門，或者為成為工藝師父加大難度，鬥爭便開始了。在這方面，應提及以下內容：禁止工藝師父的勞動被獨立經營的勞動替代，禁止在自己住處工作——因為無法對幫工進行控制或者用家庭工業的紀律予以約束，最後不允許幫工在成為工藝師父之前結婚；不過最後一項禁令無法執行，這是因為已婚幫工很常見。

---

[128] 宗教改革運動的主要發動者，堅決抗議羅馬天主教會。——譯者注

鬥爭曾早在行會與商人，特別是與零售商之間展開，零售商不僅能從價格最低廉的地方進貨，還能滿足城市市場的需要。和與偏僻地區做生意相比，零售生意不僅風險小，而且盈利也更加牢靠。在零售商之中，商人裁縫師成了一個典型階層；他們是鄉村工匠的朋友，卻是城市工匠的對頭，在中世紀，他們與行會的鬥爭是最激烈的了。

　　在與零售商進行鬥爭的同時，各行會內部以及不同行會之間也發生了鬥爭。這種鬥爭最早發生在同一行會內一些工人有資本而另一些工人沒資本的情況下，而這又為沒有財產的人帶來了去富裕會員那裡做家庭工人的機會。同一個生產工序中富裕行會與資本短缺行會之間也存在類似情形。在德意志、法蘭德斯法蘭德斯以及義大利，這種鬥爭還導致了行會革命中的流血衝突，這在法國僅發生過一次行會暴動；在英格蘭則一次都沒有過，便和平實現了向資本主義家庭工業制度的轉變。這種鬥爭非以產品為基礎劃分的情況下發生，而是在生產過程是橫向劃分發生的。

　　在紡織工業中尤為如此，在這個工業中同時存在織布工、漂布工、染色工以及裁縫師等，這就出現了這樣的問題：一個生產過程被劃分為這些不同的單位或者工序，控制市場的到底是哪個單位或者工序，他們能擁有賺取更多利潤的機會，並迫使其他會員變成其家庭工人。漂布工常常獲勝，於是採購原材料，加工以及銷售最終產品都被他們攬下了。在其他情況下則是修整工與織布工獲勝，在倫敦是裁縫師，他們強迫前幾道工序受命於己。

西元 1835 年的走錠紡紗

在英國，行會中富裕的工藝師父與手工業勞動不再有任何關係。鬥爭常常以妥協結束，然後重新開始，一直持續至某一工序奪得了市場。佐林根的事情發展過程頗為典型。經過長期鬥爭之後，鐵匠、刀劍磨洗工以及磨光工在西元 1487 年達成協定，約定這三個行會均可以自由進入市場。然而，磨洗工最終處於支配地位。這些矛盾衝突最常見的結果是生產的最後工序爭得了市場，因為這一工序處於最易獲得所需市場知識的有利位置。當某種產品最終特別暢銷時，情況通常是這樣。因此在戰爭時期，製造馬具的工人便有了絕佳的機會將皮革工置於自己的控制之下。要不然，最後的獲勝者有很大可能是擁有最多資本的工序，而使用貴重生產裝置的那些人則會強迫他人服務於自己。

第十一章　行會的解體與家庭工業制度的發展[129]

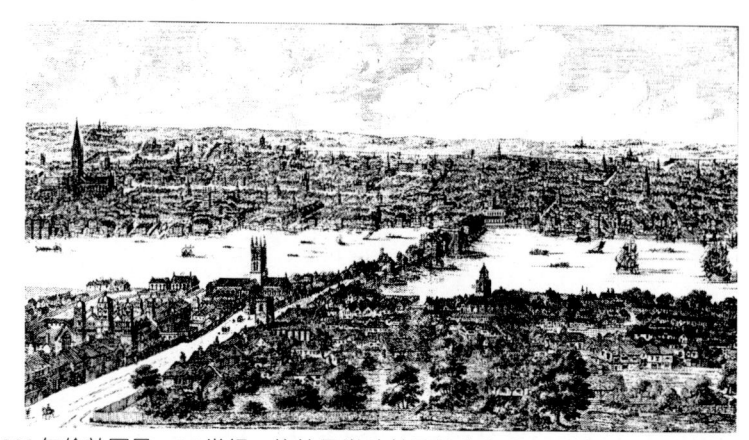

西元 1546 年倫敦圖景。16 世紀，倫敦是當時英國的文化中心，城市裡居住著眾多的商人和工匠，此外還有許多上層人士，比如法學家、外國語專家、醫生。但是當時的總人口數量較少，不超過 20 萬人

行會的解體發生於在中世紀結束之後，順著如下幾條路徑進行：

(1)行會中某些工匠晉升為了商人與僱傭家庭工人的資本家，即「代理商」。投入大量資金採購原材料的是工藝師父，然後再讓為他們加工的同行去加工，而自己銷售產成品。儘管行會組織為抵制這種趨勢進行了鬥爭，特別是在倫敦，可是它依然是英國行會發展的典型過程。雖然對於「前輩」行會民主制進行了竭盡全力的抵制，可最終還是讓其變成為「同業公會」，也就是商人的行會，能成為正式成員的只能是為市場生

---

[129] 一般參考文獻──施穆勒 (Schmoller)，《國民經濟史》第 1 卷、《斯特拉斯堡的紡織行會》，斯特拉斯堡，1878－1881 年版。；埃布拉姆 (A. Abram)：《十五世紀的英國社會》，倫敦，1909 年版，第 1～21、117～130 頁；馮溫 (G. von win)：《16、17 世紀的工業組織》，倫敦，1904 年；馬丁・聖・萊昂 (E. Martin－Saint－Léon)：《手工業組織的歷史》，第 2 版，巴黎，1909 年；豪瑟 (H. Hauser)：《過去的工人》，第 2 版，巴黎，1906 年。

第十一章　行會的解體與家庭工業制度的發展

產的那些人；而已然降至僱傭工人或者為他人工作的家庭工人地位的那些人，則失去了在行會中的投票權和參與管理的權利。技術上的進步透過這次變革成了可能，然而行會民主制的統治地位代表著技術進步的停滯。這一發展過程，我們在德國卻未曾發現；在這裡，一名工匠若是變為僱主或者代理商，他就會換到別的行會，加入店主、商人裁縫師或者上層進出口商的行會。

（2）一個行會的上升可能以犧牲另一個行會為代價。就像我們在很多行會中所發現的從事商業活動的工藝師父那樣，而另一些行會則強迫其他行會的會員聽他們差遣，徹底變成了商人行會。在生產過程被橫向劃分的情況下，這是有可能的。在英國——如商人裁縫師——或其他地方均可找到這類例證。西元 14 世紀很多行會想要從其所依附的行會獨立出來，因而發生了鬥爭。有些工藝師父在個別行會中晉升為商人，與此同時還有很多行會變成了商人的組織，這兩個過程往往同時發生。出現這類情形的徵兆是行會的合併，這種徵兆曾發生於英國和法國，而在德國卻沒有發生。與之相反的趨勢以行會的分裂及商人的聯合為代表，這種趨勢在 15、16 世紀尤為常見。在漂布工、織布工以及染色等工行會中的商人成立了一個組織，共同控制整個行業。各種不同性質的生產工序以小型工場手工業為基礎聯合在一起。

（3）在原材料很貴重，進口又需要大量資本的情況下，進口商被行會所依賴。絲綢工業在義大利給這種發展帶來了機會，比如在佩魯賈（Perugia），而且北部，琥珀的情形也與之類似。新原材料也可能引發這類情形。棉花便發揮了這樣的作用；它一旦變為大眾需求品，正如德國的情形一樣，富格爾（Fugger）家族[130]在這種發展中發揮了突出作用，來料加工制（Processing）企業則與行會一起或者經由行會的改革興旺起來。

---

[130]　德意志商業與銀行業王朝，在 15、16 世紀控制著歐洲工商業。——譯者注

(4)出口商也可能是行會所依附的。家庭或者部落只有在工業發展初期才能自行銷售產品。另一方面，如果某種工業完全或牢固建立在出口的基礎之上，代理商式的企業家則不可或缺，因為出口的需求個體工匠不能完全滿足。然而，商人不只是應有必需的資本，他們還應掌握必要的市場運作知識——而且將其視為商業祕密。

紡織業成為實行家庭工業制度的主要工業，這要從中世紀初期的創業開始說起。羊毛業與麻布業自西元 11 世紀起就展開了鬥爭，而且麻布業與棉布業在 17、18 世紀也進行了鬥爭，麻布業與棉布業先後成為鬥爭的勝利者。查理曼（Charlemagne）只穿亞麻服裝，不過增加了對毛織品的需求，這是因為後來逐漸解除了武裝；與此同時，森林的開墾導致毛皮工業消失，毛皮製品也日益昂貴。中世紀市場上的主要商品之一就有毛紡製品，它們在法國、英國和義大利的每個地方均是重要的生產品。羊毛一部分加工一直在農村完成的，然而卻變成中世紀城市興旺發達與經濟繁榮的根基；在佛羅倫斯的革命運動中，羊毛工人的行會走在了最前面。我們在這裡再次發現了來料加工制的早期痕跡。獨立的羊毛代理商早於西元 13 世紀便在巴黎展開工作，力求在香檳集市[131]建立常設一部分加工市場。一般而言，我們在法蘭德斯[132]最早發現這種制度，此後才在英國看到，法蘭德斯的羊毛工業引起了英國的大規模羊毛生產。

---

[131] 12～13 世紀歐洲最大的國際貿易集市，在法國香檳伯爵領地的 4 個城市輪流舉行。——譯者注

[132] 中歐歷史地名，在 13～14 世紀是歐洲最發達的毛紡織中心之一，現分屬比利時、法國和荷蘭。——譯者注

第十一章　行會的解體與家庭工業制度的發展

手工編織機

　　實際上，英國工業歷史的發展過程由羊毛工業以原毛、半成品以及成品的形式決定。英國早在西元 13、14 世紀便出口羊毛及羊毛半成品。英國毛紡工業在染色工與成衣行業的倡議下最後變成以出口產成品為基礎。它透過農村織布工與城市商人推動了家庭工業的興起是這種發展的獨特之處。英國行會在中世紀末期，吸納鄉村工匠加入，而且普遍變為了商業行會。此時成衣工與染色工在城市定居，而織布工則在農村定居。城市商業行會內部最終發生了鬥爭，一方是染色工與成衣匠，另一方則是出口商。商人僱主資本與出口商資本逐漸相互分離，而且在 17 世紀伊麗莎白統治時期，在毛紡工業內部以戰鬥解決了他們之間的利益之爭，然而在另一方面，僱主資本也必須與手工業行會作鬥爭，這是工業資本與商業資本的首次衝突。這種情況使得英國行會對生產發展未曾施加任何影響，也變成英國一切大型工業的特點。

　　因為資本與手工業行會之間關係的差異，英國和法國的進一步發展所遵循的路線與德國不同。向家庭工業制度的轉變在英國，特別是在法國，非常常見。對這種轉變的抵制在沒有引發上面干預的情況下自動停止了。因此，英國工人階級自西元 14 世紀之後被人數較少的工藝師父階級代替了。而德國的情況正好與之相反。剛才所描述的這種發展在英國

表明了行會精神的渙散。我們所發現的不同行會的合併與融和一直都是由不受行會約束的商業階級倡導的。他們聯合起來把沒有資本的工藝師父排擠出去。因而行會在形式上長時間得以維持，而行會的殘餘之一就是完全成為富豪組織的倫敦城的選舉權。

德國的發展情況與之相反。行會日益成為自我封閉的集團，這是因為生活政策的範圍逐漸變窄，再加上政治方面的原因也產生一定作用。英國不存在城市割據，而這種割據卻主導了德國全部的經濟歷史。即使是在被諸侯納入其領土之後，只要有可能，德國城市便力求實行獨立的行會政策。與之相反，在英國和法國，城市獨立的經濟政策早就因其自治權的取消而不復存在。由於國會中有代表，英國的城市找到了發展的康莊大道，並且在西元14、15世紀——與後來形成對比——城市的代表占絕大多數。

在英法百年戰爭[133]時期，國會決定英國的政策，而在國會中聯合起來的各有關方面則實施合理、統一的工業政策。在16世紀，它制定了統一的薪資方案，並把薪資方案的修訂權從地方執法官手中交給中央當局，簡化了行會的入會手續，卻也成為這一事實的徵兆：資本主義商業階級控制了形勢，他們不僅主導了行會，而且在國會中派有代表。另一方面，已被納入諸侯領土的城市控制了德國的行會政策。的確，諸侯是出於維護和平與治安的考慮而管理行會的，但他們的管理方法大部分是保守的，而且是根據行會原先的政策執行的。因此，在16、17世紀時的危急時刻，行會依然能繼續存在；它們能自我封閉，獲得解放的資本主義力量在英國與荷蘭猛烈發展，並以稍微減弱的勢頭衝擊法國之時，德國仍居於幕後。在中世紀末期和現代初期的早期資本主義運動中，德國儼然就是一個領導者，就像數幾世紀前封建主義的發展那樣。

---

[133] 英國與法國之間西元1337至1453年的戰爭，是世界上持續時間最長的戰爭。——譯者注

第十一章　行會的解體與家庭工業制度的發展

另一個特徵上的差異在於社會壓力方面。從中世紀結束開始，我們在德國便發現幫工之中存在工會，而且發生過罷工和革命。在英國和法國，對於經營小型家庭工業的工藝師父而言，表面上的獨立性在吸引著他們，並且他們可以直接為代理商工作，所以德國發生的那些情況在這裡卻很少見。然而在德國，由於不存在家庭工業，從而缺少可以利用的那種表面上的獨立性，所以行會一關閉，工藝師父與幫工之間的相互敵對便開始了。

在西方，資本主義以前的家庭工業並非都是一樣的，甚或不是從工藝組織發展而來；在德國，家庭工業僅在極小的範圍內出現，而在英國卻頗為常見。由於城市工匠被鄉村工匠取代了，或者由於新型原材料，特別是棉花的使用所帶來的新興工業部門的崛起，家庭工業反而通常與工藝勞動同時存在。手工業始終在與來料加工製作鬥爭，而鬥爭持續的時間與英、法兩國相比，德國更長。

一般而言，家庭工業制度的發展階段可以表述如下：

(1) 代理商在實際上對工匠有採購壟斷權。依舊是因債務關係而確立這種壟斷地位；憑藉其作為商人掌握的市場知識，代理商強迫勞動者把產品全部交給他。因此採購壟斷與銷售壟斷和代理商對市場的市占率有連繫；因為僅有他知道產品最後銷往何處。

(2) 向勞動者分發原材料的是代理商。這是甚為常見的，不過從一開始便與代理商的採購壟斷沒什麼關係。這個階段一般發生於歐洲，而在別的地方則很少發生。

(3) 對生產過程的控制。因為要對產品品質的達標負責，代理商與生產過程存在利益關係。因此，就像 19 世紀西發里亞亞麻編制工必須加工指定的經紗與緯紗一樣，代理商把原材料分發給勞動者往往是與半成品的分發結合在一起。

(4) 由代理商提供工具，這種做法不少見，卻也並不常見；從 16 世

紀開始便在英國流行，但在歐洲大陸卻傳播較慢。一般而言，這種關係僅局限在紡織工業，布商大規模訂購織布機，然後出租織布工使用。織布工因而與生產工具徹底分離了，與此同時，企業家力爭獲得產品銷售的壟斷權。

(5)代理商也間或採取措施，將生產過程的若干工序合併在一起；不過這不會太常見，要發生也就發生在紡織工業。他們採購原材料並分發給單個工人，在完工之前，產品一直留在勞動者手中。當產品完工時，工匠與地產上的手藝人十分相似，又有了一個主人，只不過他得到貨幣薪資，而且貴族家庭被一個為市場生產的企業主所取代。

因為固定資本沒有那麼重要，所以來料加工製得以維持這麼長時間。在紡織方面，固定資本僅由織布機構成；在紡紗方面，在機械紡紗機發明以前，更是無足輕重。獨立工人繼續掌握資本，並且其並非如現代工廠一樣集中在一起，而是分散在很多人的手裡，因而不是特別的重要。儘管家庭工業制度在全世界普遍存在，然而其最後階段，即代理商提供工具並在各道工序具體指導生產的階段，在西方世界以外的其他地方則不多見。就所了解的而言，這一制度未從古代留下絲毫痕跡，不過在中國和印度則仍然存在。工匠在這種制度處於支配地位的地方可能在形式上依舊繼續存在。雖然幫工與學徒加入的行會沒有那麼重要了，但也可能繼續存在。它或者變成家庭工人的行會——不是現代工人組織，最多是這種組織的前驅，或者在行會內部產生了僱傭工人與工藝師父之間的分化。

在以資本主義形式對非自由勞動力進行控制的情況下，我們發現遍及家庭工業世界各地，正如莊園和寺院工業那樣。作為一種自由制度，家庭工業與農民的工業勞動相關；耕種者逐漸變為面向市場生產的家庭工人。特別是在俄羅斯，工業發展走上了這樣一條道路。「手工業者」

第十一章　行會的解體與家庭工業制度的發展

最初僅是將農民家裡的剩餘產品拿到市場上銷售，或由協力廠商沿街販賣。在這裡我們發現了發展成為家庭工業制度的鄉村工業，而並未走上部落工業發展道路。甚為相似的情形也見之於東方和亞洲，在受市集制度影響極深的東方，工匠的勞動場所與其住處是相互分開的，然而為了不形成對商人的依賴，工匠勞動還是與一個集中的市場有緊密連繫；從另外一個角度來看，這也說明了中世紀行會制度的強化。

我們很容易就發現城鄉勞動者依賴僱主（代理商或「發料者」）的情況。這種情況，在中國有例證，儘管氏族負責銷售成員的產品，然而家庭工業發展卻受到它與氏族工業關係的影響，阻礙了自身的發展。在印度，阻礙手藝人與商人之間形成依存關係的則是複雜又嚴苛的種姓制度。在種姓制度中，生產方法是代代相傳的，所以直至近代，印度商人持有生產方法的程度依舊無法與別的地方相比。儘管這樣，原始形式的家庭工業制度依然獲得了發展。與歐洲相比，這些國家之所以發展緩慢，最根本的原因是非自由勞動者的存在以及中國和印度那種固執的因循守舊的習慣。

第二篇　現代資本主義發展之前的採礦業

第十二章　工場生產、工廠及其先驅[134]

工場生產與家庭勞動形成對比，也表明了家庭與工業的分離，它是以最多樣化的形式出現在歷史過程中的。其形式有如下幾種：

（1）小型獨立作坊。這無論在什麼時候什麼地方總是可以找到，特別是為便於一起勞動而把若干作坊集合在一起的市集制度，就是以家庭與工業的分離為基礎建立起來的。

（2）工作間。這一形式也是很常見；在中世紀它被稱為製作間，這一用語的含義十分含混不清，它可能指要求勞動者使用專利權從事僱傭勞動的莊園機構，還可能指由一群勞動者租下來當作坊使用的地窖。

（3）非自由的大規模工場工業。一般而言，這在經濟史上經常出現，好像在古埃及末期尤其得到了發展。這肯定是從法老的龐大地產中發展起來的，使用僱傭勞動的獨立工場好像就是從這種工業發展而來。在古希臘末期，上埃及[135]的某些織布工場或許便是這類機構的最初形式，不過在拜占庭與伊斯蘭的原始資料弄清楚之前，我們還無法最終得出這樣的結論。很可能這種工場在中國和印度也曾出現過，而在俄羅斯則最具特點，儘管它們是作為效仿西歐工廠的成果出現的。

---

[134]　一般參考文獻——勒瓦瑟（E. Levasseur）：《法國工人階級的歷史》，第 2 版，共兩卷，巴黎，1900－1901 年版〔英文簡譯本，艾格尼絲·卜季蘭（Agnes Bergeland）：《法國工人階級史》，芝加哥 1918 年版〕；泰勒（R. C. Taylor）：《工廠制度史導論》，敦，1886 年版；托羅爾德·羅傑斯（Thorold Rogers）：《六個世紀以來的勞動和工資》，第 2 版，倫敦，1912 年；桑巴特（W. Somebart）：《現代資本主義》，第 4 版，總共兩卷，慕尼克和萊比錫，1921 年版。

[135]　是指埃及的南部地區，主要是指農業區。——譯者注

小型獨立作坊

　　包括卡爾・馬克思（Karl Marx）的早期學者中，往往對工廠與手工工場進行區分。手工工場被描述為作坊工業，不使用任何機械，從事自由勞動，把勞動者聚在一起並使之受紀律管束。這種區分的意義令人懷疑，區分具有偶然性。

　　工廠其實是一種作坊工業，通常有兩個特徵，一是自由勞動力，二是固定資本。固定資本的組成是無關緊要的；可能由非常昂貴的馬力構成，或者是使用水車的磨坊。企業主使用固定資本從事經營的事實是關鍵，而相應的資本會計制度則是不可或缺的。因此，從這個角度講，工廠是指在生產過程中產生的資本主義組織，也就是一種在作坊內既有專業分工也有相互合作，使用固定資本並進行資本主義核算的組織。

　　大規模的穩定需求是這種工廠出現與存在的經濟前提，這就是，某種市場組織的產生。一個不正規的市場對企業家而言是致命的，因為他要承擔由此產生的風險。舉例而言，如果織布機歸屬於他，那麼當出現不利情況時，他就必須在遣散織布工之前把織布機考慮進去。他所依賴的市場必須要足夠寬廣和穩定；所以一定規模具有貨幣購買力的民眾是必要條件，而且貨幣經濟必須發展到一定的階段，才能形成一定規模的可供依賴的需求。生產技術的低成本是另一個必不可少的條件。固定資

第二篇　現代資本主義發展之前的採礦業

本影響這個條件，因為固定資本致使企業家即使在經濟形勢不利時，也得維持企業營運；如果他只使用僱傭勞動力，舉例而言，織布機一旦閒置，風險便被轉移給工人。所以他的生產成本必須比在使用傳統的家庭工業生產技術以及來料加工制的情況下更低，主要是為了再次找到穩定的市場。

曼徹斯特的棉花工廠

最後，有無充足的自由勞動者供應是決定工廠發展的特殊社會前提；工廠不可能以奴隸勞動為基礎。自由勞動力對於經營現代工廠而言是必不可少的，而只有在西方才有足夠的數量可供使用，因此也只有在這裡，工廠制度才能得到發展。在英國，工廠資本主義在這裡興起的地方，是透過剝奪農民的土地而產生大批勞工。因為是島國，英國並不依賴大量的國家軍隊，而僅需少量訓練有素的職業軍隊以及應急的部隊。因此英國成為了剝奪農民的做法興起的地方，而保護農民的政策在英國是從聞所未聞的。這樣的失業大軍早在 16 世紀便出現了，使得英國不得不處理貧困救濟問題。

因此，英國的工場工業算得上是自發形成的，而在歐洲大陸則不得不由國家有意培養──這個事實在一定程度上解釋了關於工廠起源的

資料，與歐洲大陸相比，為什麼英國的記載如此之少。隨著 15 世紀的結束，在德國，生活政策的範圍因工業機會的壟斷變得越來越窄，貧困問題變得日漸緊迫。因此第一批工廠成為了貧困救濟機構以及提供工作機會的機構。在當時，工場工業的興起是經濟體系要保持人口供養能力的一種方式。當行會不能滿足人們謀生的需求時，就有可能向工廠工業過渡。

哈利法克斯（Halifax）工廠

手工業行會（西方工廠制度的先驅）是在無固定資本的情況下從事經營的，所以不需要大規模的初始投資。不過即便在中世紀，也存在某些需要投資的生產部門，所需資本或者由行會集體出資，或者由城市出資，或者由領主以封建方式出資，從而將工業生產組織起來。中世紀之前，歐洲之外的地方附屬於地產經濟。與行會中的工藝勞動組織同時存在的作坊類機構，包括以下幾種形式：

（1）各種不同種類的生產特定類型材料的製造廠。最初由領主建造麵粉廠，這裡所說的領主是司法領主或者是土地領主，特別是水磨坊，領主憑藉其對河川的權利控制了水磨坊。這些工廠是強制他人付稅使用的權利所指向的典型對象，如果這種權利消失了，那麼它們就不會存

在。地方統治者擁有大多數製造廠，西元 1337 年在諾伊馬克，布蘭登堡（Brandenburg）侯爵擁有 56 個以上的製造廠。儘管製造廠規模小，但它們的建造仍然超出了個體磨粉者的經濟能力。城市獲得一部分製造廠，它們依舊是由領主或者城市往外出租，租約一般情況下也是可以世代相傳的，總是以零售為基礎從事經營。榨油廠、製材廠、縮絨廠以及磨穀廠等都是這樣，城市家庭有時可以從土地領主或者城市那裡租到製造廠，從而出現了經營製造廠的貴族。科隆一些持有 13 家製造廠的貴族家庭在西元 13 世紀末期組成了一個根據固定持有權分配收益的協會，不過這種組織和股份公司是有差別的，因為製造廠是出租給他人使用的，換言之，它是租稅泉源。

（2）鍋爐。在這一點上，也僅有那些封建地主、城市、寺院、王公的鍋爐能產生充足的收益以改進技術。最初建造鍋爐是為了滿足所有者的家庭需求，然而後來卻為獲得租稅而將其出租，從而又產生了一種強迫他人付稅使用的權利。

（3）釀造廠。最初均是封建領主建造釀造廠，而且擁有強迫他人付稅使用的權利，儘管原先是打算用以滿足地主自身需求。後來王公把釀造廠當作采邑來建造，一般把這類機構的經營權當作特許權所指向的對象來轉讓。啤酒一開始大規模銷售，釀造業的發展便緊隨其後，使得附近地區由於釀造廠數量太多、生意不好而產生稅收下滑的局面。一種釀造專利權（家庭飲料的釀造除外）在城市中產生了，從一開始，這種專利便試圖當作一種世代流傳的工業，它是應運市場而出現的。強制他人付錢使用釀造廠成了貴族的一項重要權利。隨著蛇麻子[136]的新增，加料釀造「濃啤酒」，改進啤酒釀造技術，釀造權開始變得專業化了，不同的貴族市民控制著不同類型啤酒的釀造權。因此只有已發展出最先進工藝方法

---

[136] 大麻科，啤酒中的苦味劑，又稱啤酒花。——譯者注

第十二章　工場生產、工廠及其先驅

的個別貴族家庭擁有釀造權。另一方面，每一個擁有這種權利的市民均可在釀造廠自由釀造，這是一種自由釀造權。因此，在公共基礎上營運的沒有固定資本的企業，我們在釀造工業中也能找到。

麵粉廠的磨麵機

（4）鑄鐵廠。鑄鐵廠在引入火炮以後變成了至關重要的製造廠。義大利的炮工廠早於其他西方國家之前建造。因為城市首先使用火炮，所以一開始鑄鐵廠是一種市辦機構，據我們所知，其中佛羅倫斯是第一個。地方王公的軍隊從城市取得火炮，於是出現了國家鑄鐵廠。然而，不管市辦鑄鐵廠還是國家鑄鐵廠，均非資本主義企業，而是直接為滿足所有者的軍事政治需要而設立的沒有固定資本的機構。

蘇格蘭威士卡釀酒廠

(5) 錘鍊廠。這隨著鐵製品加工的合理化而出現。用於採礦、熔鍊以及製鹽等方面的設施是所有此類設施中至關重要的。

以上論述的所有工業均非以資本主義方式運轉，而是以公有方式運轉。與資本主義初級階段相對應的具有私人經濟特徵的機構——換言之，均是一個所有者擁有工作場所、生產工具與原材料，除了未使用大型機器與機械動力，已經具有現代工廠的模樣；在 16 世紀可見這樣的企業，甚至在 15 世紀也可見到，不過顯然在 14 世紀一個這樣的企業都沒有。最早產生的企業便是許多工人集中在一間房子裡，或者不存在專門化生產，或者僅存在有限的專門化生產。這種與工作間頗為類似的工業始終存在。這裡所論及的企業與工作間不同，它使用「自由」勞工進行工作，儘管從來沒有缺少過貧窮的逼迫。被束縛於這些企業的工人是別無選擇的，因為他們絕沒有可能為自己找到工作與生產工具，後來，與貧困救濟措施一起，還使用了逼迫人們在裡面工作的強制手段。

對於這樣一個工場組織，特別是在紡織工業的工場，一首 16 世紀的英國詩歌為我們描繪出這樣一幅圖景：在一個工廠裡，有著兩百臺織布機，它們均是這個工廠的企業家的，產品是他的，原材料也是他的。織布工作是為了薪水，兒童也被僱為工人或幫手。這是最早出現的聯合勞動。

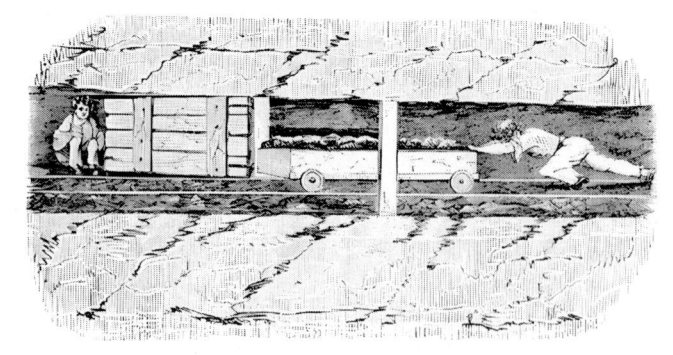

孩子們在礦工勞動

第十二章 工場生產、工廠及其先驅

女人在礦工勞動

　　為向工人供給食物，企業家把採購人員、屠夫以及麵包師等食堂員工均配備齊全。人們對這種企業驚訝不已，視其為世界奇蹟，甚至國王都去參觀。可是西元1555年在行會的迫切要求下，國王禁止這類集中。之所以釋出這個禁令，是考慮到當時經濟形勢的特徵。早在18世紀，這查禁大規模工業企業就不會再被想起了，單單是因為工業政策與財政狀況的原因。不過在較早時期，還是有可能的，因為上述工業與家庭工業制度全部差別在於織布機被集中放置在所有者的房屋內。這個事實對企業家意味著一個相當有利的條件：使得對產品一致性和數量的控制成為可能，這是因為有紀律約束的勞動出現了，並且是第一次出現。

　　對工人而言，存在一個不利條件，他得在外部條件的強制下工作，這是至今仍舊構成工廠工作令人憎惡的特徵。這對控制工作的企業家而言是有風險增加的一面，可也是有利條件。如果一個布商將織布機分散開來，因某種自然災害或者人的暴力活動的一次打擊而損失殆盡的可能性要比集中在一個房間內小得多；此外想要對付他，也不能輕易使用怠

工或者暴動的方式。總而言之，這種安排整體看來僅僅意味著把小型工業單位集中在一個工場裡；因此，西元1543年英國頒布不准持有兩臺以上織布機的禁令是如此容易；因為毀壞的並非進行專業化生產的相互合作的自由工人的組織，最多是工作間而已。

新的發展趨勢最早出現於勞動組織、工藝專業化以及同時使用非人力的動力源這三個方面。16世紀，在內部專業化與合作的企業依舊是例外的；而在17、18世紀，建立這類企業的努力已然具備代表性。被用作非人力動力源首先想到的是畜力，然後則是自然力；先是水力，接著是空氣動力；最初荷蘭風車是用以抽出稻田中的積水。工場內部的工作紀律一旦與工藝專業化、勞動合作以及非人力動力源的使用結合在一起，現代工廠便產生了。這種發展的推動力來自於採礦業，這一行業最早把水當作動力源使用，也正是採礦業推動了資本主義發展程序。

正如我們已經論述過的，從工廠工業過渡到使用固定資本的勞動分工與合作，出現了最低限度的穩定的市場需求是其前提條件。這便解釋了為什麼我們最早發現的存在內部勞動分工並使用固定資本的這種進行專門化生產的工業是為了滿足政治需要而建立的。中世紀王公的制幣廠是最早出現的先導，這類廠子也不得不以封閉的方式經營，這是為了方便控制。

我們在這裡能找到後來工廠的個別例證。這是因為儘管被稱為「家庭合夥人」的造幣者使用的是非常簡單的工具，然而這類廠子卻屬於對勞動進行精深的內部專業化的作坊工業。這類機構隨著技術的改進以及組織規模的擴展在武器製造領域被大規模建造起來，政治統治者為軍隊提供軍服這一做法一旦逐漸成為慣例，武器製造就包含了制服的生產。制服的引入是以對軍服的大規模需求為前提的，相反，這種工廠工業只有戰爭創造出對軍需物資的大量需求時才能出現。最後，在同一類別內

第十二章　工場生產、工廠及其先驅

往往被歸為最重要工業的，還存在為滿足戰爭需要而生產的其他工業，特別是火藥廠。

從穩定的市場需求來說，奢侈品的需求與軍需物資可以相提並論。這就需要生產地毯與繡帷的工廠，在十字軍戰爭之後，模仿東方的習慣，用繡帷與地毯裝飾最初光禿禿的牆壁與地面，在諸侯的王宮內已開始習以為常。還有窗戶玻璃、鏡子、絲綢、天鵝絨以及上好布料甚為普遍；黃金器皿與瓷製器皿——西方諸侯的這些工廠都是模仿中國皇帝的御用作坊而建造的；肥皂——出現較晚，古代拿油作清潔之用——和糖，這些全部都是社會的最上層使用的東西。

這種工業的另一類別，使奢侈品得以普及並滿足更多民眾的奢侈品需求，這是透過模仿為富人定製的產品實現的。沒有經濟能力購買掛毯或者工藝品的人可用紙裝飾牆壁，因此很早便出現了生產桌布的工廠。藍色染料、漿糊以及菊苣的生產也屬此類。因此上流社會奢侈品的替代品普通民眾是可以得到的。除最後提到的那種以外，所有這些產品最初的市場需求都很有限，僅限於擁有城堡或者擁有城堡式宅邸的貴族。因此這些工業除壟斷與政府的特許權之外，沒有其他能夠賴以生存的基礎。

與行會相比，新興工業的法律地位並不牢固。它們與行會精神相牴觸，因而受到行會的懷疑。儘管它們並非由國家負擔或補貼，但至少他們在國家那裡得到了特別的優待和特許權。國家這樣做是基於以下諸多原因：為無法在行會中討生活的人提供生計，確保貴族家庭需求的供給，最後出於財政目的，提高國民納稅能力。

因此在法國，聖艾蒂安軍火工廠以及豐坦布洛掛毯廠被法蘭西斯一世（Francis I）[137]建造了起來。他還建立了一系列擁有特權的皇家工廠，以滿足民眾需要以及上流社會對奢侈品的需求。在科爾伯特（Colbert）時

---

[137] 法國國王，頗具人文主義思想，在位期間為西元 1515 至 1547 年。——譯者注

期,由此開始的法國工業發展採取了另一種形式。由於行會的特權並不總能擴展到其所在地的整個城市,國家的程序因準免加入行會而被簡化了,就像在英國那樣。舉例來說,巴黎相當一部分地區處於行會管轄範圍之外,從而在這個特權的中間地帶現代工廠的先導可以建立起來,而不會引發行會的反對。

英國的行會法在城市之外沒有效力,行會完全是市辦團體。因此工廠工業可以建立在城市之外的地方,這是因為其要與家庭工業制度及作坊工業的生產過程相互協調,從而一直到西元 1832 年改革法案釋出時,新興工業仍不能在國會中派有代表。一般而言,在 17 世紀末之前,沒有關於這種工廠的任何記載,可是這種工廠不可能完全不存在。之所以這麼說,是因為在英國,行會權力已然崩潰,製造業可以在沒有國家扶持的情況下發展起來,也不再擁有任何可以阻擋新興工業發展的特權。另外,可以肯定地說,若是存在德國那樣的條件,並且沒有在小工藝師父制度下組織生產的可能性,作坊式生產將會更加迅速發展。

在荷蘭,有關政府授予特權之類的事情,我們也幾乎沒有聽說過。儘管這樣,胡格諾派(Huguenots)[138]教徒很早便在哈倫(Haarlem)、阿姆斯特丹和烏特勒支(Utrecht)建立了許多工廠,生產絲綢、鏡子以及天鵝絨。

在奧地利,國家在 17 世紀便試圖透過授予特權使其免受行會傷害的方式將工廠引入國內。另一方面,我們還能發現大封建領主建造的工廠,其中之一可能便是青岑多夫(Sinzendorff)伯爵在波希米亞創辦的絲綢紡織廠。

在德國,最早一批工廠在城市創辦,特別是在 16 世紀的蘇黎世,那時胡格諾派被流放的教徒在這裡創辦了絲綢與織錦工業。然後這種工廠

---

[138] 興起於 16 世紀歐洲宗教改革運動的法國喀爾文派新教徒,反對君主專制,曾長期遭受迫害。——譯者注

第十二章　工場生產、工廠及其先驅

迅速遍及德國各個城市。我們發現，奧格斯堡在西元1573年已有糖廠，1592年有織錦廠，紐倫堡1593年有肥皂廠，安納貝格1649年有染料廠，薩克森1676年有細布廠，哈勒及馬格德堡1686年有布廠，奧格斯堡1698年有金絲製造業，最後還有18世紀末期廣泛分布的瓷器廠，這些工廠一部分由諸侯管理，一部分由其提供補助。

總而言之，目前可以肯定，首先，工廠是與手工業同時存在或者在手工業之外發展起來的，並非從手工業，或者以犧牲手工業為代價發展而來。新生產工藝或者新產品被它掌握了，比如棉花、彩色織錦、瓷器、替代品或者手工藝行會所無法生產的產品，工廠依靠這些與手工藝行會展開了競爭。實際上在19世紀，工廠開始大舉入侵行會的生產領域，就像在18世紀，特別是英國的紡織業，發展起來的代價是犧牲家庭工業制度。儘管這樣，以堅持原則為由，行會與工廠展開鬥爭，而且把從工廠發展而來的作坊關閉，它們已感覺到來自新生產方式的壓力。

工廠既非從家庭工業制度發展而來，也非從手工業發展而來，而是與家庭工業制度同時存在一起發展的。在家庭工業制度與工廠之間，關鍵性的是固定資本的規模。在無需固定資本的領域，家庭工業制度延續至今；儘管工廠並非從家庭工業制度發展而來，工廠在需要固定資本的領域興起；一個最初的封建機構或者公共機構，被一位企業主接管並由其自主安排面向市場的生產活動。

最後，應該注意到，現代工廠最初並非因使用機器而產生，不過二者之間存在著關聯。機器起初使用畜力驅動，在西元1768年，甚至阿克萊特（Arkwright）[139]的首批紡紗機也用馬來驅動。然而，工廠內部作業的勞動紀律和專業化擴大了機器使用範圍，甚至產生一種推動作用。新式發動機的建造為企業帶來了額外紅利。它們的原理——用火提

---

[139] 水力紡機的發明者，創辦了近代最早的機器紡紗廠，被稱為「近代工廠之父」。——譯者注

水——產生於採礦業，取決於蒸汽動力的應用。機器在經濟上的重要性在於有系統的計算的引入。

不管是對企業家還是對工人而言，現代工廠的出現都產生了極為深遠的影響。甚至工廠工業在機器應用以前就代表著把工人僱傭於一個既非消費者住處也非工人自己住處的地方。一直都存在這樣或那樣形式的集中勞動。在古代，法老或土地領主為滿足自身政治需要或者大戶家庭所需而組織生產。然而現在作坊的所有者成了為市場生產的企業主，變成了工匠的僱主。

在現代社會初期，將工人集中於工廠之內具有一些強制性；進入工廠的人是被逼無奈的窮人、無家可歸的人以及罪犯；在紐卡斯爾的礦山，一直到18世紀勞工脖子上還帶著鐵頸圈。不過在18世紀，在每個地方勞動合約都代替了非自由勞動。這意味著節省了一筆資本，因為購買奴隸的花費沒有了；而且還把資本風險轉移到了工人身上，因為過去工人的死亡對僱主而言相當於損失了一筆資金。再者，它也讓僱主不再負有對工人階級勞動力再生產之責，而使用奴隸的工業則恰好是因為奴隸的繁育問題與家庭生活而觸礁的。它使完全建立在技術效率基礎之上的合理的勞動分工成為可能，儘管不乏先例，最早使將勞工集中於工廠內工作的做法成為慣例的還是契約自由。最後，它產生了精確計算的可能性，僅限於工廠與自由工人相結合的情況下，這種可能性才出現。

雖然存在所有這些有助於發展的條件，工廠工業在早期仍舊持續不穩定；在一些地方就像在義大利，特別是在西班牙它復又消失，維拉斯奎茲（Velasquez）[140]的一幅名畫為我們把作坊工業描繪了出來，儘管最後它又消失了。直到進入18世紀上半期，它依然尚未成為不可取代的必需的和不可或缺的滿足大眾需求的部分。不過有一件事始終可以確定：

---

[140] 17世紀巴羅克時期西班牙畫家。——譯者注

第十二章　工場生產、工廠及其先驅

在機器時代到來之前，使用自由勞工的工廠工業沒有哪一個地方能發展到像西方在現代社會初期那樣的規模。別的地方沒有走上相同的發展道路的原因將在下文闡述。

印度不同種姓彼此之間被視為「不潔」，它曾經擁有高度發達的工業技術，然而這裡的種姓制度[141]卻阻礙了西方式作坊的發展。的確印度的種姓儀式並未發展到禁止不同種姓的成員在同一作坊內工作的地步；並且存在「作坊沒有不潔」這樣的諺語。然而，如果作坊制度在這裡沒能發展成工廠，種姓制度的排外性確實負有部分責任。這樣的作坊看起來肯定特別不成樣子，有點不倫不類。引入工廠組織的所有努力均遇到了巨大困難，甚至在黃麻工業中也是如此。即便在種姓法廢除以後，人們在勞動中還是缺乏紀律，這依然是種障礙。每個種姓儀式及安息日都有所不同。

在中國，在村莊中氏族的凝聚力非常強。這裡的作坊工業是氏族集體經濟。另外，中國僅發展了家庭工業制度。僅有皇帝與封建大地主創辦了集中經營的企業，特別是在瓷器製造方面，受奴役的手工勞動者通常在一個不變的生產規模上生產瓷器以滿足製作者的需求，供給市場卻僅在有限的範圍內。

在古代，奴隸資本的特點通常是政治上的不確定性。奴隸工作間是眾所周知的，然而卻是一項風險與挑戰並舉的事業。領主寧可把奴隸當成一種租稅來源使用，也不願把他們當成勞動力使用。當仔細觀察古代奴隸財產時，我們會注意到各種不同類型的奴隸混合到了如此程度，以致現代工廠工業如果用他們便生產不出任何東西。然而，這並非那麼難以理解；現在一個人把他的財富分散投資於各種證券，而在古代，奴隸

---

[141] 種姓是以婆羅門為中心，基於職業劃分出的內婚制群體；種姓制度是傳統印度普遍存在的社會體系，核心觀念是潔與不潔。雖然種姓制度現已被廢除，但仍對印度社會有著重要影響。——譯者注

主為了分散風險，被迫取得最多種類的手工勞動者。可最終的結果卻是對奴隸的占有成了建立大規模工業企業的一大阻礙。

　　非自由勞工在中世紀早期明顯變得更加稀少且日漸匱乏；儘管確實有新的供給帶到市場，但數量非常有限。另外，貨幣財富無法轉變為資本，資本也極度缺乏，最後，對於農民以及在工業方面訓練有素的自由工人而言，因其處在與古代情況相反的位置，故而有著廣泛的獨立機會；換言之，歐洲在東方持續不斷地進行殖民活動，這讓自由工人擁有了獲得地位以及免受從前僱主侵害的機會。因此在中世紀初期是不可能建立大規模的作坊工業的。另一個影響則是工業法，特別是行會法成為日漸增強的束縛社會發展的力量。可即使不存在這些阻礙，足夠廣泛的產品銷售市場也並非唾手可得。我們即使在大型企業最初存在的地方也能發現它們正如加洛林王朝時期的鄉村大規模工業一樣處於退化狀態。在皇家莊園與寺院內也出現了工業作坊勞動的萌芽，可都已經衰敗了。與至多只能作為以皇室特權或者皇室機構為基礎獲得充分發展的現代社會初期相比，各地的作坊工業都還比較分散。在每一種情況下，都沒有專門的作坊技術；在16、17世紀，這類技術才逐漸出現，隨著生產過程的機械化，一系列的技術發明與改進才得以產生。然而採礦業是這種機械化的推動力。

第十三章
現代資本主義發展之前的採礦業[142]

採礦最初是一種地表工作。比如說，埃及的砂金可能是原始時代最重要的礦產，非洲內陸的沼澤鐵礦和泥煤也是如此。一旦進行地下開採，就必須開鑿礦井與巷道，從而必然要投入大量的勞動力與材料。沒有人能說得準一座礦脈究竟挖多遠才能獲得大量產出，或者才能覆蓋採礦所需的各種支出，因此這些都需要冒極大風險。如果財力不濟，採礦便會失敗，礦井也有被淹沒的危險。因此，地下開採均合作進行。在採用合作方式的地方，合夥人不僅對企業擁有權利，而且承擔義務；個人從企業中退出勢必會威脅整個企業的利益。經營單位一開始很小，在中世紀早期，僅有二到五人在同一礦井內工作。

與採礦有關的法律問題當中，首要便是誰擁有權利在特定地點開採。對於這一問題可能有各式各樣的回答。首先可能是由馬爾克組織來處置這一權利，儘管尚未在文獻資料找到這樣的實際事例。此外，可以設想，與部落日常事務形成對比，這種地下礦藏的權利可能屬於部落首領，至少這一點在歐洲還無法確定。

在那些並非僅憑推測的時代，法律規定無非存在兩種可能性。不是將礦藏的產權看作土地的一部分，換言之，土地的所有者也是礦藏的所有者（儘管這只是就領主的土地所有權而並非農民的土地權利而言），就是把所有的礦藏均看作「王權」，只有政治統治者，即司法領主、諸侯或者國王自己才有權處置，在沒有獲得政治當局特別許可的情況下，即使

---

[142] 一般參考文獻 —— 米斯普萊（I. B. Mispoulet）：《羅馬時期和中世紀的採礦業 制度》，巴黎，1908 年版；于艾（O. Hué）：《礦工》，司徒加特，1910 年版。

土地持有者自己也無權開採。政治統治者的這項王權起初建立在一種利益基礎之上，即因占有與貨幣鑄造相關的貴重金屬而獲得的利益。另一種可能性出現於地主或者擁有王權的領主重視勘探者的情況之下。現在占主導地位的原則是開採自由。在符合正式規定的情況下，任何人都有勘探權，獲得許可證並發現礦脈的人，只要賠付所造成的損失，便可以開採，甚至無需土地持有者的同意。與以封建土地法律為基礎相比，現代的自由開採制度以王權為基礎更容易建立。若是地主享有這一權利，那他會排斥任何人勘探礦藏，而擁有王權的領主在某些條件下則會關注於怎樣將勞動力吸引到採礦上來。具體而言，採礦工業的歷史與採礦法的發展遵循了下述路徑。

露天開採煤礦

對於在西方之外的地方最早出現的工業，我們幾乎沒掌握什麼資料——不管在埃及還是在印度均是如此，例如，法老在西奈山（Mount Sinai）[143]經營的最早的礦山。而對古希臘羅馬的採礦組織則有較多的了解。雅典政府擁有勞里昂地區的銀礦，雅典政府把開採權出租出去並把收益與市民分享。在薩拉米斯戰役（Battle of Salamis）[144]中獲勝的雅

---

[143] 位於埃及西奈半島中部，是上帝親授摩西「十誡」的地方，是基督教的聖山。——譯者注
[144] 西元前480年特米斯托克利斯指揮下的希臘海軍與波斯王薛西斯率領的波斯海軍之間發生的戰爭。——譯者注

第十三章　現代資本主義發展之前的採礦業

典海軍便是使用市民放棄數年的銀礦收益而建立起來的。到底礦山是怎樣經營的，我們已無從得知。不過可以從一些非常富有的人擁有採礦奴隸這個事實中得到一些線索，伯羅奔尼撒戰爭中的指揮官尼西阿斯（Nicias）擁有數千奴隸，他把這些奴隸都出租給礦山的承租者。

露天銅礦山

有關羅馬情況的原始資料是含混不清的。一方面，羅馬法典提及了罰做礦工的刑罰，由此看來，用罪犯奴隸或者買來的奴隸當礦工好像是平常之事。另一方面，也定然存在某些選擇；起碼有跡象顯示，礦山中獲罪的奴隸是遭抽打後趕出礦山的。不管怎樣，有一點可以確定，發現於葡萄牙的自哈德良（Hadrian）[145]時期起實行的維普森礦山法（lex metalli Vipascensis）說明已僱用了自由勞工。

礦山開採是帝國的特權，可無法由此推斷出礦業王權的存在；皇帝在轄區內可以做任何想做的事，而奪取礦山正是他們所喜歡的一種權力行使方式。維普森礦山法所記載的技術與其他古代資料中的記載不一致。舉例來說，在普林尼（Pliny）的著作中，我們發現奴隸被排成一行，透過接力傳遞的方式將水從礦井底部提到地面。然而，在維普森（Vipas-

---

[145] 羅馬帝國五賢帝之一，對官僚制度與法律進行了改革，在位期間為西元117至138年。——譯者注

censis），在外部礦井的旁邊修建了坑道則是出於同樣目的。根據傳說，中世紀坑道的修建可追溯至古代，而在其他方面，維普森礦山法則在相當程度上似乎反映了中世紀後期的關係。採礦業處於帝國監察官的管轄之下，他相當於中世紀政治領主的礦主。採礦的義務也同樣存在。一個人有權利開鑿五口礦井，就像在中世紀五口礦井是最大限度那樣。我們得假定他負有持續開採這五口礦井的義務。若是他在規定時間內——短於中世紀——沒有行使他的權利，權利即被收回，然後把權利給予任何有能力進行開採的人。我們還發現如果在一開始規定了某些強制性支付義務，若是未履行義務，開採權將被再次開放。採礦場的一部分就像以後在中世紀初期那樣留給了國庫，一部分產品必須上繳給國庫；上繳比例起初設定為一半，而在中世紀逐漸降為七分之一甚至更少。由任何自願加入的合夥人負責經營。這一合夥組織向合夥人加徵一筆強制性收費，以籌得開鑿坑道與礦井所需款項；如果未能籌足款項，則會失去開採權。

在中世紀，與其他國家相比，德國在貴金屬方面遙遙領先，儘管在英格蘭開採錫。在這裡皇家礦場最早被發現，然而卻是因為土地歸屬於國王，並不是建立在王權的基礎之上；西元10世紀時哥斯拿（Goslar）附近的拉梅爾斯貝格（Rammelsberg）便屬此例。普拉塞爾（Placer）金礦也由皇室一脈經營，經營權被國王以收費的方式授予，而且是以對航道的控制權為基礎，並非建立在於王權的基礎之上。亨利（Henry）二世[146]統治時期可以看出最早國王對開採權的出租，這裡是基於對寺院的土地出租，也並非基於王權。一般而言，出租給寺院的土地，僅僅是國王憑藉帝國對土地的控制權而擁有法定權利。國王最初對所有礦產品均擁有徵收什一稅的權利，不過這一權利通常均出租給了個人；然而在寺院的情況下，西元11世紀這項權利是被當作帝國財產出租的。

---

[146] 神聖羅馬帝國皇帝，在位期間為西元1002至1024年（1014年加冕）。——譯者注

金礦採金作業

政治當局與採礦業的關係在霍亨斯陶芬（Hohenstaufens）王朝統治之下又向前發展了一步。即使是構成了康拉德（Conrad）三世[147]執政措施的基礎的王權概念也被腓特烈‧巴巴羅薩（Frederick Barbarossa）[148]做了明確規定；他宣布，如果不獲得國王的特許，按規定繳費，任何人都不能得到採礦權；即使是封建地主也必須取得這一特許權。這一做法很快便成為了通行的規則，西元13世紀這種皇室礦業權被德意志地方法彙編，已將視為一項制度了。然而，國王這一理論上的權利立刻便與王公貴族產生了矛盾，而最早王公貴族所擁有的王權則在黃金詔書獲得了正式承認。

國王與封建地主對礦場的爭奪也可見之於其他國家。在西西里，羅吉爾（Roger）一世儘管承認地下寶藏歸地主所有，而在西元12世紀後半期王國卻又鞏固了王權。在匈牙利，國王輸給了權貴，即便是國王想開採礦山，也不得不完全買下那塊地。在法國，直至大約西元1400年，貴族依然認為礦業權是土地權利的一部分。然後國王獲勝，而且這種絕對的王權一直持續到革命時期，而革命使礦藏成為國有財產。在英國，約

---

[147] 霍亨斯陶芬王朝的第一位國王，在位期間為西元1138至1152年。——譯者注
[148] 霍亨斯陶芬王朝羅馬人民國王，在位期間為西元1152至1190年，1155年加冕為神聖羅馬皇帝。——譯者注

第二篇　現代資本主義發展之前的採礦業

翰王（King John）[149] 主張普遍的王權，特別是重要的錫礦，然而在西元1305年，英王不得不承認國王無權授予採礦特許權。在伊麗莎白（Elizabeth）[150] 統治之下，新興的煤礦工業未曾受王權的限制，這是因為16世紀時的王權被限制在貴重金屬的範圍內，其他所有礦藏均被看作土地的一部分。形勢在查理（Charles）一世[151] 統治之下再次出現搖擺，而最終國王徹底失敗，全部地下寶藏均變為土地所有者或「地主」的財產。

在德國，採礦自由，即勘察自由，起源於「自由山林」，並非起源於馬爾克共同體。「自由山林」是指土地所有者可以將其出租給任何人的蘊藏了礦產資源的區域。拉梅爾斯貝格在西元10世紀依舊是一個皇室機構。可國王在西元11世紀卻將其出租給了沃爾坎瑞德（Walkenried）以及戈斯拉爾（Goslar）城的寺院。而寺院又將採礦權轉租給了所有申請者，這是以建立在自由競爭基礎上的支付為條件。在西元1185年，特倫特（Trent）主教以類似的方式把開採銀礦的特許權授予了由自由工人組成的礦業共同體的每一位成員。市場及城市特權的授予這一步是建立在自由勞工從西元11至14世紀所獲得的非常強而有力的地位基礎上的。熟練礦工稀少，從而具備壟斷價值，因此各政府當局爭著許以好處，甚至給予其開採自由，也就是某種規定範圍內的開採權。

中世紀的德國以這種發展為基礎可分為如下幾個時期：

第一個時期，儘管農民所繳納的與採礦有關的封建捐稅也間或被論及，發展好像是由最具權威的政治當局以集中開採的方式推進的。第二個，也是最重要的時期，此時礦工處於強而有力的地位。這使得開採工作日漸轉移給礦工，而領主遭受剝奪，淪為純粹的收稅者，從而僅能把地下寶藏當作租稅泉源。此時礦山的所有者便是工人的合作聯盟。他們

---

[149] 英格蘭國王，在位期間為西元1199至1216年。——譯者注
[150] 英格蘭和愛爾蘭女王，在位期間為西元1558至1603年。——譯者注
[151] 英格蘭、蘇格蘭和愛爾蘭國王，在位期間為西元1625至1649年。——譯者注

分配收入的方式與農民分配保有地的方式相同，換言之，極為嚴格地遵循平等原則。「礦業共同體」應運而生，包括了與採礦有關的各種利益關係，即所有在礦場工作的人——此後又將所有曾經在礦場工作的人均包括在內——而唯獨領主被排除在外。這個組織對外代表其成員並確保對領主的租稅支付。因此礦業共同體的個體成員負責支付礦場生產費用。具體營運完全是小規模的；單個礦工最多只能獲得七口礦井，而礦井也僅僅是一個原始的坑洞。只要礦工在經營礦井，他便就是所有者；如果停止經營，即使是最短的時間，他也會喪失經營權。自礦業共同體聯合保證租稅支付開始，領主便徹底放棄了獨立經營。他收取租稅的權利，即他的所有權，最初是產品的一半，而後穩步而又快速地降至七分之一，最終降至九分之一。

在第二個時期，工人內部開始出現分化。出現了一個不參與實際工作的礦工階層，與之同時出現的是另一個礦工階層，他們自己勞動，但卻要依附於不勞動階層；因此這種發展類似於家庭工業制度的發展。很多地方早於西元 13 世紀就出現了這種情況，儘管仍未占據支配地位，然而，股份的限制繼續存在，大規模的資本主義不能得到發展，而僅能出現小食利階層的占有權，儘管短期內便能取得可觀收益。

在第三個時期，由於坑道的規模越來越大，因而對資本的需求也日漸增加。為了通風和抽水，必然需要開鑿越來越深的巷道，可這筆支出僅能在比較遙遠的將來才會收回，從而需要預付大量的資本，所以資本家加入了採礦隊伍。

在第四個時期，礦產貿易出現了集中。最初每位礦主各分得一份產品，可隨意處置。面對這項安排，對產出的實際控制就被礦產品貿易商控制了。他的勢力擴大了，特別是在 16 世紀，礦產品批發商的出現是這種發展的典型特點。

第二篇　現代資本主義發展之前的採礦業

迫於形勢的壓力，作為一個團體存在的礦工聯盟逐漸擁有礦產品的掌控權，為免受貿易商勢力的傷害，礦工試圖以這種方式尋求保護。這便產生了另一個結果，那就是礦工聯盟變為礦山營運的指導者，而最初個體礦工則是獨立經營的。礦工聯盟逐漸被組織成為一個資本主義機構，它設定了資本帳戶，礦工有的產品僅能透過礦工聯盟的庫房來提取。這樣就有了週期性的會計記錄，根據每個工人的業績分別計入借方或者貸方。

具體而言，在現代資本主義出現之前，這種組織的發展遵循下述路徑。迫於礦工聯盟的壓力，領主放棄了對經營活動的干預；礦工禁止自己的員工下井，而且僅有礦工聯盟的成員才有權相互控制。採礦的義務保持不變，儘管不再服務於領主的利益，而是服務於負責免役租的礦工聯盟。這種情形顯然類似於俄羅斯農村，在那裡，儘管農奴制已經廢除，而個人卻依然依附於土地之上。再往前發展便出現了礦工的明確持股。至於股份到底怎樣安排，到底是不是最初的實物股票——後來的 Kuxe 或者抽象股便由此發展而來，這是一個存在爭議的問題。所有僱傭勞動者均屬於礦業共同體，而礦工的組織則僅包含股份的持有者，現在，已經無法知曉礦工聯盟到底是什麼時候出現的，不過可以確定的是，礦業共同體與礦工聯盟的成員已不復相同了。

在礦工不僅擁有了生產辦法，並且還擁有了原材料以後，採礦業工人階級的內部開始了分化，也引起資本主義的分離。所需礦工的日益增加導致了加入這一階級的人數逐漸增加。然而，新來者加入礦工聯盟不被原有礦工接受。他們成了非會員，成了處於學徒地位的僱傭勞動者，服務於個體工藝師父，而工藝師父則從自己帳上付給他們薪資。因而便出現了合夥的或者依附的礦工，而且與外部分化相對應的內部分化也開始了。在礦場的生產過程中，個體工人在地位上的差異引起了其工作權利的不同。舉例

而言,對專業化需要的提高帶來了對採礦業鍛工需求的日漸增長。這些人早就變成了僱傭勞動者,只不過在貨幣薪資以外還獲得了一份固定數量的產品。不同礦井之間產量的差異也對分化產生推動作用。行會原則最初是適用的,按照這一原則,作為一個整體,工人的組織有權分得產量特別高的礦井的產品,並將其收益在所有礦工中分配。可是這一做法漸趨停止,不同礦工所面臨的風險出現了越來越大的差異。礦工有時要忍飢耐餓,有時能獲得鉅額利潤。股份轉讓的自由越來越大,同樣也加速了分化,因為股份買賣成了不參加工作的成員的機會了。

這樣純粹的資本主義股份便能夠進入礦業共同體這一群體了。隨著作業的深度逐漸增加以及由此引致的資本需求的日益增長,整個過程漸趨完善。供水用礦井的修建和對昂貴設施的各種需求已經變得越來越緊迫。資本需求的增加帶來了以下結果:

首先,擁有全部採礦權利的礦工只是那些有財產的合夥人;其次,新授予的採礦權越來越集中於能證明自身資本掌控能力的人。另外,聯盟自己也開始累積財產。最初它什麼都沒有:個體礦工必須自己配置礦井裝置並預付支出,只有在他沒有履行經營礦井的義務時,聯盟才出面干預。然而,因為除用以開採礦層的礦井之外,排水礦井的修建越來越成為主流,現在聯盟卻不得不在資本需求方面提供幫助了;起先巷道與礦井的開鑿由不同的團體負責,確保各獲得一份礦產品。這些被分走的產品對礦工而言猶如芒刺在背。他們越來越想將挖掘工作控制在自己手中。此時聯盟已經變成了資本所有者,可從前的情況仍舊存在,個體礦工必須自己負擔礦井支出。他不得不預付所有支出,在他不復參加實際工作以後,墊付資金便被視為其最重要的職責。正如從前那樣,他也必須裝備個體礦工,與他們訂立契約並付給他們薪水,這是一種漸趨合理化的情況。不同礦井所花費的成本相差極大。真正的工人要團結在一起

對付「礦工」了。因此，最後聯盟自行承擔工人的僱傭、薪資的發放、資金的墊付以及礦井費用的負擔等職責，而且以聯盟為一個整體建立了會記帳目，最初是一些小事，以一週為基礎，後來則是以年為週期計算。個體礦工僅須自己預付資金，並有權領取一份產品，一開始是分得實物。最後，這種發展結束時，聯盟作為一個整體來銷售產品，並將所得收益以股份為基礎分配給個體成員。

伴隨著這種發展，早期的一些措施被廢除了，礦工曾用這些措施來限制他們之間不平等的發展。其中一個措施便是禁止累積礦場股份。這項及所有類似限制都不得不廢除，隨著礦區有系統地擴展到越來越大的範圍，隨著聯盟自己控制工業的整體經營，並且隨著擴展後的礦區更為頻繁地出租給單個股東，這些限制就更得廢除了。在以往情況下，自由工人在加入採礦隊伍時未經仔細挑選，造成了礦井的不合理挖掘以及不合理的採礦技術，新辦法就完全不是這種情況了。此外，聯盟為了進行系統化的經營以及關閉沒有收益的礦井而有了進一步合併，早在15世紀末這種現象便可在弗賴貝克礦場見到。

這種現象對行會的歷史在許多方面都有所影響。發展已經達到了這個階段，自16世紀起，擁有王權的領主便開始干預，而且出於這一目的和礦工聯起手來。正如單個礦工那樣，依附於小資本家「礦主」的礦工深受採礦業的無計劃性及冒險性之苦，然而與此同時，王權持有者的收入也在下降。為使租賃有利可圖，也為了維護工人的利益，持有王權的領主進行了干預，統一的開採權得以確立，礦產品貿易也從此發展起來。這些權利是資本主義大規模發展的直接徵兆，一般而言，它們建立在採礦業對技術與經濟的合理管理的基礎之上。作為初期發展的萌芽，礦業共同體在與行會相似的工人組織中依舊處於特殊地位。另一方面，擁有王權的領主建立了合理的聯盟，作為擁有虛擬股份的資本主義經營

第十三章　現代資本主義發展之前的採礦業

機構而存在，規定了墊付資金的義務與開採權（最初虛擬股份的數量是128）。聯盟作為一個整體來僱傭工人以及與礦產品的購買者做買賣。

與礦場同時存在的冶煉廠卻未依附於它們。與礦場相同，它們是在較早時期便具有大規模特徵的那種工業。木炭對於冶煉廠的正常運轉來說是不可或缺的；由此封建領主與寺院作為大片森林的所有者是早期冶煉廠的典型業主。偶爾，儘管並不是在大多數情況下，冶煉廠的所有權與礦場混合在一起。小規模經營占據統治地位的情況一直持續到14世紀；因此，舉例而言，英國一家寺院便擁有不少於40個小熔爐。不過首批大型熔爐的建造也與寺院相關。當由不同的人掌握冶煉權與採礦權時，礦石買主便在兩者中間出現了，而且從一開始便成立了一個行會，它時常與礦工聯盟發生衝突。它們的政策以最為肆無忌憚而著稱，然而不管怎樣，我們得在它們的結合之中分辨清出現於15世紀末16世紀初的首批龐大壟斷機構的萌芽。

最後，必須注意到，所有產品中，煤炭對西方最具價值，也最關鍵。甚至早在中世紀它的重要性就已經在慢慢增長了。我們發現寺院創辦了首批煤礦；林堡（Limbourg）的煤礦在西元12世紀便被提及過，早於14世紀，紐卡斯爾（Newcastle）的煤礦便開始以市場為導向生產，而薩爾區在15世紀便已經開始產煤。不過所有這些企業均並非為滿足生產者需求而進行生產的，而是為滿足消費者需求。在14世紀，倫敦禁止燒煤，因為會汙染空氣，不過禁令無甚效果；英國煤炭出口增長得這樣快，致使不得不專門建立船舶測量部門。

在14世紀，用煤替代炭來冶煉鐵才開始有了代表性，因而確立了鐵與煤的重要結合。一個必然的結果便是礦井的快速加深，採礦技術遇到的新問題是，怎樣才能用火燒來發揮水激的作用呢。礦坑的挖掘就是現代蒸汽機的想法的起源。

第二篇　現代資本主義發展之前的採礦業

第三篇
前資本主義時代的商業與交換

第三篇　前資本主義時代的商業與交換

第十四章　商業發展的開端

商業[152]在一開始是不同種族之間的事情，它是最古老的社會團體的外部現象，僅指向於外族，而在同一部落或者同一團體內部各成員之間並未發生。然而，它可能開始於不同團體之間生產的專門化。在這種情況下，要麼是兜售外族產品的貿易，要麼是部落之間的貿易。不管怎樣，不同部落之間的交換關係是最古老的商業表現。

一個部落自己生產的產品可能以各種不同的形式進行貿易。它的發展通常從農民以及從事家庭工業的人們的副業開始，而且一般是作為一種季節性職業而存在。在這個階段，沿街叫賣者和小商販發展成為了一種獨立職業；專門從事貿易的部落很快便發展起來。不過專門從事於某些工業的部落也可能會被找到。商業種姓的產生是另一個可能，在印度可找到其典型形式。貿易在印度完全由某些種姓控制，並在儀式上排斥別的種姓，特別是商人種姓。同時存在的是這種按照種族界限進行的貿易，還可發現在儀式上限制於某些宗派的貿易，由於巫術儀式上的限制，該宗派的成員不得從事除此之外的所有其他職業。印度的耆那教便是這樣。耆那教禁止殺害任何生物，特別是弱小動物。因此，他不能成為士兵，不能從事很多職業——舉例來說，不能在雨中行走，因為可能踩死蚯蚓；使用火的職業，因為火能殺死昆蟲等。因此，耆那教徒沒有什麼職業可以從事，除了在固定場所做生意之外，從而與商人種姓的高貴一樣職業的高貴便確立下來。

---

[152] 一般參考文獻——勒圖爾諾（Ch. Letourneau）：《不同人種間的商業發展史》，巴黎，1897年版；勒瓦瑟（E. Levasseur）：《法國商業史》，總共兩卷，巴黎，1911－1912年版；皮雷納（H. Prienne）：《中世紀的城市、集市和商人》，載於《歷史評論》，第67卷（1898年）；《美國國內和對外貿易史》，共兩卷，華盛頓，1915年版（附美國經濟史的詳細參考文獻）。

第十四章　商業發展的開端

猶太人作為最底層的經商民族發展沒有什麼本質上的不同。猶太民族一直到流亡時內部依然存在各種階級，如騎士、工匠和農民，也存在有限意義上的商人。流放以及預言所造成的後果，使得原本有固定領土猶太民族變為流浪民族；從那時以後，便禁止他們的儀式在某地固定下來。農民不能嚴格信奉猶太教儀式。因此猶太人成了城市中的底層居民，在福音書中仍舊能夠找到虛偽的「聖人」與不受法律約束的本地人之間的差別。因為在商業中允許一個人全身心地投入到法律研究之中，因此，錢幣業或為首選。所以，儀式上的原因，使猶太人不得不從事商業，特別是錢幣業，使得他們的生意成為在儀式上受限制的民族商業或者部落商業。

領主貿易的確立是商業發展的另一種可能性，從而出現了一個支持貿易的領主階層。銷售他們地產上的剩餘產品是土地領主最早想到的（實際上每個人都想到了）。他們出於這一目的使職業商人以職員的身分依附於他們。屬此類的還有以領主的名義開展業務的古代業務員，中世紀的售貨員也是這樣；後者以款項支付作為酬報，將銷售其寺院領主的產品視為一種權利；這種人的存在儘管在其他所有地方卻都可見到，然而在德國卻無法得到清楚證實。業務員與售貨員是其他人的代理人，並非現代意義上的商人。

另一種領主貿易來自於外國商人不受法律管轄的地位，在每個地方外國商人都需要保護；想要得到這種保護，只有利用政治權力，而貴族則將這種保護當成一種有償給予來提供。中世紀的王公給予商人這種保護並從商人那裡收取款項作為回報。王公或者領主往往從這種保護措施中發展出了自己獨立經營的貿易，特別是像非洲所有沿海地區那樣，族長壟斷了過境貿易，而且自己也從事貿易活動。在這種貿易壟斷之上，他們構築了自己的權力；他們的地位在壟斷被打破後也就不復存在。

第三篇　前資本主義時代的商業與交換

　　禮品貿易是王公所從事的另一種形式的貿易。在古代東方，政治當局在彼此未處於交戰狀態時候，便以相互贈送保持來往。從特萊爾—阿爾瑪納的石板中（特別是西元前 1400 年以後），可以看出活躍在法老與東方諸國統治者之間的禮品貿易。用黃金與戰車換得馬匹與奴隸是常見的物品交換。在這裡自由贈送原本就是慣例。在這方面發生了很多不講信義的事，逐漸使得相互間越發重視贈送行為的你來我往，因此以準確數字為基礎的真正貿易便從禮品貿易中產生了。

　　最後，王公獨立經營的貿易可見之於許多地區的經濟歷史。一些大規模貿易的非常古老的例子可由埃及法老提供，他們作為船舶的所有者開展進出口貿易。威尼斯最早的總督是較晚的例子，最後是亞洲與歐洲很多世襲制國家的王室，18 世紀後期的哈布斯堡王室[153]也包含在內。這類貿易要麼透過授予特許權或者出租此項特權的方式利用他的壟斷權，要麼是在王公本人的指導下開展的。當採用後一種方法時，他便推動了獨立的職業商人階層的發展。

---

[153] 歐洲歷史上統治區域最廣的王室，其家族成員曾於西元 1273 至 1291 年和 1298 至 1806 年任神聖羅馬帝國皇帝。——譯者注

第十五章　商品運輸的技術條件[154]

對於作為一種獨立職業而存在的商業而言，特定的技術條件是不可或缺的。首先得經常有十分可靠的運輸機會。當然，我們必須回到很久以前從可能最原始的條件思考這些問題。人們用膨脹起來的山羊皮渡過河流不僅是在亞述時代與巴比倫時代，甚至在穆罕默德時期，皮袋船在河運中長期占據統治地位。

早在中世紀，在陸地上的商人便已經使用原始交通手段了。起初是用自己的脊背，用脊背搬運貨物一直持續到西元13世紀；然後是馱畜，或者是由一匹、最多兩匹馬拉動的二輪運貨車，商人被局限於經商路線上，在那時是無法想像我們所謂的公路的。只有在東方以及非洲內陸，好像很早便出現了用奴隸作腳力的商隊。一般而言，甚至那裡對馱畜的使用已經成為慣例。驢或騾是南方的有代表性的馱畜；在埃及的歷史遺跡中，駱駝出現得很晚，而馬更晚；馬匹最初是用來作戰的，用來運輸貨物是在更晚的時候。

海運不得不使用同樣原始的交通手段。在古代和中世紀初期，到處都是用槳划動的船。我們能夠想像得出它的製作非常粗陋；我們發現歷史資料中還提到過木板船，這種船必須用繩子綁緊，要不然便會散掉。的確，船帆可追溯到這麼遠，使得無法判斷它的發明時間，但是現在這個詞所承載的意義卻是不一樣的。最初它只是使船隻在順風時不用划槳也能獲得動力，而在中世紀早期則好像仍是未曾聽說過逆風行船。在古

---

[154] 一般參考文獻──《國家科學大辭典》，「交通工具和交通路線」條和「德國中世紀的交通制度」條；梅森（O. T. Mason）：《原始旅行和運輸工具》，紐約，1897年版；林塞（W. L. Lindsay）：《商船和古代商業的歷史》，共四卷，倫敦，1874－1876年版。

冰島兩文學集中也僅是含糊地提及而已，而對於逆風航行方法的使用，是否正如中世紀所傳說的那樣，安德魯·多利亞（Andrea Doria）[155]是第一人，則尚存疑問。我們從《荷馬史詩》[156]以及更晚的原始資料中了解到船隻並非很大，每次登陸時均可拖上岸。錨從古代笨重的石頭發展到現在常見形式的工具，這一過程非常緩慢。當然，海運起先完全是沿海貿易；深海航行是亞歷山大（Alexandrian）時期的革新，而且它的基礎是季風觀測。阿拉伯人最早冒險嘗試讓季風幫他們飄洋過海，到達印度。希臘人辨別方位的航海儀器是可想像的最原始的工具。這個工具由一個里程錶以及一個測定深度的「火球」構成，里程錶以沙漏的方式讓球掉下去，掉落的球數代表航行的里程數。星盤[157]是亞歷山大時期的發明，直到那時才得以建造了首批燈塔。

　　中世紀時的海運，與阿拉伯人的海運一樣，在技術上依然遠比中國人落後。中國早於西元三四世紀便已經使用磁針及航海羅盤，而歐洲人直到一千年以後才知曉。在羅盤傳入地中海與波羅的海以後，海運確實開始有了快速發展。然而直至西元13世紀，船後端的固定方向舵才普及。航行規則是商業祕密。直至在這方面處於領先地位的漢撒商人的時期，它們仍是買賣的對象。關鍵性的進步是航海天文學的發展，由阿拉伯人取得並被猶太人帶入西班牙；在西元13世紀，西班牙的阿方索（Alfonso）十世[158]便讓人繪製了以其名字命名的航海圖表。人們首次知道航海地圖是在西元14世紀。那時，西方在開始海洋航行時遇到一些難題，這些難題的解決暫時僅能靠十分原始的手段。

---

[155] 16世紀初中期熱那亞海軍司令。——譯者注
[156] 古希臘長篇史詩，相傳由盲詩人荷馬所作，是西元前11世紀～西元前9世紀唯一文字史料，包括《伊里亞德》（Iliad）和《奧德賽》（Odyssey）。——譯者注
[157] 古代天文測量的重要儀器，用於定位、確定本地時間和經緯度等。——譯者注
[158] 卡斯蒂利亞王國國王，西元1252－1284年在位；西班牙王國是在卡斯蒂利亞王國的基礎上形成的。——譯者注

第十五章　商品運輸的技術條件

西元 1825 年的「火箭」機車

為觀測天文現象，在南方，可用十字星座來準確定位，在北方，北極星提供了一個頗為穩定的方位。亞美利哥·維斯普奇（Amerigo Vespucci）[159]根據月亮的位置確定經度。用時鐘測定經度的方法16世紀早期就已經引入，而且已經發展到如此完善的程度，使得有可能透過測算鐘錶時間與當地正午時刻的時間差異，來大致測定經度。測量地球緯度的象限儀似乎是在西元1594年被首度使用的。船隻行駛的速度與所有這些條件相適應。在使用帆船以後，其與用槳划動的小船相比，已經發生了非常大的變化。可是在古代，從麥西尼亞（Messenian）[160]到亞歷山大[161]大概要航行八到十天，從直布羅陀到奧斯蒂亞（Ostia）[162]也要航行八到十天。英國人在16、17世紀發展了有效的航海技術以後，比中速輪船落後不太多的帆船出現了，儘管它的航行速度始終仍依賴於風速。

---

[159] 義大利商人、航海家和探險家，美洲便是以其名字命名的。──譯者注
[160] 位於斯巴達西面，在西元前5世紀被斯巴達佔領。──譯者注
[161] 埃及最重要的海港，位於地中海沿岸，是古代歐洲與東方貿易的中心。──譯者注
[162] 羅馬港口，位於臺伯河口。──譯者注

第十六章　運輸業與商業的組織方式

一、外國商人

最初海上貿易到處都與海盜行為結合在一起；起初海盜船、戰船與商船沒什麼差別。並非是因為相反的情況，而是因為戰船的發展與商船漸行漸遠出現了分化；戰船在技術上的發展，帶來了槳手座位的增加以及其他各項革新；考慮到其剩下的用於裝載貨物的空間有限以及鉅額的製造成本，所以已不再適合作為商船使用。在古代，第一批船隻所有者是法老與埃及寺院，因而我們在埃及找不到任何私人擁有的船隻。另一方面，私人船隻是荷馬時期的希臘人與腓尼基人[163]的特點。在希臘人中間，城邦的君主最初不僅擁有商船，還擁有海盜船。不過他阻止不了豪門巨室的發展，這些家族不僅也擁有船隻，而且最後還只容忍他做老大。

使城市在最早的羅馬人中間處於重要地位的一個主要原因是海外貿易。儘管我們不能確切知道它擁有多大規模或者多少噸位的出口貿易；然而，很顯然，羅馬人在這方面的確無法與迦太基人相比。他們隨後轉做純粹的借方貿易或者進口貿易。私人船隻在布匿克戰爭（Punic Wars）[164]以後方始在羅馬出現。然而羅馬的政策具有強烈的大陸特徵，使得對船隻的占有最初被視為與元老院議員身分不相符；在古羅馬共和時期，在銷售個人剩餘產品所必要的船舶以外，還禁止擁有更多的船隻，在進入帝國時期後也還是如此。

---

[163] 歷史上的古老民族，古代最著名的航海家和商人，而且 26 個英文字母來源於腓尼基人的 22 個字母。——譯者注

[164] 西元前 264 – 前 146 年古羅馬共和國與迦太基間的三次戰爭，以迦太基滅亡而告終。——譯者注

第十六章　運輸業與商業的組織方式

西元 1827 年的運河和工廠

　　古代海運是出於怎樣的經濟觀點而組織運作的，我們並不了解。唯一可以確定的是，越來越多的奴隸被用作推動船隻前進的手段。船員均是有技能的手藝人。我們發現在羅馬人與希臘人的船上有舵手、船長以及給槳手以划船節奏的吹長笛者。此外，對船隻所有者與商人之間的關係，我們也不甚了解，最初前者便是商人自己，然而與對外貿易相關的特殊的海上貿易商階層很快便出現了，比如希臘城邦的海上貿易。這種對外貿易規模一定很小，至於大眾需求的貨物其供給一定是建立在集體自給自足的基礎之上，特別是古代大城市的糧食需求。在雅典，船隻所有者有義務將糧食作為返程貨物帶回城邦；而在羅馬，由國家負責船隻與糧食的供給，而且對船隻與糧食的控制一直持續到帝國時期。這一措施儘管確保了海運的和平與安全，而且十分有利於對外貿易的發展，然而卻無法長久。

　　在邊境駐軍的需要使君王的財政需求大為增加，從而強行將一個經理制國家或強制性徭役的國家的組織職能加諸船隻所有者身上。這種需求在越來越大的程度上不是以徵稅的方式，而是以經理制的方式來解決的；國庫透過行會將各種行業組織在一起，從而將國家的勞役負擔加諸它們身上。它們獲得了各自工業部門的壟斷權是對承擔這一職責的回

報。這一制度也導致了經理制海運組織的產生，因此出現了衰退。私人船隊在西元 3 世紀時消失了，與此同時海軍艦隊也消失了，從而使海盜獲得了大發展。

在古代，對貿易方面的法律規定的需求導致了各種做法的產生，而我們對這些做法知之甚少。與海難有關的羅德島[165]的拋物法便是其中之一。它表明若干商人通常共同經營一條船。若是在遇險時不得不把貨物扔進海裡，那麼損失應由各方均攤。另一項制度是海上貿易承擔極高風險的結果，它是從古代流傳下來的中世紀的海運借款契約制度。如果貸款是針對運往海外的貨物發放的，那麼倘若船隻遭受損失，不管放款人還是借款都不指望償還。雙方共同承擔的風險是以這種方式來分配的：債權人得到極高的利息 —— 大概是 30% —— 作為交換，他得擔負全部風險，還給他的款項在遭受部分損失的情況下也隨之減少。從阿提卡（Attica）的原告狄摩西尼（Demosthenes）及其他人的法庭辯護詞中，我們可以發現海運借款致使海上貿易在相當程度上被放款人控制。他們規定了船隻所有者的航行時間、航線和貨物銷售地點。海商對資本家廣泛的依賴性從上述做法中可見一斑，從而，我們做出這樣的推斷：前者資本薄弱，沒有雄厚資金，為分散風險，通常由若干放款人參加對同一條船的貸款。此外，債務人往往派一個奴隸隨貨物一起出海，這是貿易對資本依賴關係的另一種表現。查士丁尼（Justinian）將其視為高利貸而進行取締，在整個古代。海運借款都占統治地位。這個禁令並未產生持久的效果，但卻引起了海運借貸形式的一次變革。

中世紀的情況已模糊不清。船塢歸城市所有，並出租給船舶製造行會，與前資本主義制度相符。與古代相比，海上貿易越發沒有資本主義特徵。常見的經營形式是將有關各方聯合在同一貿易企業中。在整個中

---

[165] 是希臘第四大島，位於愛琴海最東部。—— 譯者注

第十六章　運輸業與商業的組織方式

世紀，由於風險的原因，船舶始終是為若干股東而修建的，幾乎從未有哪條船是為了一個人而出海的；換言之，占統治地位的是合夥人所有制。另一方面，不同合夥人卻同時與幾條船的所有權相關。這與船隻修建一樣，每次出航通常均是一次聯合經營。這類聯合將船員、船主、水手以及商人都包括在內。所有這些人組合在一起，形成一個小團隊，帶貨品出海，而商人並非親自去，經常是派一個代表或代理人，也就是職員。風險共同承擔，損益按章程分配。

與這種風險共擔團體同時存在的是資本家的海運放款。因為用貸款購進貨物對他們有利，而且可以把風險轉移給放貸者，所以中世紀的商旅寧可選擇後一種做法。根據比薩的海商法，利率圍繞35%這一水準上下波動，卻因風險程度的差異而不同。最初風險共擔團體中的所有商人都自己帶貨品出海，參加者是沿街叫賣自己貨物的小商販。這個習俗逐漸衰落，委託制代替了它，明顯同時出現的是這種海上合夥。

卡孟達（commenda）制可見之於阿拉伯、巴比倫以及義大利的法律，而且可以在漢撒同盟（Hanseatic League）[166]法律中找到其修正形式。這種合作方式的本質是：在同一組織內部存在一種留在國內港口，另一種帶貨品出航的兩種類型的合夥人。這種關係最初僅是為了個人的方便，從若干商人中依次選出一些人去銷售他人的商品。後來成為一種資本投資方法。一部分職業商人是那些提供資金的人，而另一部分，特別是在南方，則是貨幣資本家，就像想用他們的剩餘財富在貿易中賺取利潤的貴族一樣。組織根據這一計劃進行，也就是將資金或者以貨幣估價的商品交給出航的合夥人；這類投資形成了商業資本，卡孟達是其專業術語稱呼。商品在海外銷售，用所收貨款購進其他商品，待回到本國港口時再行估值和銷售。

---

[166]　形成於13世紀的北歐諸城市的商業、政治聯盟，主要由德意志北部城市組成。——譯者注

第三篇　前資本主義時代的商業與交換

收益分配方式如下：如果全部資金由留在國內的合夥人提供，便可分得 3/4；然而若是這項投資是由他與行商共同提供的——一般以 2/3 對 1/3 的比例——各自分得一半。此項業務的特徵是第一次應用了資本主義會計制度，將終止經營時的資本與開始經營時的資本進行比較，得出盈餘，進而將其作為收益進行分配。然而，在形式上，卻不存在任何持續經營的資本主義企業，只存在跑單幫行為，每次跑完一次，帳目便隨即結清。在中世紀，這種做法始終在海上貿易中占統治地位，在開始了向持續經營的資本主義企業的過渡以後，它仍舊保留了跑單幫的結算形式。

以現代的標準來衡量，中世紀的貿易額是極小的。只不過是小商小販在經營少量商品。西元 1277 年，英國出口的羊毛總計 60,000 英擔。250 名商人共同完成這個出口量，因此一年一人 240 英擔。在西元 12 世紀，熱那亞每份卡孟達的平均投資額大概是 250 美元，或 50 英鎊。在西元 14 世紀，在漢撒同盟的範圍內，禁止占有一份以上的卡孟達，數量亦不得超出以上給出的資料。英國與漢撒同盟的貿易總額，即使在最興盛的時期，也仍然少於 4,000 美元或 800 英鎊。可以在海關登記簿中找到關於累爾 (leer) 的情況；西元 1369 年，有 178 名商人與離開港口的 12 條船存在關聯，平均每人大約 400 美元。在威尼斯，所裝載貨物能達到 1,500 美元的船舶頗具代表性，而在 14 世紀，漢撒同盟的典型船隻運載的貨物可達 1,250 美元。在 15 世紀，每年有 32 條船駛入累爾港；呂北克 (Lübeck) 是漢撒同盟最重要的港口，1368 年有 430 條船駛入呂北克港——同時有 870 條船駛離港口。這是一群自己出航或者請人代其出航的小資本家商人，這個事實解釋了商人結伴同行的原因。

因為海盜橫行，出海時間單獨一條船是無法自行決定的。船隻自發組成商隊，由武裝船護送或自行武裝。在熱那亞，每年僅有一個船隊前往東方，威尼斯有兩支。地中海的船隊平均每次的航行時間從半年至一

年不等。船隊的航程致使資金周轉極為緩慢。

即便這樣，商業作為收入泉源的重要性仍不可小覷。西元1368年，波羅的海所有港口的貿易額，以白銀計算，加在一起將近400萬美元，相當於英國稅收總額的三倍。

在陸路貿易中，由於危險僅來自於劫匪，而不受自然災害的影響，所以風險相對較小；但需承擔鉅額開支。與風險有限相對應的是合夥組織的缺失，也沒有與海運信貸相似的任何陸路貸款。曾有人試圖建立這類制度，然而卻被古羅馬元老院視為惡名遠播的高利貸而插手干預。

在陸路貿易中，商人自帶貨物出發已成通例。直至西元13世紀，運輸條件才足夠安全，使商人從自帶貨物的慣例中解放出來，由買辦代其負責，這是貨主與代銷人之間的既定關係的前提。陸路貿易的發展遇到了技術難題，這是因為道路狀況的緣故。曾經人們大談特談的對象是羅馬的道路，然而道路狀況卻遠非理想。由於道路附近的客棧都對旅行者漫天要價，因此老加圖（Cato）與瓦羅（Varro）提醒大家不要前往任何一家客棧投宿；並且由於賤民時常出現，亦有歹徒，因此勸告大家切勿通行。在羅馬軍隊征服的外族地區，羅馬道路也可能用於商業用途，不過它們主要不是出於商業目的而修建的，道路平直的路線並未考慮到商業需要。另外，在古羅馬時期，僅當對首都的供給或者在軍事和政治上頗具重要性時，才會對道路進行保護。政府讓農民擔負道路的養護的職責，作為回報，這些農民會被免除納稅義務。

在中世紀，從財政角度看，封建領主在經商路線的養護上有利益關係。他們用養路工——擔負路橋維修義務的農民，這是我們知道的封建組織裡最沉重的負擔——來維護，而且以收取過路（橋）費作為回報。就道路的合理規劃，領主之間並未達成任何協定；他們在進行道路勘察時只考慮怎樣確保以課徵賦稅以及收取過路費的方式收回成本。最早出

第三篇　前資本主義時代的商業與交換

現系統性的修路計劃是在倫巴底聯盟（Lombard League）[167]時期的倫巴底亞（Lombardy）。

船運貿易

在中世紀，陸路貿易量甚至遠小於海運貿易量，這是因為上述事實的緣故。一直到16世紀，某商業大家族的代理人曾為購進16包棉花從奧格斯堡（Augsburg）趕往威尼斯。曾有人計算過，在中世紀晚期，每年經過聖哥達隘口（Gotthard Pass）的貨物僅可裝滿一列到一列半運貨火車。考慮到貿易量稀少，若要覆蓋捐稅支出以及旅途中的生活開支，利潤必須相當得高。鑒於道路狀況，途中花費的時間也很長。即使在陸地上，出行時間商人也無法自由決定。道路的不安全使得商人有必要找護衛隊同行，而護衛隊得等到相當數量的旅行商聚到一起才會出發。

所以，正如海運貿易那樣，陸路貿易也得受商隊制度的約束。這是一種原始現象，可見之於古代，也可見之於中世紀。在古代的東方，存在政府指派的商隊領袖。這些人在中世紀是城市派出的。直至14、

[167]　義大利北部的城市聯盟，形成於12世紀。──譯者注

第十六章　運輸業與商業的組織方式

15世紀的和平時期，在出行安全有了一定的保障之後，人們才開始獨自上路。在技術上，這是透過馱隊形式的陸地運輸組織實現的。這種馱隊制度從封建做法中發展而來，還是寺院領頭。領主的馱畜、馬匹以及運貨車等任由民眾租用。運貨車由擔負這一責任的某些農民保有地的所有者依次供應。一個職業階級逐漸代替封建組織，不過有系統的行業只是在城市承接了這類生意以後才得以發展的。在城市，馱隊工人自己組織了一個行會，並由選出的轉運者用嚴格的紀律約束工人，轉運者與商人進行交涉，並將車輛在行會會員中間分配。馱隊領袖的職責獲得普遍承認。

在內河航運方面，出現了各種不同的組織形式。對采邑或寺院的木排與船舶的使用，常常建立在領主強制他人使用的獨占權的基礎之上，因而領主實際上壟斷了貨物運輸。然而，一般而言，他們並非自己利用壟斷權，而是轉給運輸工人聯盟。所以這壟斷權歸於這一高度專業化的聯盟，而領主則喪失了此項權利。此外，早些時候，在城市發展之後，便出現了正式自由河執行會，這種行會往往實行輪流工作制度。它們用自己的小船運輸商品，並按照行會的嚴格規定分配獲利機會。此外，也出現了城市團體控制河運組織的情況。在伊澤爾河，密騰瓦德（Mittenwald）的市民便壟斷了木排運輸，市民擁有依次運送貨物的權利。從處於地勢較高地區的農業機構那裡將沉重的物品放在木排上使之沿河順流而下，而將貴重物品拖回地勢較高的地區。最後，產生了從事河運的排外性團體，這是從采邑或行會組織發展而來——舉例而言，從前者發展而來了薩爾察赫河（Salzach River）與因河（Inn River）上的河運團體。最初薩爾茨堡（Salzburg）的大主教將其視為一種封地權利而掌握了河運壟斷權，接著出現了一個自發組成的河運商隊的船隻經營者聯盟。這一團體擁有船隻並僱傭了運輸工人，還從大主教那裡接管了對河運的壟斷

權。在 15 世紀,他又購回了這一壟斷權,而且將其當作一種封地的權利而出租。在穆爾格河(Murg River),河運同樣要依靠一個由森林河運工人組成的行業團體,這種團體產生於對木材的壟斷,因此歸林地所有者擁有。黑林山(Black Forest)[168]木材的大量供給致使穆爾格河上的河運組織得以將其經營區域擴大至萊茵河,於是開始分為萊茵河組織和森林組織。最後,這個組織開始從事外國商品的運輸,這是出於增加貨運收入的考慮。上萊茵河的內河運輸組織與奧地利多瑙河的內河運輸組織都是從行會發展而來,因此河運經由落入工人團體手中,這類似於採礦業團體狀況的路徑。

這些關係在商人當中引起了需求,尋求個人的保護便是第一個。這種保護的提供偶爾呈現出祭司制的特徵,使外國商旅受神靈或族長的保護。另一種形式就像中世紀的上義大利那樣——與地方政治勢力簽訂安全經營協定。義大利的居民後來使得威脅貿易的騎士搬進城內,這是透過占領騎士的防禦地點完成的,而且在某種程度上,他們自己也接管了對商旅的保護之責。經商稅曾經是住在路邊的那些人的主要收入來源,例如瑞士。

尋求法律保護是商業活動的第二大需求。商人是外來者,無法擁有與民族或部落成員相同的法律機會,因此需要特殊的法律安排。實現這一目的的制度是報復。例如,若是比薩或熱那亞的債務人無力或不想償還在佛羅倫斯或法蘭克福的負債,便會使他的同胞承受壓力。這是不公平的,從長遠來看也是不能忍受的,因而最古老的貿易協定便是為了防止發生這類報復而簽訂的。因商人對法律保護的需要而出現的各種制度便起始於這類原始的報復規則。由於商旅無法作為外國人出現在法庭

---

[168] 德國名山,因山上森林茂密而得名黑森林,位於巴登-符騰堡州的西邊。——譯者注

第十六章　運輸業與商業的組織方式

上，他得有一個代他出席法庭的保護人；因此古代產生了由本國公民充當外國商旅保護人的現象，這顯示了彼此的友誼以及對利益的維護。中世紀的抵押法與之類似，外國商旅獲准並且必須處於某位公民的保護之下，他不得不將貨物寄存在保護人那裡，而保護人則有義務代表社會保管這些財物。

當商人公會因商人數量的增加而得以成立時，與這些做法形成對比它已經是重大的進步。商人公會最初是在遙遠的城市從事貿易活動的外國商旅的行會，是為了相互保護而組織起來的。不用說，該組織的成立的前提是以獲得城市統治者的准許。在國外成立的商人組織經常是與專門的商人定居點的建立連繫在一起的，這使得商人不再需要立刻銷售其商品了。為實現這一目的，世界各地都建了陸路貿易的商隊旅店和中世紀的海運貿易代理處——商棧、倉庫以及門市部。在這方面存在兩種方法可以選擇。首先，門市部可能是外國商人為了自己的利益設立的，因為他們的經商活動使其無法離開定居地。在這種情況下，他們變成了獨立經營的主體，並選出自己的管理者，舉例而言，就像設在倫敦的德國商人公會的商人。另一方面，這類機構也可能是國內商人為外國人設立的，控制市場的准入並管束他們的行為。設在威尼斯的德國商棧便是這樣的例子。

最後，固定交易時間的確立變得不可避免了；買方與賣方必須能找到彼此。固定市場滿足了這種需要，而且導致了市場特許權的出現。憑藉從王公那裡獲得的特許權，四處建立外國商人的市場——在印度、埃及以及古代與中世紀的歐洲。這類特許權一方面是為實現財政目標，另一方面是為了滿足授予特許權的當局的需要；而王公則想從市場的貿易活動中獲得利潤。因此運輸規定就像設立市場法庭那樣，往往與市場特許權相連繫，一部分是為了保護無法出現於國內正式法庭的外國商人

的利益，另一部分是為了王公從訴訟費中提成。此外，也規定稱重、測量、鑄幣以及貿易的時間與方式。作為對這類服務的回報，王公可以徵收市場管理費。

最初授予特許權的當局與參加市場的商人之間的關係中，還發展出了其他一些制度。商人需要大片場地以檢驗、稱重以及存放自己的貨物。強制商人使用王公的起重機的獨占權便是一個早期發展，它以課稅的方式強加給商人。而財政利益主要透過強制性的租金來實現。此外，也必須對交易量進行稽查，因為它是商人繳納稅費的依據。於是西方從東方借鑑來的一種經紀人（或者叫中間人）制度。除了這些規定以外，還存在強制性經商路線的規定。由於王公必須確保商人的安全，因此商人必須取道王公的道路。最後，也存在必須進入市場的強制性規定，為便於管理，要求外國商人的貿易活動必須在市場或棧房公開進行。

二、坐商

只要外國商人占主導地位，上述情況便不僅適用於中世紀初期，還適用於阿拉伯和世界一般貿易。在坐商階層發展起來以後，情況便大為不同了。

坐商現象作為典型而言是城市發展的產物，儘管從前在城堡附近的市場上肯定也出現了坐商。坐商的專門稱呼是 mercator。在中世紀，這個專門名詞被認為是指在城市裡獲得了定居特權的商人，無論他是銷售外國人的產品還是銷售自己的產品。在一些法律資料中，這個專門名詞與現代商法中的商人是同義詞，mercator 是指為獲利而從事買賣行為的人。不過不能視這種專門出現於萊茵河流域的文獻的用法為中世紀的普遍用法。mercator 在中世紀城市的人口結構中是指拿一些物品到市場上去賣的人，包括工匠與職業商人，並非指批發商。

第十六章　運輸業與商業的組織方式

城市的職業商人階層以如下方式發展而來。坐商一開始是行商。他定期去外地銷售或者購進商品，是已有固定住處的沿街販賣者。下一個階段是讓傭人、僱工或合夥人代他去外地；從一種做法演變為另一種做法。在第三個階段，形成了代理處制度。商人資金實力的增長使其在外地有了獨立的定居地，在那裡最少僱了幾個員工，因此確立了地區間往來的制度。最後，坐商在居住地只用信件處理外地業務，完全固定了下來。直至中世紀晚期，這才成為可能，這是由於從前地區之間沒有足夠的法律保障。

貿易在中世紀的重心是零售。即便從外地（比如從東方採購貨物的商人，也都是將注意力集中於直接出售給消費者上面。與批發業相比，零售風險更低，通常收益更高，收益更為穩定可靠，因此在一定程度上，這種生意具有壟斷特徵。就連漢撒商人也主要強調對外國零售業的控制，力圖在瑞典、俄國、挪威以及英國的零售業排除競爭，並非現在意義上的商人。在英國，就連伊麗莎白（Elizabeth）女王於 16 世紀授予特權的商業冒險家也實行這種政策。在中世紀初期，嚴格意義上的批發商人可能根本不存在，一直到中世紀晚期，在歐洲南部的大型商業中心，人數才有了少量的、緩慢的增加；而在歐洲北部，這種商人仍舊是特例[169]。

坐商階層不得不與其他團體鬥爭[170]。有一系列的這種鬥爭都是對外的，例如為維持在城市市場中的壟斷地位而進行的鬥爭。非坐商的部落或氏族貿易，特別是和非坐商的外商貿易，以及部落工業相關的遠途貿易都在爭奪這種壟斷權。與猶太人的衝突便產生於打壓這類競爭的圖謀。在中世紀初期，在德國對猶太人的敵意並未發現。施派耶爾的主教

---

[169] 參見貝洛（G. von Below）的論文：《德國中世紀的批發商和零售商》，《關於民族經濟發展的理論》，《中世紀城市經濟的發展》——載於《經濟史問題》，圖賓根，1917 年版。
[170] 關於中世紀英國的商業組織，李普遜參見（E. Lipson）：《英國經濟史導論》，第 1 卷，倫敦，1915 年版；另參見格蘭斯（N. S. B. Grans）：《自十二至十五世紀英國穀物市場的發展》，坎布里奇（麻塞諸塞州），1915 年版，以及這些著作的參考文獻目。

甚至曾在西元 11 世紀邀請猶太人參觀這座井然有序的城市，據他敘述，這是為提高城市的知名度。受信仰之戰及猶太人競爭的雙重影響，首次遍及歐洲各地的反猶浪潮發生在十字軍時期，儘管即使是在古代我們也發現了反猶運動。塔西佗（Tacitus）就像羅馬人將所有東方的狂熱均譏諷為無聊一樣譴責猶太人迷信。民族商業階層發展的表現就是這種反猶太人及其他外國人（高加索人、倫巴底人以及敘利亞人）的鬥爭。

坐商同居住在農村的商人也發生了鬥爭。這場鬥爭在 15 世紀以城市商人的徹底勝利而結束；舉例而言，巴伐利亞的富翁路易士（Louis）公爵，因他為方便控制而強迫其境內的鄉村商人搬入城市而頗感自豪。他與其他零售商人也發生了鬥爭，而鬥爭的形式各種都有。在某種程度上，城市商人規定了這樣的必要條件，也就是外國商人只能在某些日期銷售其商品。禁止把商品直接賣給消費者，為了方便控制，也禁止彼此之間的所有貿易活動，最後強制性處理他們；也就是說，要求他們在指定時間、地點把當時帶到那個地方的所有商品賣給當地商人或消費者。

坐商成功地加強了對外國商人的進一步控制。他們強加給外國商人在住宿上的強制性規定，即外國商人有義務與監視他們活動的指定市民住在一起。他們還設立了公共倉庫，強制商人使用，這是因為擔心引起主客間發生違禁貿易的危險。這兩種做法有時 —— 儘管並非總是 —— 會同時使用，設在威尼斯的德國商棧便是如此。德國商人都必須在商棧居住，所有商品也都得存放在那裡。商棧差不多沒有任何自治的權力；那裡的員工均是城市強加給德國商人的，城市自己則透過經紀人控制他們。強制性的經紀人制度是所有這些措施中最有效的，阻止了當地人與外國人間的所有貿易活動。經紀人制度的出現是因為城市力求控制外國人的每筆生意的圖謀以及坐商貿易的壟斷趨勢。經紀人不得以自己的名義加入任何合作關係或者處理任何生意；他的法定收入來自於他所監管的業務的收費。

第十六章　運輸業與商業的組織方式

商人階層爭奪的第二大對象與內部的機會平等有關。受同一個團體保護的成員當中，一名成員不能比其他成員有更好的機會，這一原則特別適用於零售業。這個目的是透過預售禁令和機會均享實現的。這些規定的頭一條便是禁止商人在將商品運進城之前銷售。另一方面，若是一位商人有雄厚的資本實力，所購進的貨物多於別人，那均分機會權便發揮作用了。根據規定，團體內的任何成員均能要求以實際成本價轉讓給他一部分商品。這個規定只有在零售的情況下方可接受；至於批發貿易，若是影響到從遠處運來的貨物，便無須遵循這一規定，以使其發展不受阻礙。因此，在批發業成功獲得更大自由時，一場激烈的鬥爭便開始了。

坐商階層必須以鬥爭方式解決的第三種衝突與經營範圍有關。這涉及對城市機會最大限度的利用。於是引起了有關街道限制及強制市場的鬥爭，即強行要求所有商人使用指定地區的指定街道，在指定地方或口岸銷售商品的權利。這些規定一開始有利於貿易發展；若是沒有因這些規定而產生的與特定地點及街道有關的壟斷，就不可能滿足技術要求並支付港口與街道發展所必需的支出，因為當時貿易量稀少。然而這並未改變這個事實，也就是，對獲得了壟斷地位的人，純粹的財政上的考慮支配著一切，特別是對城市領主及王公而言。各位土地領主為爭奪對市場與街道的權利，不惜發動戰爭。特別是在 14、15 世紀，發生在德國的鬥爭非常激烈。鬥爭的目標和資源都是市場與街道的權利。一旦權利歸屬於某個地方，這個地方的領主便會以堵塞和封鎖街道的方式及政治手段造成嚴重損害。類似事件充斥著中世紀後期幾個世紀的英法關係史。

最後是坐商階層與消費者的利益相衝突；而且有些商人的利益來自當地市場，而另有一些商人的利益來自遠途貿易，於是坐商階層內部出現了分化。消費者想盡可能直接從外國商人那裡購買商品，可這卻與絕大多數當地商人的利益背道而馳；而從零售商的角度來說，則希望管制

市場，並同時保持貨源充足。最終證明兩者不可兼得。隨著對上述事實的認知，商業團體內部與此相反的利益和批發業的利益便開始出現了分裂，而零售商的利益卻開始與消費者的利益統一起來。

三、集市貿易

外國商人與坐商的日常活動均是針對消費者的。與之相反，商人與商人之間第一種形式的貿易可在集市上找到。集市自中世紀有純粹地方利益的零售商占主導地位以來，便作為地區間貿易組織的最重要形式發展起來。其特徵是：首先，來到集市的不僅有當地人，而且有專程趕來的外地商旅；其次，貿易活動只交易現貨。第二點使之與現在的貿易分離開來，在現今的交易活動中，尚未運到，而且常常尚未生產出來的商品均可作為交易對象。

可用香檳集市舉例說明典型的集市。在四個主要城市中共有六個香檳集市舉行，每個集市持續 50 天，集市的籌備與開放以及交易款項的支付等均包括在內，因而除節假日外，六個集市貫穿全年。集市是領主組織的，而且有一個集市法庭，法庭由一名市民與一名騎士（考慮到安全經營）構成。這種集市在西元 1174 年被首次提及，並於西元 13、14 世紀發展到巔峰。它們對來到集市的人進行監督並對其擁有財政權，而且以逐出集市為最大處罰。這些措施也被其他權力機構採行，尤其是教會；為將冒犯者逐出集市，往往因政治或財政理由而以逐出教會相威脅，整個群體都遭遇了這種命運。香檳集市的商業重要性來自於這個事實：它處於兩者之間，一方是英國羊毛產區以及法蘭德斯的羊毛加工區，而另一方則是義大利──東方貨物的大進口國。因此，在交易的貨物中占第一位的是羊毛以及羊毛製品，占據首位的是廉價衣料。為換得這類貨物，南方帶來了價值高昂的商品，例如精心鞣製的香料、羊皮、白礬、染料、樟腦、用來鑲嵌家具的上好木料、藏紅花、蠟、樹膠以及蕾

絲——南方與東方產品的混合物。衣料是所有香檳集市中最重要的，有最大規模的營業額。世界上的各種鑄幣全都彙集於此。因此香檳集市可以說是貨幣兌換業的起源地，而且是債務清算，特別是教會債務清算的經典場地。世俗中的位高權重之人，若是不還債，他所在的地方的商人實際上是不能拿他怎麼樣的。高級教士的情況與之截然不同。若是食言，定會被上級主教逐出教會。教會高級階層信用的可靠性因而得以確立，展現在如下事實：相當一部分匯票都是開給高級教士的，最晚在總結算開始前的四天內兌付，如若違約，則逐出教會。這個規定是為了確保商人有用於集市生意的現款；不過由教會強制執行的高級教士的義務，相當於增加了對高級教士匯款的安全性，匯款以教會的處罰為擔保，因而緩和了對現款的需求。

集市貿易

在此期間的任何其他集市都未曾獲得如此重大的意義。德國曾試圖在法蘭克福設立集市，也確實得以逐漸發展，不過從未達到過香檳集市和里昂集市的規模。在歐洲東部，漢撒商人同俄羅斯的皮貨商和農民生產者的交易地點是諾夫哥羅德（Novgorod）——後來的下諾夫哥羅德。在英國，儘管存在很多城鎮市集，卻沒有哪個可以比得上香檳集市。

第三篇　前資本主義時代的商業與交換

第十七章　商業企業的各種形式

　　在整個經濟生活中，合理的商業最後成了占統治地位的經濟領域，在商業領域，數量計算首次出現了。精確計算的必要性最早出現於公司所從事的生意。在一開始，商業周轉這樣緩慢，而利潤卻又這樣豐厚，使得進行精確計算是無關緊要的。商品的進價依慣例確定，商人將其努力都花在盡可能多購進即將售出的商品上。當由團體從事貿易活動時，為了核算帳目，必然得有精確的簿記。

　　計算的技術方法在接近現代社會早期時仍舊原始。我們的數字系統，還有位值記數法是印度人發明的，後來這種計數法被介紹給了阿拉伯人，此後或許由猶太人傳到歐洲。直至十字軍時期，它還尚未真正普遍作為計數法使用；然而若沒有數字系統，便無法制定合理的計畫。所有使用像古代和中國的那種文字記數體系的民族，都不得不另外使用一些機械幫助計算。從古代直至中世紀末期，阿拉伯位值記數法已長時間為人們熟知後，而用於這一目的的計算工具或算盤則仍在使用。當位值記數法傳到歐洲時，它最初被視為一種在競爭中獲得不道德利益的卑劣手段，因為它有利於對這種計數法不屑一顧的正直商人的競爭者。因此最初是力圖透過頒布禁令對其進行排斥，即使當時高度發達的紡織行會也曾一度拒絕使用這種方法。然而很難用算盤計算除法，而且被列為神祕難懂之事；從當時的佛羅倫斯的留傳至今的運算，其錯誤程度高達 3/4 或 4/5。因為厭惡，在計算中已實際使用阿拉伯數字以後，還是用羅馬數字登記在帳簿上。直至 15、16 世紀，位值記數法仍然在為獲得正式認可而努力。

第十七章　商業企業的各種形式

可供商人使用的第一本計算方面的書籍源自 15 世紀，儘管更古老的文獻可追根溯源至西元 13 世紀，可卻非大眾化書籍。西方的簿記建立在通曉位值計數法的基礎上；以前從未在世界上出現過與之相似的東西，在古代僅能發現一些端倪。只有西方是使用貨幣進行計算的，在東方一直通行的卻是實物計算。

的確，在古代，銀行業（羅馬的銀行家、希臘的匯兌商）便有了簿記。然而卻沒有打算將其用作與收入相關的管理手段，登帳僅具記錄性質。真正的簿記最早在中世紀的義大利產生，最晚到 16 世紀，德國的職員仍被派往威尼斯學習。

以貿易組合為基礎的簿記發展了起來[171]。家庭在每個地方都是贊成連續貿易活動的最古老單位，例如在巴比倫、中國和印度以及中世紀初期。商人家庭的兒子是可信任的職員，後來又變成父親的合夥人。因此家庭世代都發揮著資本家與放貸者的作用，西元前 6 世紀巴比倫的伊吉比（Igibi）家便是如此。的確，在這種情況下，買賣對象不像現在這樣廣泛而複雜，而是十分簡單的。應引起注意的是，儘管起碼在印度，位值計數法是眾所周知的，我們也無法從巴比倫或印度的商人家庭那裡對簿記了解更多。其中原因明顯是，貿易團體就像普遍發生於東方和中國的情形那樣仍然是封閉家庭的事務，因而沒有必要記帳。擴展至家庭成員之外的貿易團體最早在西方成為普遍現象。

團體組織的最早形式具有偶發性特徵，也就是前文論及的卡孟達。連續參加這類冒險活動便會逐漸走向持續經營的企業。儘管歐洲南部同歐洲北部存在性質上的差異，這種演變實際上還是發生了。卡孟達的承包人在南部往往是行商，他們無法進行控制，這是由於長時間住在東方。從而他變成了企業家，接受各方委託，多達 10 或 20 個委託人，再

---

[171]　馬克斯·韋伯（Max Weber）：《中世紀貿易公司史》，司徒加特，1889 年版。

分別對各委託人結算帳目。北部的情況與之形成對比，留在本國的合夥人依舊是企業家，與很多接受委託的行商合夥人發生業務關係。而行商則依舊被禁止接受多於一人的委託，這致使他依賴於定居的合夥人，而定居合夥人又因而演變成了管理人員。其中原因在於南北商業的差異。在南部，由於旅行深入東方，因而明顯要冒更大的風險。

永久性工業企業隨著卡孟達組織的普及得到了發展。首先，因為每次冒險之後，就得清算一次帳目，即使在委託關係只與家中的一個成員有關時，也得這樣；從而會計制度因與家庭外部商人的業務連繫而滲透進家庭範圍內。在義大利，這種發展比在德國更為迅速，南部再次領先於北部。一直到 16 世紀，富格爾（Fugger）家儘管確實已准許外來資本進入家族事業，可仍不太情願（而韋爾澤（Welser）家族在這方面則更為豁達些）。與之形成對比，外來者與家族企業的連繫在義大利有了快速發展。最初家庭與企業是沒有分開的。以中世紀的貨幣結算為基礎，家庭與企業的分離逐漸確立下來，而在印度和中國，正如我們所看到的，它仍然不為人知。佛羅倫斯商業大家族像麥地奇家族（Medici）[172]那樣，家庭開支與資本交易均不加差別地記入帳簿；帳目的結清起初僅與外部的卡孟達業務有關，而在家庭內部，則仍舊亂成一鍋粥。

在家庭與企業帳目的分開核算上，從而在早期資本主義制度的發展中，主要動力是貸款需求。只要是僅以現金進行交易，這種分開核算便仍處於暫時擱置狀態；然而交易結算一旦長時間推遲，信用擔保問題便產生了。為提供這種擔保，人們使用了各種手段。首先便是透過維持家庭團體——甚至是血統疏遠的遠房親族，來維護家族各分支的財富；舉例而言，佛羅倫斯商業大家族的豪華住宅便由此而來。與之結合在一起的是，居住在一起的人們的連帶責任制；家庭團體的每名成員均對任何

---

[172] 13～17 世紀義大利佛羅倫斯著名家族。——譯者注

其他成員的債務負有責任。

這種連帶責任明顯起源於傳統的刑事責任；若犯叛國罪，全家人都要受株連，甚至全族人都被當作疑犯而處死。民法無疑承襲了連帶責任觀念。隨著外部資本與外來者為經營貿易而滲入家族生意，這種觀念又時常得以興起。這種觀念使得有必要對供個人使用由個人處置的資源以及對外事務中代表家族的權力進行協商分配。從事情的性質來說，儘管家長對家庭進行了全方位管束，可沒有哪個地方的連帶責任制發展到了西方商法那樣的程度。在義大利，連帶責任制起源於家庭公社，在其各個發展階段上，人們有共同的住處和共同的作坊，最後還有共同的商號。在北方則不然，大型家庭團體在這裡仍不為人知。在這裡，信貸條件的滿足是透過商業冒險的所有參加者一起簽訂明確責任的文書來實現的。每位參加者都對群體負責，並通常承擔無限責任；儘管反過來，群體並不為個人負責。最後，每位參加者均為群體中的所有其他人負責的原則得以確立，即使並未簽訂任何文書。在英國，相同的效果是以共同擔保或委託權的方式實現的。義大利自西元 13 世紀起，北方自西元 14 世紀起，集體的每位成員對集體債務所承擔的連帶責任完全確立下來。

在發展的最後一個階段，經商機構的財產與合夥人私人財產的分離被確立為獲得信譽的最有效手段，而且該手段比所有其他手段都更持久。這種分離可在 14 世紀早期的佛羅倫斯找到，同一世紀的北方也能發現。因為非家庭成員越來越多地加入貿易機構，這一步便無法避免了；另外，當家庭屢屢使用外部資本時，這種分離在家庭內部也不可避免了。家庭支出與個人支出均與企業支出——即撥給企業的那筆指定貨幣資金——分離開來。資本的概念便從我們發現的被稱為公司法人的財產中演變而來。

具體而言，發展過程各式各樣。在南方，這種分離在大型家族商行

得到了發展，不只在義大利，在德國也是這樣，就像富格爾（Fugger）家族與韋爾澤（Welser）家族一樣。而在北方，則是透過小家庭和小商人協會實現發展的。決定性的事實是，大規模貨幣交易的中心與政治上的貨幣勢力均位處南方，大多數與東方的生意往來以及礦產品貿易也位處南方，而北方則依舊是小資本主義的所在地。因此，兩個地區所發展出的組織形式完全不同。在南方，卡孟達是貿易商號的類型，一個合夥人進行業務經營，並由個人承擔責任；而其他合夥人則以提供資金並分享收益的方式參與進來。這種發展產生於以下事實：在南方，典型的承包人是接受委託的行商，一旦他擁有固定住所，這住所便成了以卡孟達形式存在的永久性企業的中心。而在北方，則正好相反。漢撒同盟區域的資料起先給人這樣的印象：不存在永久性企業，貿易分為一些交錯複雜的個人交易與純偶然性的冒險活動。實際上，這些個別的冒險活動便是永久性企業，只不過由於義大利的複式記帳法當時尚未傳入，故而分別核算。

企業組織形式有經理制與委託制。在經理制情況下，出行的合夥人因賣出商品而獲得一份銷售提成；而在委託制情況下，其所分得的商業利益並非來自對業務的參與，而是來自於他所投入的一份資本。

第十八章　商人行會[173]

商人行會遍布整個世界，並非德國所特有的制度，儘管在古代沒有確鑿無疑的記錄，它在古代也並未發揮政治作用。行會在形式上要麼是為免受本地商人的傷害而尋求法律保護的外國商人的組織，或者是本國商人的組織。在後一種情況下，它從部落工商業發展而來，就跟中國的情況一樣。此外，兩種形式混合在一起的情況也有。

比方說，在西方，最初在某些特定地區，我們僅發現了外國人的行會；比如西元 14 世紀設在倫敦的德國商業行會，該行會建立了一個被稱為「桿秤」的倉庫。商人公會具有地區間特徵，在德國、英國以及法國都能見到這個稱呼，不過其具體發展過程卻各有不同。嚴格說來，只是那些在許多城市都可發現的商人公會伯爵與商人公會存在緊密連繫。雖然商人公會伯爵不是政治當局設立的，但由政治當局授予特許權的官員，負責向他所代表的經營地區間貿易的商人提供法律保護，可卻從不介入貿易本身。

行會的第二種類型由以壟斷某地區的貿易為目標的本地商人組成，例如中國上海的茶商行會。另一個例子是廣州的公行，直至西元 1842 年簽訂《南京條約》時，作為一種壟斷力量，整個對外商業往來被 13 個商號控制著。中國行會實行價格規範和債務擔保，而且握有向其成員徵稅的權力。它的刑事權力是嚴峻的，如果行會成員違反規章，便私設公堂

---

[173] 一般參考文獻 —— 格羅斯（Chas. Gross）：《行會商人》，共兩卷，牛津，1890 年版；李普遜（E. Lipson）：《英國經濟史導論》，第 1 卷，倫敦，1915 年版；另參見格蘭斯（N. S. B. Grans）：《自十二至十五世紀英國穀物市場的發展》，坎布里奇（麻塞諸塞州），1915 年版；莫爾斯（H. B. Morse）：《中國的行會》，倫敦，1909 年版。—— 關於印度，參見韋伯：《宗教社會學論文集》，第 2 卷，第 84 頁，和該書所引用的霍普金斯（W. Hopkins）的著作。—— 林格爾巴克（W. E. Lingelbach）：《英國的商人冒險家》，費城，1912 年版。

第三篇　前資本主義時代的商業與交換

進行處置；即使在 19 世紀，也仍發生過因違反學徒的最大限量而遭受刑罰的情況。在國內商業中，中國有像牛莊的錢業公會一樣的銀錢業聯合會以及商業行會。在中國貨幣制度的發展中，行會發揮重要作用。元朝貨幣制度的崩潰，這是因為皇帝採取了貨幣貶值措施。隨後的紙幣制度引起了銀條在批發業中的使用，並由行會負責銀條的鑄造。行會從而成了貨幣政策中心，並控制了對重量與成色的測定，還專擅刑事審判權。

在印度，西元前 6 世紀到 4 世紀的佛教時期，行會出現，而且自西元 3 世紀起實現了最大的發展。行會是有世襲管理者的世代相傳的商人組織。當行會變成很多王公競相爭奪的放債人時，它們的發展到達了最高峰；在一定程度上被佛教推入幕後的種姓制度的再度興起導致行會的衰敗；印度王公的政策在中世紀之後再次占據統治地位。因此形成了拉馬尼種姓，這個種姓出現於 16 世紀，他們種植莊稼或做食鹽生意並向軍隊提供給養，而且可能是現在的吠舍[174]或商人種姓的來源之一。在印度，我們還能發現因宗教信仰的不同而導致的貿易形式的分化。耆那教[175]只在固定地點經商，這是出於儀式上的考慮；而建立在信用基礎之上的批發業與遠途貿易則被祆教[176]徒完全控制，祆教徒不受儀式上的管束，而且因誠實負責而著名。最後，吠舍種姓從事零售生意，而且與所有從倫理角度看謀取低俗利益的業務相關。因此它的成員從事放款、經營包稅等業務。

在西方，政治當局控制著對貨幣鑄造以及度量衡的管理，它要麼將其交給政治代理機構，要麼自己行使這項權力，可從來沒有將其授予行會，這與中國不一樣。西方行會的重大權力均以依靠政治特權為基礎。應首先注意的是城市行會。這種行會在城市中占舉足輕重的地位，它是

---

[174] 在印度四大種姓中處於第三等級，指農民、手工業者和商人等普通勞動者。—— 譯者注
[175] 起源於古印度的古老宗教，教徒主要從事商業、工業，而不從事與屠宰有關的職業。—— 譯者注
[176] 基督教出現前中東最具影響的宗教，認為善與惡不斷鬥爭，而善最終勝利。—— 譯者注

第十八章　商人行會

為工商業政策的經濟利益而進行控制的一個集團。它有兩種形式。它要麼是一個像威尼斯與熱那亞的公共行社那樣的軍事聯盟，要麼是獨立聯盟，它是由與手工業行會一同成長起來的城市商人組成的。

將行會當作課稅單位是第二種主要類型，這尤其是英國的一種制度。英國行會的權力來源於從國王手中接管過來的課稅職能。只有納稅人才能成為會員，而非納稅人則一律被排除在外，而且也沒有權利從事貿易活動。緣於這個事實，英國行會才能對市民行使管理權。

具體而言，西方行會的發展差別很大。於西元 13 世紀，英國商人行會的權力發展到了巔峰，隨後進行了一系列的內部經濟變革。行會在 14 世紀從工藝勞動中分離出來，放棄工藝勞動才能留在行會。然而，經商的會員便立即在手工業行會中開始嶄露頭角了，而且因「同業公會」，即因正式成員身分而與眾不同，他們因貧窮手藝人無力負擔的制服或徽章的花費而凌駕於後者之上。

在 16 世紀，批發商仍未完全從零售商中分離出來，儘管當時「商人冒險家」—— 首個外國商人的行會 —— 已獲准成立。的確，英國的立法盡力將行會限制在行業範圍內，僅允許其會員經營某一類別商品。另一方面，英國強大的國家權力卻始終監督著行會，儘管國會中有人代表他們的利益。因此，城市一直未曾像德國城市那樣將其權力擴展至農村，但始終准許農村的商人與地主加入行會。

在義大利，行會的發展在城邦範圍內進行。行會具有純粹的地方特徵；行會內部在獨立聯盟獲得對執政制度的勝利以後，開始了手工業行會與商業行業的鬥爭。在德國，我們找到了與義大利類似的發展蹤跡。其中一個徵兆便是市長的出現，他原先是一位不合法的行會會長，其所處地位令人想到義大利的人民領袖。另外，我們在德國北部發現許多城市的發展與英國類似，有著決定城市經濟政策的商人行會。另一方面，

我們在德國中部一些古老而富有的城市發現了就像科隆（Cologne）的富商行會的非正式管理城市的行會，這種行會支援了反對大主教的革命，而且在抗爭城市領主的誓言中，將市民團結在一起，從那以後便長期統治城市並控制了市民身分的批准權。然而在德國，商業行會是普遍存在的，其中店主與兼售衣料的裁縫尤為突出。店主相當於現在的零售商。裁剪進口布料並將其賣給顧客的裁縫，在北方小鎮漸居主導地位；他們始終不得不與織布工進行市場競爭，不過通常獲勝；而在大城市，貴族家庭的等級與身分則居於他們之上。

在中世紀，行會居主導地位的城市，特別是城市同盟，根本不存在系統的商業政策。城市並不獨立從事任何商業活動，直至16世紀還沒有這麼做。德國商人公會的政策可以當成是例外。只有它有意識地實行一貫的商業政策，這種政策具有如下特徵：

(1)市民想要享有該組織所獲得的商業特權，只有加入商人公會。

(2)它定位於外國的直接零售貿易，而不經營貨運或委託類生意；在英國、斯堪地那維亞以及俄羅斯，當地商業階級一興起，以此項政策為基礎的貿易便徹底崩潰了。

(3)商人公會會員不可租用外人的船舶，僅能使用自己的船隻從事商業活動，也不可將公會中的產品或船舶出售給外人。[177]

(4)商人公會會員跟佛羅倫斯人一樣，僅從事貨物貿易，既不從事貨幣兌換，也不從事銀行業。

(5)為控制自己的成員，各地的商人公會都獲得了結算和貨棧的特許權。所有的商業活動均受嚴格管制；為的是防止外來資本在公會中產生影響力，不准與外人進行信用交易；甚至與非會員結婚都遭禁止；此外，

---

[177] 商人公會因這一規定引起了但澤（Danzig）方面長期的敵對，但澤不想使其造船業處於不利地位。

對度量衡也有規定。

(6)商人公會先做出了向標準化邁進的努力，從事五金、蠟、食鹽、布料等商品的貿易活動。

(7)另一方面，商人頂多是為戰爭目的而收稅，除此之外未實行任何關稅政策。公會的內部政策傾向於實行市場寡頭統治，尤其是在打壓手工業行會方面。整體而言，這些措施表明了它是為常駐本國的外商階層的利益而實行的政策。

第三篇　前資本主義時代的商業與交換

第十九章　貨幣史[178]與貨幣

從發展角度看，私有財產之父是貨幣；這種性質它從一開始便具有，沒有哪種物體具有貨幣性質而不具有個人所有權性質。個人手工藝品、男人的工具與武器，男子與女子的飾物均是最古老的私有財產。這些受規範人與人之間財產繼承的專門法律的管束，而貨幣的起源則主要是在這些物品中尋找。

現在，貨幣是指定的支付手段和普遍的交易媒介，它具有這兩項特殊職能。根據歷史，貨幣作為指定的支付手段是較早產生的職能。在這個階段，貨幣沒有參加交換，這個特徵因以下事實而成為可能：經濟單位之間發生的很多價值轉移，需要支付手段，並不涉及交換。這種轉移包括酋長間的部落贈送、嫁妝、聘禮、殺人賠償、損壞賠償以及罰款——都得用標準媒介予以支付。在第二個階段，與屬民對酋長的支付形成對比，酋長對屬民的支付——其臣民的薪資領主以禮物形式發給——後來將領對其士兵的支付仍是如此。甚至在迦太基這樣的城市，以及僅在波斯帝國，鑄造貨幣只是為了提供進行軍事支付的手段，並非作為交易媒介。

---

[178]　一般參考文獻——李奇微（W. Ridgeway）:《金屬貨幣和重量標準的起源》，劍橋，1892年版；蕭（W. A. Shaw）:《貨幣史》（1252－1894），倫敦，1895年版；萊克希斯（W. Lexis）在《國家科學大辭典》上撰寫的關於「黃金」、「本位問題」、「銀本位」的條目（參見美國造幣廠監管報告，1896年，第266～280頁——英譯本譯者）；勞弗林（J. L. Laughtin）:《貨幣原理》，紐約和倫敦，1903年版；卡萊爾（W. W. Carlile）:《現代貨幣的演變》，倫敦，1901年版。

第十九章　貨幣史與貨幣

曼哈頓公司貨幣

在這一發展階段,是無法想到現在意義上的統一貨幣的;在各經濟區內,不同類別的服務對應於起支付作用的不同類別的商品,所以不同類別的貨幣同時存在。舉例而言,從來沒有哪個地方的男人能用貝殼娶妻,而只能用牛;而在小規模交易中,貝殼因可用作小面額貨幣而被接受。由此發展起來的與團體內部支付有關的貨幣,我們稱之為內部貨幣。

貨幣的另一職能是作為貯藏手段,這個職能較少具有現在貨幣的特徵,不過卻在長時期的歷史中發揮著這種職能。酋長若想保持自身地位,就得做好供養其屬民的準備,而且在特殊情況下用禮物補償。因此每位印度王侯以及墨洛溫王朝的每位國王所擁有的寶庫,都被賦予了特殊價值。尼伯龍根寶藏恰屬此類。有各類典型物品被用作貯藏手段,就像王侯常用來作為禮物贈予屬民而同時又被認為可用於支付的那些有價值的物品。這裡貨幣仍不是交易媒介,而僅是階級占有的物品;之所以占有這種物品,則只是為了維護個人聲望與社會自尊。在這一職能上,貨幣必然得有現在所要求它的一個最重要特徵,即與便攜性形成對比的耐用性。象牙以及某種品質的大石頭,還有後來的金、銀、銅和各種金屬均可充當貨幣或貯藏物。貨幣的這種階級性可以展現在兩方面的事實中。首先,在早期發展階段,貨幣因性別差異而不同,女性不得擁有與男性相同種類的貨幣商品。因此某些文石的占有權是留給男性的;珍珠

203

貝殼僅是女性的貨幣，而且用作丈夫送給新娘的晨禮。另外，階級分化使得酋長的貨幣不同於屬民的貨幣，某種尺寸的貝殼僅能由酋長獲得與擁有，而且只可由他在戰時或當作禮物送出。

貨幣作為一般交易媒介的職能產生於國際貿易。在某些情況下，它起源於在團體之外以禮物方式進行的正式貿易，就像馬爾納石板所揭示的埃及與古代東方的情況一樣。

兩個民族之間的和平狀態是以統治者之間連續的禮物往來為前提的；這是酋長間真正的半商業交換，酋長貿易便從此發展而來。沒有禮物往來便意味著戰爭。另一個來源是普遍使用的外國產品。典型的氏族與部落貿易對因本地無法獲得而被高度重視的某些物品給予了交易媒介職能。這類外部貨幣在用於關稅或路橋費之類的半商業支付時，便有了內部職能。酋長負責經營安全，可不得不准許商人用其隨身攜帶的交易媒介予以支付。外部貨幣因而進入了內部經濟。

貨幣在這一發展階段以很多形式出現了：

（1）個人裝飾品。非洲以及伸展至亞洲內陸的印度洋地區的貝殼便是這類貨幣。另外，在各種不同範圍的圈子曾有過很多用作支付手段或交易媒介的東西——琥珀、念珠、珊瑚、象牙以及某些種類的動物頭皮。裝飾性貨幣經常而且主要是內部貨幣；當不同部落使用相同支付手段時，貨幣便成了一般交易媒介。

（2）通用貨幣。這主要是外部貨幣。在進行強制性支付或估價其他商品時，便可發現各種通用物品；比如穀物，與爪哇[179]的情況一樣，再如牛和奴隸。然而通常並非這些通用物品，反而是用於享受的物品，如白蘭地、菸草、鹽、鐵製工具以及武器。

---

[179] 東南亞古國，位於現在印尼爪哇島一帶。——譯者注

第十九章　貨幣史與貨幣

貝殼

（3）服飾貨幣。這主要是同時執行內、外部貨幣職能的貨幣。我們所發現的服飾貨幣有皮革、毛皮製品以及布料。

（4）代用貨幣。與現代貨幣狀況沒有任何關聯的情況下，偶爾也存在這種貨幣；在人們因社會原因而習慣使用某些物品，或習慣於用這些物品進行某些支付後，貨幣的職能便僅僅作為一種象徵而附著其上了，這種象徵自身既無價值也無甚重要性。因此在印度、英國和中國內陸，發現了遊戲籌碼被當作貨幣的情況。在俄羅斯，出現過用沒有使用價值的小塊皮毛製成的皮幣；同樣地，在南部地區，當貨幣使用的棉花發展成了條狀形式，這種形式毫無實際價值，僅適合用作代幣。

由於在這一階段並非僅存在單獨一種支付手段，而是很多種同時流通，因此有必要確定相對價值的尺度。它們通常是組合在一起形成尺度，這並非是指一個單位的某種貨幣等價於若干單位的另一種貨幣，是幾種物品共同組成一個價值單位。因此在爪哇，一塊某種珍貴石塊和20枚珍珠貝殼組成一個價值單位。據說密蘇里河的印第安人，一位妻子的買價為一塊毯子、一條褲子、一把燧發槍、兩把刀子、一匹馬以及一頂皮革制圓錐形帳篷。這意味著一名女子等價於一名印第安戰士的整套裝備，而且被她的部落以這個價格賣出。因此這類價值尺度的基礎並非只

205

是經濟品質，還有貨物的慣常價值。傳統賦予的社會重要性和為便於處理而湊為整數的需要。十進位的數字在這方面發揮了特殊作用。因此在一些部落，10個椰子等價於特定數量的菸草，300個海豚牙等價於一名女子等。

贖罪金、殺人賠償金和其他以貨幣表示的酬金，僅與社會估值相關，而與經濟價值沒有任何關聯。一位自由法蘭克人的殺人賠償是200先令。這個數量是不變的，因為需要使其與半自由民或奴隸的殺人賠償金存在某種連繫。僅有傳統賦予的估值才會表現在這些原則中。經濟交易關係一產生，殺人賠償金便不再根據損害賠償要求決定，而變為堅決要求更大金額款項的典型現象，正如在中世紀早期已然出現的情況一樣。以一種給定的貨幣商品來估值決非意味著總是用同樣的貨幣商品支付，而可能只是計量個人支付的一種標準。後者也許取決於賠款人的付款能力──竭盡全力──不是按照規定，而是表現為根據傳統確定的酬金。

貴金屬的獨特地位便從上述條件發展而來，因而使得貨幣組織有了名義上的基礎。這種發展取決於純技術性的條件。貴金屬難以氧化，所以不易毀壞；而因為比較罕見，故而用作飾物時價值很高；最後，比較易於分割和成形。關鍵事實是：它們能用標度衡量，而且很早便用標度衡量了。最早地曾被用作比較重量的好像是麥粒。不用說，貴金屬也曾被以有用之物的形式加以使用；不過甚至早在成為交易媒介之前，貴金屬就被用作專門的支付手段了。在前一種情況下，它們最早出現於酋長貿易；阿馬爾納石板顯示，亞洲西部的統治者熱切期盼從法老那裡運來一船船的飾品黃金。金戒指是王侯喜歡贈予其追隨者的禮品，北歐詩人在詩句中這樣形容，國王則被專門稱為戒指揮霍者。

貨幣在西元前7世紀第一次以鑄幣的形式出現。最古老的制幣廠位

於利底亞（Lydia）[180]，也可能是在沿海地區，由希臘殖民者與利底亞王的合作生產。商人私自鑄造的條狀貴金屬先是在印度人的商業活動中出現，後來出現在巴比倫和中國，是鑄幣的先導。這些銀幣只是一塊蓋著商家戳記的銀子而已，由於重量可靠而獲承認。同樣地，中國銀兩也是一塊蓋著商人行會印記的銀條。直到後來政治當局接管了貨幣鑄造之職，而且很快壟斷了這種業務。然而，最後好像演變成了利底亞的情形。波斯大王曾鑄造達利克並將其作為向希臘僱傭兵進行支付的手段。

希臘人將錢幣作為一種交易媒介引入商業活動中。另一方面，直至鑄幣發明3個世紀後，迦太基人才嘗試鑄造貨幣；即使那時，貨幣鑄造的目的也不是為了獲得交易媒介，而僅僅是向其僱傭軍隊進行支付的手段。一般而言，腓尼基人是在完全沒有貨幣的情況下從事商業活動的；特別是貨幣鑄造方面的技術優勢有利於確立希臘貿易活動的優勢。即使在原始時代便開展了出口貿易的羅馬，也很晚才過渡到鑄幣，並且一開始只有銅鑄幣。加普亞，羅馬任由人們在貴金屬上蓋戳；而在羅馬本地，直至西元前269年銀鑄幣出現時，仍流通著種類繁多的錢幣。在印度，最早的鑄幣出現於西元前500年到前400年之間，而且實際上是從西方傳過來的；在亞歷山大時期之後，在技術意義上真正能用的鑄幣才首次出現。而東亞的情況則模糊不清，或許可以想像其鑄幣有獨立來源。因為官員一向摻假，所以迄今仍僅限於銅幣鑄造。

17世紀之前的錢幣製造技術與現在鮮有相同之處。錢幣在古代是鑄造的，而在中世紀則是「打」出來的，即壓制而成；不過直至西元13世紀仍然是純手工操作。必須經過不下於10至12個僅用手工工具進行加工的不同的工匠之手才能鑄造出貨幣。生產成本非常高，小額錢幣的成本多達價值的四分之一，在14、15世紀仍不低於10%，而現在則可能

---

[180] 小亞細亞中西部古國，富含金銀礦，世界上最早的鑄幣大概在西元前660年出現於該國，後來所有鑄幣都繼承了其在貨幣上打印記的做法。——譯者注

是 0.1%。因為技術原始的緣故，即使最好的錢幣也準確性各異；就連英國的金克朗，雖然生產工序相對完善，可誤差仍達 10%。商界對這些誤差的反應是，若有可能，便根據重量接受錢幣。對於成色，戳記是頗為可靠的保證。首個比較精確而重量也能保持不變的錢幣，是西元 1252 年後著名的佛羅倫斯金幣。然而，技術上真正可靠的錢幣僅可追溯至 17 世紀末，儘管貨幣鑄造中對機器的使用出現得稍微早些。

英國硬幣

我們現在所認為的金屬貨幣本位制，首先是強制規定某種鑄幣為支付手段，要麼用於所有金額的支付（本位幣[181]），要麼用於一定最大金額以下的支付（輔幣）；其次是與之結合在一起的自由鑄造原則，隨著最小生產成本的降低，任何人在任何時間都有權利鑄造貨幣並用來進行無限制的支付。這種本位制可能是單本位制[182]或複本位制[183]。在第二種情況下，可能對我們來說，唯一的概念是所謂雙本位制[184]，法律規定幾種金屬的比率關係；舉例而言，在拉丁貨幣同盟[185]，金與銀的比率是

---

[181] 一國的基本通貨和法定計價結算貨幣，具有無限法償能力，可是金屬貨幣，也可是不兌現的信用貨幣。——譯者注
[182] 以一種金屬（金或銀）作為本位幣的貨幣制度。——譯者注
[183] 同時以金銀作為本位幣，並規定其幣值對比，有雙本位制、平行本位制和跛行本位制三種形式。——譯者注
[184] 兩種貨幣按國家法定比率流通的複本位制。——譯者注
[185] 19 世紀的歐洲單一貨幣組織，存在時間為西元 1865 至 1880 年。——譯者注

1：151/2。第二個可能是早先時候甚為流行的平行本位制[186]。在這種規則下，金屬貨幣的鑄造實際上沒有限制，通常也不規定價值關係，或者只是對變動頻繁的價值關係進行定期調整。貿易的需要在幣材選擇中具有關鍵作用。國內和當地的商業活動僅使用價值不太高的金屬，這時我們發現了銀或銅，或兩者同時使用。遠途商業活動可能，而且因為確實曾一度使用銀子支付；不過在商業變得越來越重要以後，就更願意用金子支付了。可是從實際流通來說，金與銀的法定比率是關鍵；無論什麼時候，只要與可利用的資源相比，一種金屬的價值被低估，那麼以該種金屬鑄造的貨幣就會被熔化並用於商業。

二戰德國貨幣

從不同金屬間的價值關係史，可發現兩種情況的鮮明對比，一種情況以東亞為代表，另一種情況則以西亞和歐洲為代表。由於東亞諸國不與外界接觸，因此形成了一種反常關係，而且有可能保持一種西方從未有過的相對估值。從而在日本，金子曾被估價為銀子的 5 倍。形成對比的是，在西方，從未完全打破連續性。在巴比倫，價值以銀子估算；然而，銀子並非由國家機構鑄造，而以私鑄的銀條或銀幣流通。銀與金的價值比率規定為 13，這仍然是古代標準。巴比倫社券形式的銀條被埃及人借鑑，可卻根據銀、銅和金子估算，大額支付則使用金子。

---

[186] 兩種貨幣按各自實際價值流通的複本位制。——譯者注

古代末期與直至墨洛溫王朝的那段時間，羅馬的貨幣政策始終明確。羅馬最初流行銀、銅平行本位制，而且盡力將比率固定為 112：1。重要的度量單位是被製成一磅重金屬的塞斯特蒂厄姆（sestertium）銀幣。銅日漸淪為僅在小額交易中使用的信用貨幣，金子則僅當作商業錢幣來鑄造，而且最終具有了代用貨幣的特徵。實際上主要由將軍掌握貨幣鑄造，他們的名字幾乎總是印在金銀幣上，即使在共和時期，也是如此；他們喜歡把貨幣當作戰利品，而且並非把貨幣用於商業用途，而是用來發放軍餉。

首個真正的貨幣本位規章是在凱薩承繼皇權時制定的，凱薩開始了金本位制。凱薩試圖使他的奧里斯（aureus）幣在 11.9：1 的基礎上等於 100 塞斯特蒂厄姆（sestertium）銀幣。因此銀價稍微有些提高，這說明貿易活動對銀幣的需求有了增加。一直持續至君士坦丁（Constantine）[187]時期，奧里斯（aureus）幣依然存在，此時已對銀子進行了各種不同的嘗試。尼祿（Nero）為了提高奧里斯幣的地位，下令使用迪納里厄斯（denarius）幣[188]。對於卡拉卡拉（Caracalla）來說貨幣本位規章沒那麼重要，他有系統地進行了錢幣貶值；他的繼任者，那些好戰的帝王，也都奉行他那些政策。這種貨幣政策——而非所宣稱的貴金屬流入印度或礦山開採的失敗——破壞了羅馬貨幣組織。君士坦丁大帝使其得以恢復；他以蘇勒德斯（solidus）[189]幣代替了奧里斯幣，而每磅金屬（327.45 克）可鑄造出 72 個蘇勒德斯幣。在商業活動中，蘇勒德斯幣很可能是根據重量流通的。

蘇勒德斯幣一直持續至羅馬帝國滅亡。墨洛溫王朝時期，在日爾曼的前羅馬經濟滲透區域，它占有極高地位；而在萊茵河東邊，更古老的

---

[187] 羅馬第一位信仰基督教的皇帝，在位期間為西元 312 至 337 年。——譯者注
[188] 一種重 1/7 盎司的古羅馬銀幣。——譯者注
[189] 羅馬帝國時代的金幣，純度非常高。——譯者注

第十九章　貨幣史與貨幣

羅馬銀幣以有些類似於後來瑪麗婭·特蕾西婭（Maria Theresa）銀元通行於非洲的方式在流通。加洛林王朝（Carolingian）對墨洛溫王朝的取代意味著法蘭克帝國的政治重心從西部轉移到了東部；可是在貨幣政策上，儘管帝國從東方輸入了大量黃金，卻意味著從金本位制向銀本位制的轉變。在實行了很多意義模糊的措施以後，查理曼（Charlemagne）確定了 409 克的單位磅——儘管這種觀點尚存爭議——每磅銀子鑄造 20 個蘇勒德斯幣，每個等於 12 個迪納里厄斯幣。一直到中世紀末期，加洛林王朝的貨幣制度——英鎊、先令以及便士等英國的貨幣單位就是這種制度遺留下來的——仍在正式實行；與之同時存在的是，通行於歐洲絕大部分地區的銀本位制。

然而，中世紀貨幣政策的主要問題並不是貨幣本位問題引起的，而是起因於社會性質以及影響錢幣鑄造的經濟問題。古代將國家貨幣鑄造的壟斷看得十分嚴重。而在中世紀，情況正好相反，貨幣鑄造職能被很多地方性鑄幣權及其所有者所專擅。因此，大概在西元 11 世紀中期，在任何地方加洛林王朝的貨幣制度都僅具有普通法上的意義了。儘管貨幣鑄造權名義上仍然歸國王或皇帝所有，可貨幣鑄造卻由手工業生產者協會進行，從中產生的收入則屬於鑄幣領主個人。將貨幣鑄造權賜予個體鑄幣領主，便包含了貶值刺激，因而整個中世紀包含了大規模的貶值。在 13 至 16 世紀，德國蘇勒德斯幣降為原有價值的 1/6；在 12 至 14 世紀，英國迪納里厄斯幣也是這樣。法國發行了大蘇勒德斯幣，這是兩面皆有戳記的厚鑄幣，它與德國 12、13 世紀只在一面印有戳記的迪納里厄斯薄鑄幣競爭激烈；然而在 14 至 16 世紀，新鑄幣又降為價值的 1/7。

貶值使銀幣很受影響，致使金幣在商業活動中聲譽提高，因為商業活動必須以穩定的貨幣單位計算。因此，佛羅倫斯城在西元 1252 年鑄造的 3 1/2 克重的蘇勒德斯金幣盡可能在技術上使其重量差不多保持一致，

便成了具有劃時代意義的事件。新鑄幣成了商業上通行的貨幣單位，而且在每個地方都獲承認。不過我們卻看到銀價明顯提高，這只能是日益發展的貨幣經濟對貿易用銀幣的迫切需求由所導致的。到西元1500年時，銀與金間的比率已從121/2增長為101/2。與此同時，貨幣的相互關係出現了非理性波動，金、銀條同鑄造貨幣的金屬之間也出現了差異。儘管在批發業中人們根據金條或佛羅倫斯金幣計算，可不同錢幣在零售業中是根據協定估價的。

鑄幣貶值在相當程度上是因為以相同模式鑄造出來的貨幣之間的差異發揮自發調節作用，而這種差異多達10%；而不僅僅是因為鑄幣領主的貪婪。只要鑄造出的劣幣仍在流通，良幣就會立刻被熔化，或者無論如何先揀出去。的確，鑄幣領主利用壟斷權發行新幣，取消並回籠舊幣，他們的貪婪推波助瀾。可大部分舊幣是在本地區以外流通。一位鑄幣領主絕不可能將其正式主張的壟斷權在領地內完全實現；這種情況只有在幾位領主協商一致時才能發生改變。因此除佛羅倫斯的金幣與誠信外，中世紀仍舊是非理性的鑄幣時期。貨幣鑄造之所以說是沒有限制的，恰恰是由於貨幣鑄造的非理性狀況。由於鑄幣領主可透過增加鑄幣來謀利，因此他力爭為自己的制幣廠奪得所有貴金屬。為此，貴金屬所有者飽受壓力；特別是有礦山的地區，出口禁令是常見之事，貴金屬礦的礦工與股東對於是否把金屬賣給造幣廠好像毫無選擇。可是所有這些措施仍然沒有奏效。不僅大量走私依然繼續，鑄幣領主也不得不做出讓步，根據協定分一部分金屬給其他沒有礦場的領主；這些金屬又時常以外幣形式回到自己轄區。在中世紀，非理性貨幣貿易始終持續存在，無法確定不同種類錢幣的需求，鑄幣稅[190]的劇烈波動妨礙了供給對需求的調節；只有彼此間的競爭可使鑄幣領主放棄鑄幣稅。

---

[190] 鑄造貨幣所取得的特殊收益，指貨幣內含價值與其面值之差。——譯者注

第十九章　貨幣史與貨幣

　　流入歐洲的貴金屬在 16 世紀後增加，為在貨幣鑄造領域確立更穩定的關係奠定了經濟基礎；起碼在西歐，專制國家早已清除了鑄幣領主以及他們間的競爭。直到那時，歐洲始終是持續出口貴金屬的地區；只有持續了大概 150 年的十字軍時期，這種情況由於有劫掠來的黃金以及種植園生產的產品才中斷。此時，阿爾布克爾克（Albuquerque）和瓦斯科·達·伽馬（Vasco de Gama）[191] 對通向東印度群島的海上航線的發現使阿拉伯人對過境貿易的壟斷被打破。墨西哥和祕魯銀礦的開採為歐洲輸送了很多美洲金屬，而用汞提取銀有效方法的發現則產生推動作用。西元 1493 至 1800 年，來自墨西哥與南美洲的貴金屬中，猜想有金子 250 萬公斤，銀子 9,000 至 10,000 萬公斤[192]。

　　金屬產量的增長直接意味著銀鑄幣供給的急遽增加。在歐洲，在記帳貨幣上展現出來銀本位已經滲入商業領域的最遠邊界。在日爾曼，就連佛羅倫斯金幣也是以銀子折算的。這種情況直至巴西金礦的開採仍在繼續。儘管這些礦山的開採只持續了很短的時間——從 18 世紀初期到中期，但卻主導了市場，致使英國不顧立法者的初衷與勸告——特別是艾薩克·牛頓（Isaac Newton）——而改為金本位。18 世紀中期以後，銀產量再次引人注目，而且革命期間的法國立法機構也被影響了，導致了雙本位制的出現。

　　可是貨幣鑄造的合理化無法馬上實現。完全實現合理化之前通行的狀況可以描述為：流通的錢幣種類不計其數，可是卻沒有現在意義上的貨幣。就連西元 1859 年斐迪南（Ferdinand）一世的皇帝詔書也不得不認可 30 種外幣。因為鑄造技術的缺陷，特別是大規模鑄造小面額錢幣的

---

[191] 葡萄牙航海家，開闢了西歐直達印度的航海路線。——譯者注
[192] 見澤特比爾（Scotbcer）〔見彼得曼《地理通報補遺》1879 年版，第 54 頁〕和萊克希斯〔見《國民經濟和統計年鑒》，第 34 期（1880 年），第 361 頁〕作出的一樣的估計。但是德·萊戈勒希（F. De Laiglesias）的估計（見《17 世紀印度豐富的貴金屬資源》，馬德里 1904 年），卻大約低五十倍。

情況下，同一類型錢幣含有的差異如此之大，使得德國16世紀銀幣作為法定貨幣的實力遭受限制，不過也未曾使他們變為輔幣；明確合理的輔幣制度的確立仍有待英國貨幣政策的實施。約阿希姆（Joachimstaler）幣——一種用銀鑄造的金幣——是法定貨幣單位，可實際上在商業領域發生了以下發展。

商業在13、14世紀後擺脫了鑄幣的束縛，而且以金、銀條計算，也就是只根據重量接受錢幣，明確規定用某種由帝國承認其符合常例的錢幣支付。最後，貨幣流入了存款銀行。中國出現了存款銀行的雛形。在這裡，錢幣的貶值導致了面向商業活動的金屬鑄幣存款銀行的成立。隨著重量單位的固定，銀子要麼以支票——個體商人存放銀條後銀行開具的——或與支票相似的金融工具進行支付，要麼以蓋有印戳的銀塊（銀兩）進行支付，可第二種方法與以支票進行的支付相比顯得無足輕重，因而便產生了銀行票據，銀行票據不僅以有關商人對金、銀條的占有為基礎，而且是和存款制度相關的個人專用的支付工具。

西方早於16世紀便模仿了這種做法：在威尼斯設立了里亞爾託島（Rialto）銀行，西元1609年在阿姆斯特丹設立了威瑟爾（Wisselbank）銀行，1621年在紐倫堡以及1629年在漢堡均設立了銀行。這些銀行均根據重量計算，而且在支付活動中僅接受鑄幣。個人帳戶和支付通常設定一個最低限額；因此，匯票的最低額在阿姆斯特丹為300荷蘭盾。另一方面，超過600荷蘭盾的支付僅能以銀行為仲介進行。這個銀行標準在漢堡持續至西元1873年。

現代貨幣政策因沒有財政動機而與以前相異；其性質取決於一般經濟利益，而這種利益則以商業對穩定的資本計算的需要為基礎。英國在這方面走到了其他所有國家的前面。

銀子在英國最初是所有國內商業的有效支付手段，而國際貿易則以

第十九章　貨幣史與貨幣

金幣為基礎結算。輸入英國的黃金數量在巴西發現黃金後日漸增多，英國政府也越來越陷入平行本位制困境。在價格便宜之後，金子流入了制幣廠；與此同時，銀子的流通卻由於銀幣的熔化而面臨危險。由於所有貸款均必須用銀子歸還，因此防止銀子流出對資本主義企業有利。政府最初力圖以專制措施維持平行本位制，直至西元1717年方始決定執行新的可靠的估值。

英國典型金幣幾尼（guinea）的價值在艾薩克‧牛頓的領導下定為21先令，儘管金子依然被高估。在18世紀期間，金子持續流入，而銀子則在流出，因而政府實行了激進的管制措施。所有銀子則降為輔幣，金子成為本位貨幣。銀子不僅喪失了不受限制的法定貨幣地位，而且由於合金以超過銀條的價值鑄造貨幣，因而使流出的危險得以消除。

法國政府歷經諸多嘗試以後，最終在革命期間實行了以銀為基礎的雙本位制；1,000個法國法郎用九磅銀子（1公斤等於2222/9磅）鑄成，根據當時的相對價值確定銀與金的比率定為101/2。法國國內對錢幣的龐大需求比英國更甚，因而使得金與銀的價值關係出現了長時期的穩定。

由於19世紀上半期金屬產量減少，德國銀幣制度在19世紀期間不得不保持原樣。中央當局無法完成向金本位的轉變。不過金子卻被鑄造成有法定價值的商業貨幣，特別是在普魯士，可試圖在貨幣本位中給予黃金不同地位的努力卻失敗了。西元1871年的戰爭賠款才使德國第一次有可能過渡到金本位制，隨後加利福尼亞金礦的發現使世界黃金儲存量激增，從而推動了金本位制的確立；另一方面，151/2的價值比率則漸漸被破壞了。等於1/3塔勒爾（Taler）的德國馬克的產生便取決於上述情況；由於每磅白銀等於30塔勒爾，金與銀的比率為151/2，因此每磅黃金等於1,395馬克。

第三篇 前資本主義時代的商業與交換

第二十章
前資本主義時期的銀行和貨幣交易 [193]

在資本主義時期之前，只要有多種貨幣流通，無論在哪裡，銀行的業務便主要是貨幣兌換。除此之外，也必然有貨幣支付業務，特別是異地支付業務。在整個古代，特別是在希臘，我們發現承擔支付義務是典型的銀行業務，向旅行者發放作為異地支付手段的信用證明，還創造了儘管並非現代意義上真正的匯兌業務卻使人想起現在的支票的支付手段。此外，貨幣保管業務，即存款業務，屬於最古老的銀行業務。埃及便是這樣，埃及大部分銀行家是財產管理人，羅馬也是這樣。如果不存在任何一種貨幣制度，例如在巴比倫，再如在中國與印度，那麼貨幣兌換業務也是不存在的。與之對應的是，銀行家是鑄造作為貨幣流通的銀塊並印上銘文的代理機構，如同中國的銀兩，因而從事供應貨幣的業務。

因此銀行在前資本主義時期辦理存款業務以及為取消現金支付而進行的存款轉移或轉讓。這項業務以存款客戶在這家銀行長期保持一定存款餘額為前提；因此我們甚至在巴比倫發現了銀行券。不過大可不必由此聯想到現在的銀行券，因為現代銀行券的流通是獨立於特定個體的任何存款的。相反，巴比倫的銀行券或票據僅僅是存款客戶間更為快速安全的轉帳支付手段。尚未得知這種較為古老的存款業務的規模，可不管怎樣不應該根據過於現代的條件去推想。因此銀行票據並非一般流通手段，所以這種關係通常僅僅限於本地業務和商人間的交易。

---

[193] 一般參考文獻 ——《各國銀行史》，倫敦，1896 年版；埃倫伯格（D. Ehrenberg）:《富格爾的時代》，兩卷，1896 年版；安德莉亞迪斯（A. Andreades）:《英國銀行史》，福克斯韋爾（H. S. Foxwell）譯，倫敦，1909 年版；《國家科學大辭典》，第 3 版，第 2 卷，第 359、368 頁。

第二十章　前資本主義時期的銀行和貨幣交易

　　巴比倫銀行的獨特之處在於辦理存款業務的銀行家發展成為了貸款發放人。職業銀行家根據抵押或個人擔保發放小額貸款。巴比倫銀行家的放貸職能是以鑄幣的缺乏為基礎的。儘管支付以錫克爾銀幣計算，可卻不用它支付，因而銀行家成了必要的仲介；因為他也往往提供現金支付手段，而且以自己作為未來的付款人向收款人保證付款，為此銀行家需要安排延期付款。巴比倫銀行的另一特徵是：銀行家常常發放委託貸款，即企業資本；很多以楔形文字書寫的委託契約一直流傳到現在，儘管我們尚未發現這種古代貸款業務的其他例子。原因是，在使用鑄幣的地方，銀行業是從貨幣鑄造發展而來；而在巴比倫則是從票據，即貸款、商業往來發展而來。

　　在羅馬，銀行家的工作顯示出兩個特徵。首先，銀行家均是職業拍賣人，這與經濟史沒有特殊關係。其次，在這裡我們首次發現了現代意義上的往來帳戶存款業務處理；而且它獲得承認，承認它是透過銀行家進行債務清算的具體手段。在羅馬，由於直到很晚才推行銀幣，而將軍們取得的戰利品決定鑄幣數量，因此這種業務的最初目的是為了提供統一、安全的支付手段。對於存款與只根據往來帳戶的餘額開出的匯票所具有的重要性，以及銀行家簿記對統一的法律法規的遵守，羅馬鑄幣關係的這種落後狀態提供了最簡單的解釋。羅馬銀行家的帳冊，儘管並非現代意義上的簿記，可也提及了收入與支出。每位客戶設一本專門帳冊，記錄存款和欠款。這些帳目用來證明款項已支付。此外，不能進行更確切的論述，因為留存下來的銀行家簿記實在是太少。

　　可是古代銀行一般僅僅是特殊的私人事業，而且遭遇來自寺院銀行與國家銀行的廣泛競爭。古代的寺院最初曾充當保管庫。只要是作為銀行存在，這便是他們的主要職能，而且比私人銀行的保管庫更有名。寺院的存款是神聖的，如果偷竊，就必然褻瀆神靈。特爾斐（Delphi）[194]

---

[194]　希臘古城，在古代被認為是已知世界的中心。——譯者注

的寺院是很多人用來存放積蓄的倉庫，特別是奴隸。很多銘文為我們講述了上帝怎樣為奴隸贖回自由，而實際上則是奴隸用自己的積蓄進行贖買的，這些積蓄是奴隸為防止主人侵吞而轉交寺院保管的。巴比倫、希臘和埃及的很多寺院都造成了與保管庫一樣的職能，在羅馬則很早便沒有這種性質。因此古代寺院又變成了重要的放貸機構，對王侯而言尤為如此，比之私人放貸者，寺院的貸款條件對他們更為有利。的確，我們甚至在漢摩拉比（Hammurabi）法典[195]中也能找到大貸款人，而國庫及其貸款人通常則是寺院。在巴比倫，由希巴爾（Sippar）太陽神廟行使這一職能，在埃及是亞蒙（Ammon）神廟；而雅典娜（Athena）神廟則成為阿提卡（Attic）海洋聯盟[196]的庫房。

　　國家銀行的發展為私人銀行帶來了另一個競爭對手。之所以將銀行業變為公共職能，並非在中世紀由於管理不善或破產所致，而是由於財政方面的原因。不僅貨幣兌換業發展成為了豐厚利潤的來源，而且由於政治上的原因，盡可能占有最大數量的私人存款也好像有利。差不多在所有希臘國家，特別是在埃及托勒密（Ptolemaic）王朝，最終皇家銀行占據壟斷地位。的確，這些機構與現代國家銀行所承擔的職責——例如發行紙幣、規定貨幣本位以及制定實施貨幣政策——毫無關係，它們完全是財政機構。在羅馬，作為一個階層存在的具有資本主義特徵的騎士所擁有的非同尋常的權力，主要基於這一事實：他們成功避免了國家對銀行職能的這類壟斷。

　　中世紀的銀行在成立之初性質各異。在西元11世紀，我們發現了從自己工作中獲得相當收益的貨幣兌換商。12世紀末，他們掌握了異地支付業務；這項業務是以信匯方式——這是從阿拉伯傳過來的方法——

---

[195] 古巴比倫國王漢摩拉比頒布的法律，是迄今發現的世界上最早、保存最為完整的成文法典。——譯者注
[196] 雅典戰勝波斯後建立的聯盟，包括13個城邦。——譯者注

第二十章　前資本主義時期的銀行和貨幣交易

進行的。與古代不一樣，放款業務只有定居的銀行家在較晚時候才開始辦理，或根本不予辦理；通常僅發放大額貸款，而且僅貸給政治權力機構。小額貸款業務由猶太人（Jews）、倫巴底人（Lombard）、考爾森人（Caursines）這些外族人控制，後兩類人是將各種南方人都包括在內的稱呼。由外族人所掌握的這類消費貸款，最初是利率很高的應急信貸，而且建立在抵押或其他擔保的基礎之上。在早期，還同時出現了委託貸款業務。銀行家也發放了這類貸款，不過與巴比倫的情況不一樣，受到買賣各種商品的商人與私人放貸者的競爭。因貨幣的持續貶值而出現了存款業務。在商人階級當中產生了公共銀行，商人存入金屬或以金、銀塊價值計算的各類錢幣，而且以此為基礎在一定的最低額以上透過存款轉帳或開具支票進行支付。銀行存款業務曾一度由貨幣兌換商掌握，不過最終因其未能贏得足夠信任，故而產生了大型商業銀行。

中世紀銀行業的業務範圍涵蓋了大致相當於古代包稅做法的賦稅徵收。鉅額財產主要來源於13世紀初到14世紀末，對那些佛羅倫斯銀行家族——例如，佩魯齊（Peruzzi）、阿奇艾烏奧利（Acciajuoli）、麥地奇（Medici）——而言尤為如此。由於這些家族在所有大型商業區均設有代理人，因而是當時擁有最大稅收權的元老院向各地徵稅的天然代理機構；他們把帳記得最準確，並且只接受像佛羅倫斯金幣一樣的足值貨幣。這一職能，如同中國官員的情況一樣，給收稅員帶來巨大的獲利機會，因為他們掌握了根據元老院所要求的錢幣對各地貨幣進行估值的權力。

最後，融資業務也應列入中世紀銀行業的職能範圍。然而，不應把這項業務理解為現在對大企業的融資活動。對融資活動的需要只有在特殊情況下才會出現，並且通常與軍事冒險相關。熱那亞（Genoa）早於12世紀便承辦過這類業務。舉例而言，熱那亞對塞普勒斯島[197]的海上遠

---

[197] 地中海東部島嶼，連結歐洲、非洲和中東的交通要道。——譯者注

征，便是透過組成一個 maona ── 為征服和開發這座島嶼而成立的股份信託企業 ── 來融資的。城市間的戰爭相當程度上也是放貸者的組織籌集資金的。在大約 100 年內，對於熱那亞的所有稅收以及港口稅收入，完全是為這一財團的利益而進行管理的。在 14 世紀英法戰爭中，佛羅倫斯大銀行家的融資活動則遠遠超出了這些範圍。

這些由私人掌控的業務產生了這樣一些問題：資金來自何方？去往何處？銀行事實上漸趨崩潰，究竟用何種手段才能履行有效的支付義務？換言之，我們遇到了中世紀銀行的流動性問題。上述機構的流動性是很缺乏的。佩魯齊或其他佛羅倫斯大銀行因戰爭而墊付給市民的資金，並非來自於他們自己的資本，他們的資本根本不夠，而是來自於他們基於自身聲譽、低息吸收直至最底層的各階層居民的存款。可這些存款均是可隨時支取的，而戰爭貸款卻是長期的，不能隨意收回的。因此，使用該筆貸款的軍事冒險一失敗，融資活動就得以破產結束。即使富格爾家族也是如此，因為他們最後與西班牙國王商定的方法不僅意味著他們的鉅額損失，還意味著他們的其餘財產也無法變現。

大銀行沒有足夠的私人財力為國家的大企業融資，而且容易失去流動性；在流動性的壓力下，銀行業漸趨壟斷。政治當局自己使用的款項，只能透過授予商業、關稅以及銀行業等各方面的壟斷權來籌得。為換得貸款，王侯或城市，將銀行業作為公共事業，並將銀行業的壟斷權作為一種特權來授予，或將其包給私人。關於這類銀行業壟斷權，最古老的例子是熱那亞的聖喬治銀行，最近的例子是英格蘭銀行。就連英格蘭銀行也並非產生於商人自願組成的組織，而是為西班牙王位繼承戰爭籌措資金的純政治性組織。它與中世紀銀行的差別僅僅在於以匯票為基礎創辦企業的方式。

現在的匯票是一種涉及三方當事人 ── 收款人、出票人和付款

第二十章　前資本主義時期的銀行和貨幣交易

人——的支付手段。出票人始終負責，付款人或承兌人從承諾兌付之日起承擔責任。另外，當匯票經過背書轉讓給協力廠商時，所有背書人都得承擔責任，而不問與開具匯票相關的交易。在拒絕付款的情況下，可以啟用特殊的債務履行程序，這在中世紀包括監禁的方法。對於現在的銀行而言，匯票的重要性便在於上述特徵；它們為匯票提供了一種擔保，擔保持票人可在規定時間支取特定金額的款項，從而賦予其流動性。而在中世紀則沒有這樣的可能。的確，那時匯票是眾所周知的，可它只是一種與現在的支票相似的金融工具。它一般用於異地支付，僅僅是一種支付手段，一個人可用它在外地對所欠別人債務進行貨幣支付。承兌人所在地與付款地的不同，對這種票據而言極為重要，特別是由於教會法竭力把當地匯票當作高利貸來譴責。

　　典型的中世紀匯票最初由兩份獨立檔案構成。其中一份是「敞口信」，即我們稱之為間接匯票。熱那亞的商人 A 承諾在特定日期透過其債務人 C 支付特定金額的款項給巴塞隆納的 B。如若匯票是某位王侯開具的，則由其庫房兌付，庫房必須付給王室一定金額的款項。另一份檔案是「封口信」或「匯劃單」，逐漸成為現在的匯票。匯劃單用來通知出票人的債務人付款。「敞口信」必須制定為契約，正式簽名作證，而「匯劃單」則是普通訊件。兩份檔案均由收款人持有。為節省開支，在進一步的發展中，「敞口信」被逐漸省略了。「敞口信」最初所包含的有約束力的承諾被放在了匯劃單中，並被認為是後者的一部分，因此提高了其重要性。不過它仍有別於現代匯票，因為它不能背書轉讓，直至 17 世紀它才具備這一特徵。

　　的確，它寫明了「我承諾對你或你指定的持票人付款」字樣，這使其有可能為協力廠商持有，而且使代替收款人的協力廠商的收入合法化。不過這一規定條款後來消失了，因為負責支付的正規機構在大市場內發

展起來。這些機構將匯票交給清算中心記帳而僅付淨差額的方式，使得有可能無須冒貨幣運送風險便可清算匯票。實際上，匯票僅是一種貼現票據，顯然是透過存款銀行或當地商人團體進行清算的。這種情況對經營兌換業務的商人有利，使他們得以壟斷匯票轉讓收費，而他們又反對背書。因此即使到了 16 世紀，任何匯票轉讓時，都不得不開出新匯票而並非在原匯票上背書。的確，16 世紀的匯票法便已經發展到了現在的水準，而且「承兌人必須付款」這句格言排除了所有法律上的含糊其辭。這種無條件支付承諾，使匯票有可能變成現在的銀行票據。

在支付方面，中世紀銀行家的職責在於承兌票據，而現在的銀家行則是對它進行貼現，即他雖兌付票據，可是由於匯票以後才能兌現，所以得扣除貼現息，從而將其營運資本投資於匯票。英格蘭銀行便是首個始終辦理這種兌換業務的機構。

在創辦英格蘭銀行之前，英國銀行業的歷史表明，儘管買賣並擁有貴金屬的金匠從事銀行業，而且常常壟斷了檢驗錢幣重量與成色的權利，不過他們從未發揮上述銀行家的作用。他們以中世紀銀行家的方式吸收存款，而且為克倫威爾和斯圖亞特王朝的政治事業籌措資金。他們結合存款業務發行了用作支付工具的票據，也辦理存款業務，儘管最初只對客戶發行，可是這些「金匠券」的流通並非一直局限於這個範圍。西元 1672 年，這一切因國家破產而結束。政府宣布無力還本只能付息時，英國金匠的存戶儘管有權隨時取出存款，可金銀匠無法滿足提現要求。當時在英國，如同在以前的義大利城市那樣，存戶大聲疾呼成立國家壟斷銀行。

存戶對銀行業壟斷經營的要求被政治當局利用，為國家取得了一份收益。商人希望獲得低息貸款，所以想讓國家銀行基於自身提供的擔保吸收大量存款；還希望從鑄幣困境中解放出來——儘管我們無法確知他

第二十章　前資本主義時期的銀行和貨幣交易

們是如何爭論的。另一方面，我們不要以現在的看法推想那時的情形，根據現在的觀點，一家大型發行銀行承擔著這樣的職責：憑藉自身信用吸引黃金流入國內，透過適當的貼現政策，或迫使累積的庫存流通起來。他們頗為期盼發行銀行能起存款銀行的作用，即在一定數量金屬的基礎上發行紙幣，從而有利於減緩金銀比價的波動。

最終於西元 1694 年成立的英格蘭銀行建立在純粹政治動機的基礎上，即為奧蘭治（Orange）的威廉（William）[198] 對路易（Louis）十四[199] 的戰爭籌措資金。創立時遵循了這個國家的慣例。將某些稅收，特別是鹽稅抵押給了貸款人，而貸款人則作為管理者組成一家擁有法定特權的公司。

許多利益集團的反對這個新成立的機構。最先反對這個計劃的是托利黨（Tory Party）[200] 人，他們是奧蘭治的威廉親王的對頭；另一方面是輝格黨（Whig Party）[201] 人，他們在一般原則上擔心國王地位的強化。因此只能將這家銀行設立為獨立的私人公司，而不是國家銀行；而且有必要在法令中規定：只有經國會特別授權才可貸款給國家。因此根據托利黨的觀點，這家銀行不適合君主制，僅適合共和制；他們主張這樣的銀行應以對銀行有利益關係的資本家集團對王國的控制為前提。最後，金匠也反對這家銀行，不僅因為他們被排除在外，還因為他們像貴族那樣，對商人階層政治、經濟勢力心懷戒備。

英格蘭銀行以 120 萬英鎊的股本成立了，並全部貸給了國家。它是以經營匯票的權利作為交換的。因為與紙幣發行有關，所以至關重要。

---

[198] 英國國王，接受了《權利法案》，使英國建立了君主立憲制，在位期間為西元 1689 至 1702 年。——譯者注
[199] 法國波旁王朝國王，被稱為「太陽王」，世界上在位最長的君主之一，在位期間為西元 1643 至 1715 年；他統治下的法國是當時歐洲最強大的國家。——譯者注
[200] 形成於 17 世紀的英國政黨，其名稱來源於西元 1688 年光榮革命，在 19 世紀演變為現在的保守黨。——譯者注
[201] 產生於 17 世紀末，英國自由黨的前身。——譯者注

實際上是所有人都沒有預料到，這家銀行後來透過貼現政策使用這一權利。可不管怎樣它是首個有系統地買入匯票的機構，因而透過對未到期票據進行貼現，縮短了生產者和商人在將產品賣給最終消費者之前等待收回現款的時間。資本周轉速度的加快明顯是英格蘭銀行經營匯票業務的預想的目的，它以所有銀行都未曾用過的系統方法經營這種業務。

歐洲之外銀行業的發展只在某種程度上類似於歐洲銀行業。在印度和中國，銀行業在古代與中世紀所具有的特徵一直保持到近幾十年；而且因擁有規定貨幣本位的特殊權力而有別於西方銀行業。在中國，銀行家進行銀兩鑄造，決定貸款條件，確定利率，列出進行支付的所有條件；因而商業結算的標準化完全取決於他們。然而就對外貿易而言，這種結算方式便是信貸業務；舉例而言，這類業務在廣州由中國幾個大家族掌控。若是中國存在幾個獨立諸侯國，如同歐洲那樣，銀行便可為戰爭籌集資金；這種機會隨著帝國實現統一便消失了。

銀行業在印度完全處於教派與種姓的嚴厲控制之下。在大獨立王國時期，由銀行來融資政治性貸款；不過蒙兀兒王朝[202]的統一結束了這類業務，後來只有在關係到政府預算以及透過貸款預支收入時，才會產生對政治性貨幣信貸的需要。現在印度和中國的銀行職能基本上還是由支付業務以及小筆或臨時性的貸款業務構成；既不存在任何有系統的商業信用，也不存在任何能應用貼現政策的企業或機構。亞洲本土商業只知道支票以及種類繁多的支付轉讓契據，而對匯票卻毫不了解。另外，對於貨幣本位的規定，中國的銀行家仍舊壟斷了控制權，這可由紙幣的大量濫發來解釋。

---

[202] 統治南亞次大陸絕大部分地區的印度朝代，統治時間為西元 1526 至 1858 年。——譯者注

第二十一章　資本主義時期之前的利息

在一開始，利息要麼是國際法現象，要麼是封建法律現象。在一個部落鄉村或氏族公社內，既不存在貸款，也不存在利息；為獲得一定報償而進行的價值轉移是從未聽說過的。經濟生活中需使用的外部資源，均是以鄰居幫忙的形式提供的；例如，建造房屋時的請人幫忙或緊急情況下的援助，這都基於無償幫助氏族兄弟的義務。就連羅馬的無息貸款也是這種原始情況所遺留下來的風俗。在他人需要時施以援手的義務，在宗教團體傳承下來，並要求有相同信仰的兄弟修行；其中以色列人的例子最為有名。並非只有猶太人放貸收息，因為在世界任何地方都收取利息，其中包括中世紀的寺院；猶太人對基督徒收取利息對西方人而言，既特別而又令其討厭，他們之間並非沒有利息。

摩西五書[203]對兄弟之間相互收息或放高利貸的禁令，一部分是由於軍事原因，一部分是由於宗教原因。首先，氏族兄弟不能因債務問題關起來，因為這會損失軍力。為此，古埃及的宗教法典視之為天賜神權的特殊威力，歸因於窮人的詛咒，這種觀念也載入了《申命記》（Book of Deuteronomy）。從而確立了對內道德與對外道德的差別，這種差別在遭流放後依然存在。以色列人變成猶太人後，儘管允許對外族人收息，但仍禁止同胞之間放貸取息。因此邁蒙尼德（Maimonides）[204]發出這樣的疑問：猶太人是否有義務向他們收取利息。[205]

---

[203] 希伯來聖經最初的五部經典，包括《創世記》、《利未記》、《民數記》、《出埃及記》和《申命記》，相傳皆由摩西所寫。——譯者注

[204] 迄今最具影響的猶太哲學家，著有《解惑指引》、《聖誡書》等書。——譯者注

[205] 並且，這種觀點在最初的基督徒超凡脫俗的博愛精神中是不存在的，後來教會的利息禁令則是基於《路加福音》，第6章第35節，然而梅爾克斯（A. Merx）則認為這是沒有準確理解原文（《根據最古老的經典版本詮釋的四福音教義》，第2卷第2頁，第1卷第223頁。）他認為，

早期伊斯蘭教和婆羅門教的特徵之一是兄弟之間不得收取利息的禁令。凡是放貸給部落之外的人或不同階級的人，無論在哪裡都會產生利息。在這方面，債權人與債務人之間的差別最初總是城市貴族與鄉村農民之間的差別。在中國、印度和羅馬也是這樣，而在《舊約全書》中，相同的觀念也占據主導地位。之所以會產生不得收息的禁令，是基於這一事實：所有貸款最初都用於緊急之需，而且完全用來消費；因此產生了兄弟間的互助義務，這與工藝師父階層的放貸收息相反。禁止收息的告誡背後還有另一層考慮：存在一種強烈的軍事利益訴求，因為債權人正面臨著淪為無地貧民的危險，而貧民是沒有財力武裝去參戰的。

實物借貸提供了打破收息禁令的機會。有產者與無產者在游牧部落中相差懸殊。無牲畜的人馬上會被宣布為非法之徒，只能寄希望於透過借來牲畜並進行飼養來恢復正式公民的地位。種子借貸也同樣重要，在巴比倫尤為如此，已成為一種習慣做法。在這種情況下與在那種情況下一樣，借貸對象各式各樣；如果債權人為自己保留一部分牲畜或糧食，好像並不是一種不公平的概念。另外，無論在哪裡，只要城市生活發展起來了，就會打破收息禁令。

在信奉基督教的西方，工業信貸最初表現為合夥形式，反而很少表現為收取一定利息的貸款形式。在這種做法的背後，與其說是教會對高利貸的禁律，不如說是與海外商業冒險有關的風險。鑒於風險因素，在這類交易中，問題不在於一定的利率，反而是債權人要分享一部分收益作以補償他所投入的資本所承受的風險。因此，在義大利的卡孟達契約中，利率水準取決於規模的大小以及目的港的遠近。教會的高利貸禁令並未影響到這類原始的貿易信貸業務。與此相反，陸地運輸中的通例是以固定利率計息的定額貸款，因為陸地運輸風險要低於海外貿易風險。

這種誤解又通過亞歷山大的克萊蒙特（Clement）傳入拉丁文《聖經》，成了教會所採取立場的基礎。

第二十一章　資本主義時期之前的利息

陸路平安這一常規代表著資金借貸應與企業的經營成果沒有關係。

然而與此同時，教會強化了高利貸禁令。因此利息禁令並非純粹的自然經濟的產物；而只有在面對日益發展的貨幣經濟而失效時，反對高利貸的活動才發展到了高潮。教皇格雷戈里（Gregory）九世甚至指責海商貸款是高利貸。認為在利息問題上教會實行機會主義政策、支持資本主義發展的觀點也是錯誤的。實際上教會以更大的決心進行反對利息的鬥爭，而且就像現在的懺悔室強迫將偷來的貨品物歸原主一樣，強迫許多人在彌留之際將利息退回。然而貨幣經濟越發展，規避禁令的行為發生得越頻繁；教會不得不以普遍的寬容之心來順應這種形勢。最後，在15世紀，面對佛羅倫斯大銀行家的勢力，它面臨所有的反對都徒勞無功的事實。於是神學力圖盡可能以溫和的方式對禁令加以說明，不過掌握世俗權力的教會自身也不得不求助於有息貸款是一個悲劇。

最初，教會在自己成立放貸機構以前，在猶太人的貸款中發現了解決辦法。這種辦法的特徵在於，它為政治當局採行「掠奪政策」提供了機會；換言之，透過居民向猶太人支付的利息對居民進行剝削，繼而國家不定期地沒收猶太人的收益以及未到期貸款，並將猶太人逐出境外。因而將猶太人從一個城市驅逐到另一個城市，從一個國家驅逐到另一個國家；在王侯中間成立了正式的分贓組織，舉例而言，就像紐倫堡（Nuremberg）的霍亨索倫（Hohenzollern）和班貝格（Bamberg）的主教領主之間成立的，當猶太人從一個人的所轄區域逃到另一個人的所轄區域時便於分贓的組織那樣。與此同時，教會對放貸收息的態度變得越來越謹慎了。儘管從未頒布過正式的解禁令，可在19世紀期間，傳教士的宣誓作證多次承認放貸取息在特定情況下是合法的。

在北歐，新教逐漸打破了高利貸禁令，儘管並非是立即打破的。我

們在喀爾文（Calvinistic）教派[206]的會議上多次發現放貸者及其妻子不得參加聖餐的觀念；不過喀爾文[207]自己的《基督教要義》中宣稱，禁止放貸取息的目的並非為保護借錢做生意的富人，僅僅是為了讓貧民不再窮苦。最後，喀爾文教派領袖、治古典文獻學的克勞狄斯・薩爾馬修斯（Claudius Salmasius）在西元 1638 年的〈高利貸論〉和後來的一些短文中的觀點，從根本上破壞了禁止放貸取息的理論基礎。

---

[206] 基督教新教三大主流教派之一，以法國神學家約翰・喀爾文的《基督教要義》為其神學理論基礎，形成於 16 世紀宗教改革時期。——譯者注

[207] 法國著名宗教改革家，喀爾文教派的創始人，對新教的發展有著重要影響，被稱為美國的「信仰之父」。——譯者注

第四篇　現代資本主義的開端 [208]

---

[208] 本篇的一般參考文獻 —— 霍布森（J. A. Hobson）：《現代資本主義的發展》，倫敦，1906 年第 2 版；布倫塔諾（L. Brentano）：《現代資本主義的發端》，總共兩卷，慕尼克和萊比錫，1922 年版第 4 版；施穆勒（G. Schmoller）撰寫的「企業發展史」條目，見《法律、行政和國民經濟年鑒》，第 14～17 卷（1890－1893 年）；湯因比（A. Toynbee）：《英國 18 世紀工業革命講座》，倫敦，1884 年版；桑巴特（W. Sombart）：《19 世紀的德國國民經濟》，柏林，1913 年第 3 版。

第四篇　現代資本主義的開端

第二十二章
現代資本主義的內涵和前提條件

　　無論在什麼地方，不論需要的是什麼，只要存在以企業方式滿足人類需要的工業，就存在資本主義。更具體地說，一個合理的資本主義企業是進行資本主義會計核算的企業，換言之，一個根據現代記帳方法和試算平衡法進行計算以判斷其盈利能力的機構。西元1698年，荷蘭理論家西蒙‧斯蒂文（Simon Stevin）最早提出了平衡法。

　　不用說，在向資本主義發展的過程中，個體經濟可能在以各種不同的形式經營；一部分經濟供給可能是以資本主義形式組織的，而另一部分則可能是以手工業或莊園的形式組織的。因此在熱那亞城，很早便有一部分政治上的需要，即戰爭所需物資，由股份公司以資本主義形式提供的。在羅馬帝國，首都居民的糧食供給由官員負責，而這些官員不僅把對其部屬的管理權握在手裡，還控制了運輸組織的業務。從而強迫捐獻制或組織的經理制形式便與公共資源的管理結合在一起了。現在，與過去大部分時間形成對比，我們的日常所需是以資本主義形式供給的；而我們政治上的需要則是透過強制性捐獻，即透過參加陪審團、服兵役等公民政治性義務的履行而解決的。只有以資本主義形式組織的供給已經占據了這樣一種主導地位，使得若是這種形式的組織消失，整個經濟體系必然崩潰，整個時代方可稱為典型的資本主義時代。

　　儘管在歷史發展的各個時期均可發現各種形式的資本主義，可是僅僅是西方以資本主義方式供給日常所需卻純粹是西方的特徵；即使在西方，也只是從19世紀起，才成為不可避免的方式。在幾個世紀之前發現

的這種資本主義的發端,僅僅是徵兆而已;即便 16 世紀稍微有些資本主義特徵的機構,若是從當時的經濟生活中消失,料想也不會引發什麼重大變革。

將合理的資本會計核算作為與供給日常所需有關的所有大型工業企業的標準,是現代資本主義的存在至少應有的前提條件。這種會計核算需要具備以下條件:

(1)獨立的私人工業企業占有土地、機器、裝置以及工具等所有物質生產資料並可自由處置這些財產。這僅僅是我們這個時代所知道的現象,唯有軍隊是普遍存在的例外。

(2)需要有自由市場,即市場上不存在任何對貿易活動的不合理限制。這些限制可能具有階級性,或者存在階級壟斷權,或者將消費按照不同階級加以標準化,或者將某種生活方式規定為某個階級所特有的生活方式,比如騎士或農民不許從事工業,市民不許擁有地產等;在這些情況下,不管是自由勞動力市場還是商品市場都將不復存在。

(3)資本主義會計核算以合理的技術為前提,即必然需要最大可能地使用機械化計算手段。這不僅適用於生產,而且適用於商業,適用於商品生產和流通中的所有支出。

(4)可預測的規則。合理經營資本主義形式的工業組織,必然得依靠可預測的管理與裁決。不管是亞洲的世襲制國家,還是希臘城邦時期,抑或直至斯圖亞特王朝的西方諸國,都從未具備過這個條件。國王「虛偽的公正」及其恩赦,不斷干擾著對經濟生活的預測。因此,先前所論及的英格蘭銀行不適合於君主制而僅適合於共和制的觀點是與當時所處的條件有關的。

(5)自由勞動力。必須有合法但經濟上受壓迫的無產者在自由市場上以出賣勞動力為生。儘管這與資本主義的本質相矛盾,可是若沒有被迫

以出賣勞動力為生的無產階級，資本主義便不可能發展；如果只有非自由勞動力，那同樣也不可能。只有在自由勞動力的基礎上才有可能實現合理的資本主義預測；只有在這種情況下，因為存在實際上迫於飢餓不得不以出賣勞動力為生，而形式上自願的勞動者，才有可能事先透過協定明確限定產品的成本。

　　(6)經濟生活的商業化。這是指普遍以商業契約表明財產權以及企業股權。

　　總而言之，必須有可能完全以市場機會以及淨收入的計算為基礎來供給各種需求。這種商業化與資本主義的其他特徵加在一起，必然會增強至今未曾提到的另一個因素，即投機的重要性。但只是在財產採取了流通證券的形式之後，投機才具有了極大的重要性。

第二十三章　資本主義發展的外部現實 [209]

首先商業化需要出現代表企業股份的證券，其次是表明收益權的證券，特別是以抵押債務和國家債券形式存在的證券。這種發展只發生於西方。誠然，在古代，可在羅馬包稅人的股份信託公司發現股份的先兆，包稅人便是透過此類股份憑證將收益分給大眾。可這是一種孤立現象，在對羅馬生活需求的供給上無足輕重；即便完全沒有這種股份憑證，羅馬經濟生活所呈現的景象也不會發生改變。

在現代經濟生活中，發行信用工具是進行合理的資本集中的手段。資本集中尤其可以採取股份公司的形式。這代表著兩種不同發展路線的頂點。首先，為了預期收益而將股份資本集中起來。政治當局希望知道可以期望多少收益或控制一定金額的資本，所以將稅收賣給或租給一家股份公司。此類融資活動最突出的例子是熱那亞的聖喬治銀行[210]；日爾曼諸城的收益憑證，特別是法蘭德斯的國庫券，均屬此類。這種方法的意義在於向希望分享經濟利益的人籌集貸款，使原先以強制性法律——一般沒有利息，而且往往從不償還——來解決國家特別需求的狀況得以改觀。國家所進行的戰爭變成有產階級的一門生意。在古代，高利率的戰爭貸款是不為人知的；國家在國民不能提供必要的資財時就得求助於

---

[209] 一般參考文獻 —— 桑巴特（W. Sombart）：《現代資本主義》，慕尼克和萊比錫，1916 年版；斯特里德爾（J. Strieder）：《中世紀和現代早期的卡特爾、壟斷以及股份公司等資本主義組織形態的研究》，慕尼克和萊比錫，1914 年版；朱利斯·克萊因（Julius Klein）：《西班牙經濟史研究（1273 – 1836 年）》，坎布里奇（麻薩諸塞州），1917 年版； 大衛斯（J. and S. Davis）：《美國公司早期歷史中的嘗試》，共兩卷，劍橋（麻塞諸塞州），1917 年版；考斯頓和基恩（G. Cawston and A. H. Keane）：《早期特許設立的公司》，倫敦，1896 年版；繆爾（R. Muir）：《1756 – 1858 年英屬印度的形成》，曼徹斯特，1915 年版； 博納希厄（P. Bonnassieux）：《大型商業公司》，巴黎，1892 年版。

[210] 歐洲早期著名銀行，成立於西元 1407 年。——譯者注

外國金融家,他們提供的貸款以對戰利品的要求權作擔保。如果戰事失利,貸出的款項也就收不回來了。以普遍的經濟利益進行遊說來籌集國家所需款項,特別是戰爭所需款項;這是中世紀的發明,需要指出的是城市的發明。

另一個,而且是為營利性事業融資的聯合形式,它在經濟上更為重要;儘管以此為起點向現在工業領域最常見的聯合形式——股份公司的發展是非常緩慢的。應將這樣的組織分為兩種類型加分別:一種是跨地區的殖民事業,另一種是超出單個商家財力的跨地區的大型企業。

對於個別企業家無法提供資金的跨地區企業,特別是15、16世紀的城市經營,透過集團融資是典型做法。儘管城市自身也從事一些跨地區貿易,不過對經濟史而言,另一種情況更為重要,那就是城市組織商業企業,勸說大眾參股。這是以相當大的規模進行的。在向大眾發出呼籲時,所有市民入股被城市強制要求公司接納,因此股份資本的數量是沒有限制的。第一次募集的資金經常不夠,從而需要股東增加出資,而現在以所持股份為限作為股東的責任。城市為讓所有市民均能參加,常常為個人出資設定最高限額。這常常是根據所納稅額或財產金額把市民分為若干集團,為其各留出一定的出資額。這與現代股份公司截然不同的是,投資常常可以撤回,不過個人所持股份不能自由轉讓,因此整個企業僅相當於萌芽期的股份公司,監督著企業的經營行為。

這種形式的所謂受「管制」的公司就像施泰爾[211](Steier)的情形是常見的,特別是在鐵業;布業就像伊赫拉瓦(Iglau)的情形一樣,偶爾也採用這種形式。剛剛論述的這種組織,其結果是在結構上缺乏固定資本,而且缺乏現代意義的資本會計,如同在勞動者聯盟的情況下那樣。股東不僅包括商人,也包括教授、王侯、朝臣,一般而言還包括嚴格意

---

[211] 奧地利中北部城市,在中世紀是全國煉鐵工業中心。——譯者注

第二十三章　資本主義發展的外部現實

義上的民眾，他們樂於參加，這是因為非常有利可圖。紅利分配僅根據毛收益進行，分配方法完全不合理，而且沒有任何種類的儲備。只要消除官方管制，現代股份公司就觸手可及了。

現代股份公司發展的另一個開端是大型殖民公司。其中最重要的荷蘭東印度公司以及英國東印度公司，它們都並非現代意義的股份公司。因為荷蘭各省居民相互猜忌的原因，荷蘭東印度公司透過按省分配股份的方式籌集資本，不許任何一個城市買下所有股份。政府，即聯邦參與管理，特別是保留了根據自己需要使用公司船舶和大砲的權利。不僅不能自由轉讓股份，而且缺乏現代資本會計，儘管相對廣泛的股份交易很快便產生了。正是這些成功的大公司使股份資本融資方式眾所周知、廣泛流行。所有歐洲大陸國家紛紛效仿。因由國家建立而被給予特權的股份公司，逐漸調整了參加商業企業的一般條件；而國家自己卻以監管者身分干預商業活動的每一個細節。直至 18 世紀，年終決算和年度盤點才成為既定慣例，而且是因為發生了很多可怕的破產，他們才不得不接受的。

除了透過股份公司為國家需要籌資以外，還可以透過國家自身措施直接籌資。這開始於以預期收入為擔保所發行的債務憑證以及以資源作抵押的強制性貸款。在中世紀，城市獲得特別收入是以不動產以及收稅權作抵押發行債券。儘管這種年金可被看作現代統一公債的先導，可是這僅限於一定範圍；因為購買者在相當程度上終生享有這種收入，而且還結合了其他一些報酬。此外，到 17 世紀為止，因籌集資金的需要還產生了各種應急辦法。利奧波德（Leopold）一世曾試圖籌集「騎士貸款」，並四處派使者向貴族募集貸款，然而將命令轉給有錢人是他通常收到的答覆。

如果一個人想了解一個日爾曼城市直至中世紀晚期的財政執行，就必須記住合理的預算之類的事情那時根本不存在。城市，像現在的小家庭那樣過一週算一週，這與土地領主一樣。收入一旦波動，支出便立即

調整。包稅方法有助於克服缺乏預算的管理困難。這種方法對於每年的預期收入給予行政機構某些保證，有助於它計劃開支。因此包稅制是推動財政合理化的重要手段，歐洲諸國最初是偶爾，然後是長期地實行。包稅制還使得出於戰爭目的而對公共收入進行貼現成為可能，而且在這方面獲得了特殊的重要性。義大利諸城在喪失自由時期所取得的成就之一就是合理的稅收管理。第一個根據當時通行的商業簿記原則整頓財政的政權是義大利貴族，儘管當時還不包括複式簿記。該制度從義大利諸城傳到國外，經過勃根地（Burgundy）、法國以及哈布斯堡諸邦傳入德國。特別是納稅人急著整頓財政。

向合理行政形式發展的另一個起點是英國王室財政審計制度，這一制度最後遺留下來一詞「稽核（check）」。這是在缺乏必要的數字計算工具的情況下，用來計算國家應收款項的一種棋盤格方法。然而往往不是透過編制包括所有收支的預算來管理財政的，而是實行一種專項基金制度，將某些收入指定為專門用途的款項，並專為該用途徵收。實行這一制度的原因在於王侯的權力與平民之間的衝突。平民不相信王侯，認為這是防止統治者將稅收用於個人揮霍、從而保護自己免受侵害的唯一方式。

在16、17世紀，推動財政執行合理化的另一種力量出現在王侯的壟斷政策中。他們自行壟斷一部分商業，並出讓一部分壟斷特許權；必然得向政治當局支付一筆金額可觀的款項來獲得這種特許權。例如，奧地利卡爾尼奧拉（Carniola）省的伊德里亞（Idria）水銀礦，這些水銀礦極其重要，這是因汞齊化取銀法的應用。這些哈布斯堡家族的兩個支系長期爭論的對象之一就是水銀礦，而且為日爾曼王室和西班牙王室都產生了鉅額收入。弗雷德里克（Federick）二世試圖為西西里確立糧食壟斷，這是關於出讓壟斷權政策的第一個例子。在英國，這一政策得到最廣泛的應用，而且斯圖亞特王朝以一種特別有系統的方式發展了這一政策，

不過也最先在國會的反對下遭到瓦解。在斯圖亞特時期，每一種新機構或新工業均因此與王室特許權密不可分，而且均被給予了壟斷權。這些特許權的授予成了國王的重要收入來源，為他提供了與國會作鬥爭的資源。不過在國會勝利後，這些出於財政目的建立的工業壟斷權便無一例外地瓦解了。這本身便證明了像某些作者那樣，將西方資本主義看作王侯壟斷政策的必然結果，是多麼的不正確[212]。

---

[212]　參見萊維（H. Levy）：《經濟自由主義》（英譯本，倫敦，1913 年版）。

第四篇　現代資本主義的開端

第二十四章　早期大規模投機危機[213]

　　我們已經了解資本主義企業的特徵及前提條件是：企業家占有自由市場、生產資料、合理的規則、合理的技術、自由勞動力以及經濟生活的商業化。另一個誘因則是因代表財產的自由流通證券的產生而變得重要的投機。而投機所引發的重大經濟危機是其早期發展的象徵。

　　荷蘭的鬱金香狂潮[214]在西元1630年常常被看作大規模投機危機，然而卻不應將其包括在內。在成為因殖民地貿易而致富的貴族的奢侈品後，鬱金香價格驟然飛漲。大眾受輕鬆獲利願望的驅使而誤入歧途；結果，整個狂潮又驟然崩潰，很多人傾家蕩產。不過所有這一切對荷蘭經濟發展並未造成重大影響；與賭博有關的東西在這一時期成為投機對象，致使危機時而發生。不過這截然不同與以約翰·羅（John Law）為主角的法國密西西比股市的大規模投機和同一時期的英國南海公司投機。

---

[213] 一般參考文獻——斯科特（W. R. Scott）：《1720年以前英格蘭、蘇格蘭以及愛爾蘭股份公司的組織和財務》，共三卷，劍橋，1910－1912年版；阿夫塔里昂（A. Aftalion）：《法國、英國和美國生產過剩的週期性危機和週期性循環》，巴黎，1913年版；鮑尼阿蒂安（M. Bouniatian）：《英國商業危機史》，慕尼克，1908年版；布裡斯科（N.A.Brisco）：《羅伯特·沃波爾的經濟政策》，紐約，1907年版。

[214] 有史以來載入文獻的最早的投機狂潮，發生於17世紀的荷蘭。鬱金香的繁殖方法決定了其供給難以在短期內增加，而期貨交易方式和必要的約束機制的缺失，使得鬱金香合同在短時間內頻繁易手，甚至買空賣空，再加上價格的上升大大激勵了人們的樂觀情緒，鬱金香投機狂潮得以形成。但投機最終並不能創造財富，而只是對財富的重新分配，當人們意識到這一點時，投機狂潮的崩潰便不可避免了。——譯者注

第二十四章　早期大規模投機危機

鬱金香泡沫。有人戲稱「一朵小花摧殘了一個大國」,在當時的荷蘭,買賣鬱金香成了全民運動。一株名為「永遠的奧古斯都」的鬱金香球莖可以換來一棟豪宅

長期以來在一些大國的財政實踐中,根據所發行的並將在日後購回的憑證預估收入的方式已經成為習慣做法。英、法兩國的財政支出因為西班牙王位繼承戰爭的緣故猛增。英格蘭銀行的成立解決了英國的財政需求;然而早已債臺高築的法國政府,毫無解決之法;路易十四去世後,沒人知道這筆鉅額債務應如何解決。在攝政時期,一個叫約翰·羅的蘇格蘭人站了出來,他有一套自己的金融理論,認為自己從英格蘭銀行的創立中學有所獲,而且儘管他在英國並沒有機會付諸實施。在他看來,通貨膨脹,即盡最大可能增加通貨,可以刺激生產。

羅在西元 1716 年獲得了建立一家私人銀行的特許權,起初這家銀行並沒有什麼特別之處。只是規定這家銀行必須接受投資者以國債繳付的資本,而這家銀行所發行的銀行券可以用來繳稅。對於應怎樣獲得穩定可靠的收入以維持其所發行銀行券的流動性,該銀行並沒有明確的計畫,這與英格蘭銀行不一樣。羅還創立了與這家銀行連繫緊密的密西比公司。開發路易斯安那地區[215]需要投入 1 億里弗爾(Livre)的資金;公司為換得了該地區的貿易壟斷權,接受了同樣數量的國債作為資本。

---

[215]　現在是美國中南部的一個州,曾經是法國殖民地。——譯者注

其實只要仔細分析一下路易斯安那計劃，便會發現：得需要一個世紀，路易斯安那才可能產生足夠的收入來償付所投入的資本。起初勞打算開展像東印度公司那樣的事業，可是卻完全忽略了如下事實：路易斯安那而僅僅是印第安人定居的森林荒地，並非跟印度一樣是文明古國。

約翰‧羅於西元 1718 年發現自己面臨一家股份公司的競爭威脅，這家公司打算承包間接稅的，於是他合併了密西西比公司與印度公司。新公司計劃與印度和中國進行貿易，可是缺乏政治力量來保證法國分得已被英國控制的亞洲貿易。然而攝政王仍被說服給予羅鑄幣權並讓他承包所有稅款的徵收，以換得利率為 3% 的貸款，用這筆貸款處理流通中的鉅額國債。此時大眾開始了瘋狂的投機之旅。頭一年股利率為 200%，股價從 500 飄升至 9,000。這種情況只能用如下事實解釋：由於當時尚不存在系統的交易機制，因此無法進行賣空交易。

羅在西元 1720 年為自己成功謀得了財政大臣一職。可整個企業仍迅速崩潰了。即使國家下令約翰‧羅的銀行券為唯一合法鈔票，隨後國家又試圖以嚴厲限制貴金屬交易的方式來維持，都無濟於事。由於不管是在路易斯安那的貿易，還是在東印度或中國的貿易都無法產生足夠的收益來償付甚至一小部分本金的利息，羅的失敗簡直是必然的了。銀行誠然吸收存款，可是卻沒有可變現的外部資源可用來償債。結果是徹底破產，鈔票變成廢紙。這種結果給法國大眾一記沉重打擊，不過得以推廣了向持股人發行的可自由轉讓的股權憑證。

英國在同一年也發生了極為相似的現象，只不過形勢不像法國那樣失控。競爭制度的觀念在英格蘭銀行成立後不久盛行起來了（西元 1696 年）。這便是以後展現在德意志平均地權論者的建議——以土地代替匯票作銀行券發行準備金——中的相同思想為基礎的土地銀行計劃。可是這項計劃並未實行，因為英國顯然缺乏必要的流動性。然而這並未阻礙

第二十四章　早期大規模投機危機

托利黨在西元 1711 年輝格黨政府垮臺後採取與幾年後約翰・羅所遵循的思路類似的方針。

英國的貴族想建立一個集權機構，以對抗專門以清教徒為基礎的英格蘭銀行，同時還可以清償鉅額公債。因此，南海公司成立了，為國家提供大規模貸款，換得了在南太平洋的貿易壟斷權。英格蘭銀行並未精明地置身事外，它甚至和南海公司的創立者互相競價，只不過托利黨因為在政治上與其對立，拒絕它參加，它提出的方案也未獲透過。

事情的發展與約翰・羅的機構相似。由於南海公司的貿易額不足以預付款項的利息，於是它的破產也在所難免了。在股價暴跌以前，因投機而產生了可轉讓證券，就像法國一樣。結果，鉅額財產消失殆盡，很多冒險家卻獲利頗豐，國家——以一種不太體面的方式——大大減輕了自身的利息負擔。英格蘭銀行仍然保全了以前的聲譽，而且成為唯一建立在合理的匯票貼現的基礎上，因而擁有必要流動性的金融機構。這可以解釋如下：匯票所代表的僅僅是已經賣出的商品，而這種頻繁而充足的商品周轉當時在除倫敦之外的世界任何地方都無法實現。

從那以後，儘管也發生過類似的情況，這樣規模的投機危機從未再達到過。整整一百年後解放戰爭結束時，理性投機所導致的危機開始了，從那時起，比如西元 1815、1825、1835 以及 1847 年的危機等，幾乎每隔 10 年便有規律地發生一次危機。卡爾・馬克思在〈共產黨宣言〉中預言資本主義的滅亡，恰恰是考慮到這些危機。這些危機中的首次危機及其週期性重複出現，是以投機的可能性以及因而發生的外部利益團體參加大企業專案為基礎的。

之所以會發生危機，是因為這一事實：由於過度投機，生產資料——而非生產本身——的增長速度快於商品消費需求的增速。西元 1815 年，大陸封鎖的解除所帶來的良好預期引起了辦廠熱潮；然而戰爭

致使大陸的購買力遭到了嚴重破壞，使其無法再消化英國的產品。儘管這次危機得以勉強解決，大陸的購買力也開始增長；因此西元 1825 年之所以再次發生了危機，是因為生產資料——儘管並不是商品——以從未有過的規模進行投機性生產，而且超出了需求水準。

生產資料的製造因為隨著 19 世紀到來的鐵製機器時代開始了，所以可能有這樣的規模。煉焦法、高爐和在前所未有的深度上進行的採礦作業，使鐵成為製造生產資料的基礎，而 18 世紀的機器只有木製的，從而將生產從自然界的基本限制中解放出來。然而同時危機成了經濟秩序迫在眉睫的問題。長期存在的貧困、失業、供給過剩的市場以及毀壞所有工業生活的政治騷亂這種更廣泛意義上的危機，是時時處處都存在的。一名中國農民或日本農民，一旦遭遇饑荒，便認為是衝撞了鬼神，或因老天爺不幫忙，不能風調雨順；而即使最貧困的工人也會認為應對危機負責的是社會秩序本身，兩者之間存在很大差別。在第一種情況下，人們皈依了宗教；在後一種情況下，則認為人的行為有問題，因而勞動者得出必須改革的結論。若是沒有危機，合理的社會主義是無法產生的。

第二十五章　自由批發貿易[216]

批發商最終與零售商在 18 世紀分開並逐漸成為商人階級的重要組成部分；舉例而言，儘管漢撒商人尚未成為典型的批發商。批發貿易的重要性首先便在於它發展出了新的貿易形式。拍賣便是其中之一，進口批發商透過拍賣盡可能加快商品周轉並獲得進行海外支付的一種方式。委託貿易取代集市成為典型的出口貿易。委託貿易是指將待售商品運送給協力廠商，即受託人，受託人必須按照委託人的要求銷售商品。因此委託人與受託人並非與早期商人一樣在集市碰面，而是將商品以投機方式運往海外。目的地得有正式的匯率報價是委託貿易的一個絕對前提，要不然貿易風險會高到無法承受的程度。一個不利條件是，由於以樣品為基礎的貿易尚未形成，因此買家必須親自驗貨。委託貿易一般是海外貿易，盛行於批發商與零售商沒有業務連繫的地方。

進一步的發展在於採購代理商與銷售代理商的同時出現，前者在海外採購時並不驗貨。以樣品為基礎是這類貿易的最古老形式。此前誠然已存在遠途銷售，購買和銷售的適銷商品必須達到常規品質標準；而商品品質達標與否的裁決則由商業仲裁法庭做出。然而遠途貿易所特有的現代形式是憑樣品銷售。在 18 世紀後期和 19 世紀，這種貿易形式在商業中具有十分關鍵的作用，後來被標準化以及等級的明確劃分所代替，這使得有可能免除樣品的運送。新做法要求明確劃分等級。恰恰是在根

---

[216] 一般參考文獻——桑巴特（Sombart）：《現代資本主義》，第 2 卷，第 429 頁；《國家科學大辭典》，第 3 版，第 2 和第 3 卷，埃倫伯格（R. Ehrenberg）撰寫的「交易所」條目以及拉特根（M. Rathgen）撰寫的「市場與度量」條目；海梅恩（J. C. Hemmeon）：《英國郵政的歷史》，坎布里奇（麻塞諸塞州），1912 年版；《國家科學大辭典》，第 3 版，第 8 卷，索洛蒙（Salomon）撰寫的「報紙」條目。

據等級進行貿易的基礎上，在 18 世紀才可能出現投機和與商品有關的兌換業務。

紐約商人的公司

集市是交易所出現之前的發展階段。這兩者有一個相同之處，那就是貿易僅發生於批發商之間；兩者的差別在於集市貿易的現貨交易形式以及集市的定期舉行。所謂的「常設市場」是交易所與集市的中間類型。所有大型商業中心在 16 至 18 世紀都產生了被稱為交易所的機構。不過在這些交易所內尚未發生嚴格意義上的交易所買賣，因為時常出入於交易所的大多數人都是不常駐此地的商人，並非當地人；他們之所以常去交易所，一方面因為商品買賣都是典型的現貨交易或是以樣品作代表進行，而並非根據標準的等級進行；另一方面因為集市與交易所的連繫。最初現代意義上的交易所買賣產生於可轉讓的票據和貨幣領域，而並非商品領域，前者天生是標準化的。直到 19 世紀，那些能足夠準確地劃分等級的商品才進入了交易所。

合理的期貨交易或看漲式投機——即期望在交割日之前低價買入商品的賣空機制——是對成熟的交易所買賣的創新。如果沒有這類交易，便有可能發生像鬱金香泡沫和密西西比泡沫那樣的危機。先前誠然也發

生過銷售人員在沒有貨物的情況下簽訂貨物交割合約的情形，可這類交易通常是不允許的，因為擔心會促使商品售罄，對消費者不利。現代交易所這樣有系統地進行期貨交易是過去任何地方都未曾有過的；在現代交易所內，看漲式投機總是與看跌式投機對立存在。期貨交易最早的標的物是貨幣——特別是國債以及殖民地股票、紙幣和銀行券。由於人們對政治事件的影響或企業的收益可能看法不一，因而這些金融工具便成了合適的投機對象。相比之下，最初的市價表上完全沒有工業股票。隨著鐵路的修建，此類投機有了極大發展；鐵路股票最早點燃了工業股票的投機熱情。在 19 世紀，一些商品——包括糧食、可供大批次買賣的一些殖民地產品以及其他一些貨物——也成了交易所投機活動的對象。

對於以這種方式發展的批發貿易，特別是對於投機貿易而言，合乎需要的通訊社和商業組織是不可或缺的發展前提。成為現在交易所買賣基礎的這類公共通訊社，是很晚才發展起來的。在 18 世紀，不僅英國國會對自己的行動保密，而且視自己為批發商俱樂部的交易所也對自己的資訊守口如瓶。它們擔心公布所有價格將造成反感，進而可能破壞他們的生意。報紙直到相當晚的時候才主要服務於商業。

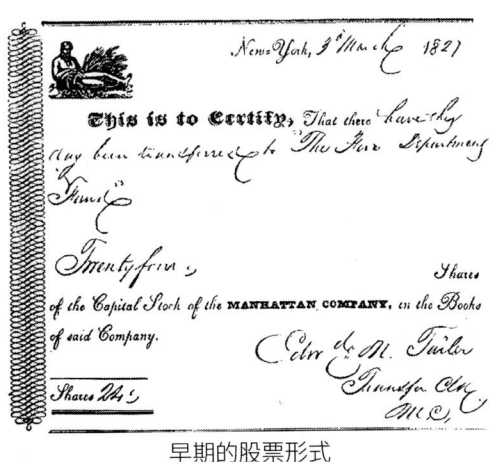

早期的股票形式

報紙這種機構並非資本主義的產物。報紙起初從世界各地蒐集政治新聞，然後主要蒐集各類奇聞趣事。然而刊登廣告，那是很晚才出現的事情了。廣告也並非一直就完全不存在，不過最初只刊登家庭啟事；而廣告被商人用來開發市場，直至 18 世紀末才首次在《泰晤士報》——此時這家報紙世界第一的位置已保持了一個世紀——成為已確立的現象。正式的價格表直至 19 世紀才開始普及；就像美國直到現在仍然保持的那樣，所有的交易所均是封閉的俱樂部。因此在 18 世紀，業務的開展依靠有組織的書信往來。若是沒有可靠的信函傳遞，便無法實現地區間合理的貿易往來。信函的傳遞一部分是由肉販、車輪修造工等完成的，一部分是由商業行會完成的。郵政最終實現了信函傳遞的合理化，郵政收集信函並擬訂為商家提供相關服務的價格協定。在德國，圖恩與塔克西斯（Thurn and Taxis）[217] 擁有郵政特許權，該家族在信函通訊合理化上獲得了突出進展。然而一開始往來信件的數量卻出奇的少。例如，西元 1633 年，整個英國才郵寄了 100 萬封信件，而現在一個有 4,000 人口的地方就能寄出這麼多郵件。

商業組織在鐵路興建之前沒有什麼變化，起碼大致上是這樣。與中世紀末威尼斯船舶相比，18 世紀遠洋船舶的排水量大不了多少。的確，軍艦的尺度有增加，遠洋船舶的數量也更多。這為商船數量的增加和尺度的增大提供了推動力；然而在木結構時期，這種推動作用無法實現。船閘的建造促進了內河航運的發展，可直至 19 世紀，它依然保持著行會組織，因此未發生任何重大革新。陸路運輸也仍然保持原樣。郵政僅僅是寄遞信函和小件包裹，未發生任何變革，而尚未涉足對經濟生活起關鍵作用的大規模生產。

---

[217] 歐洲經營郵政業務的家族，其成員在西元 1501 年被西班牙國王任命為郵政事務大臣，建立了歐洲第一個投遞私人信函的私人郵政機構；該家族曾一度經營著幾乎全歐洲的郵政業務。——譯者注

第二十五章　自由批發貿易

只有透過建造收稅關卡，道路狀況才有了非同尋常的改善。在這方面，由薩利（Sully）掌管財政的法國政府走在了前頭；而英國則將道路出租給了私人企業家，這些企業家憑藉道路使用權而徵收通行費。收稅關卡的建造引發了商業生活的變革，此次變革是鐵路出現之前的任何其他變革都無法比擬的。當然那時道路運輸的密度無法和現在相比。西元 1793 年，也就只有 70,000 匹馬在呂內堡（Lüneburg）小鎮；到西元 1846 年，用於貨物運輸的馬匹在整個德意志也就是 40,000 匹。陸地運輸資費是同一時期內河運輸資費的 3～4 倍，這 10 倍或者 20 倍於後來的鐵路貨運資費。德意志陸地運輸周轉量原本最高只有 5 億噸公里，到了西元 1913 年鐵路運輸周轉量變成了 67 億噸公里。

不僅僅是對商業，對整個經濟生活而言，歷史上最具革命性的工具是鐵路；可是鐵路依存於鐵器時代，而且與很多其他事物一樣，是王侯與朝臣利益的玩物罷了。

第四篇　現代資本主義的開端

第二十六章　16 至 18 世紀的殖民政策 [218]

　　是時候對在歐洲以外地區取得並開發大片土地對現代資本主義發展的重要性進行探究了，儘管這裡只提及舊殖民政策最突出的特徵。歐洲諸國透過獲得殖民地累積了鉅額財富。壟斷殖民地產品、殖民地市場是這種累積的手段——即將產品輸入殖民地的權利以及宗主國與殖民地間的運輸收益——由西元 1651 年英國《航海法》[219]特別保證。這種累積透過武力獲得的，各國都是這樣，無一例外。運作方式可能各不相同。要麼宗主國直接從殖民地獲取利潤，用本國的政府機構進行管理；要麼將殖民地出租給公司，換得一筆報償。宗主國對殖民地的開發或者以封建方式（以西班牙與葡萄牙為代表）進行，或者以資本主義方式（以荷蘭與英國為代表）進行。

　　封建殖民方式的先導尤以威尼斯與熱那亞在地中海東部的的殖民地以及聖殿騎士團的殖民地為代表。為獲得貨幣收入，在這兩種情況下，都是將待開發地區分為采邑，而西班牙則是分成「託管地」。

　　資本主義殖民地往往發展成了種植園。當地原住民充當了勞動力。在亞洲和非洲，這種勞工制度已取得了良好的效果，若移植到大洋彼岸，應用機會似乎將大大增加。然而卻發現美洲原住民[220]完全不適合種

---

[218] 一般參考文獻——梅里韋爾（H. Merivale）：《關於殖民和殖民地的講座》，倫敦，1861 年版第 2 版；莫里斯（H. E. Morris）：《殖民史》，總共兩卷，倫敦，1904 年版；貝爾特（G. L. Beat）：《舊殖民地制度（1600－1754）》，總共兩卷，紐約，1912 年版；薩托利亞斯·馮·瓦爾特斯豪森（Sartorius von Waltershausen）：《北美殖民地的勞動法》，斯特拉斯堡，1894 年版；威克斯（StB. Weeks）：《南部貴格會教徒和奴隸制》，巴爾的摩，1898 年版。

[219] 1651 年《航海法》規定：輸入英國及其屬國的貨物必須由英國船舶運輸，歐洲商船僅可攜帶本國商品入港。——譯者注

[220] 指除愛斯基摩人外的所有美洲原住民，即印第安人。——譯者注

植園勞動[221]；為代替美洲原住民，大量黑奴被運往西印度群島，從而漸漸形成了經常性的大規模奴隸貿易[222]。這是以奴隸貿易特權為基礎的，查理五世[223]在西元1517年授予弗拉蒙人[224]（Fleming）的特權是最早的。直至進入18世紀很長時間，這些奴隸貿易特權仍在國際關係中發揮著重要作用。英國在烏特勒支條約[225]中獲得了在屬於西班牙的南美殖民地販賣奴隸的特權，不過同時也得擔負輸送最低數量奴隸的義務。奴隸貿易的收穫相當可喜。在19世紀早期，歐洲的殖民地猜想約有700萬奴隸。奴隸的死亡率極高，在19世紀是25%，較早時候是這個數字的幾倍。西元1807至1848年，另從非洲進口了500萬奴隸；從此運往海外的奴隸總數大致等於18世紀歐洲一流強國的人口數量。

除黑奴以外，也存在白人半奴隸，即契約工；英屬北美殖民地的白人契約工[226]尤其多，在17世紀，甚至比黑奴還多。他們一部分是貧困的窮人，一部分是被驅逐出境的罪犯，想以這種方式賺得相當於一小筆鉅款的旅費。

奴隸貿易的利潤非常豐厚。在18世紀，英國每年從每個奴隸身上猜想能賺15至20英鎊。使用奴隸勞動之所以獲利頗豐，就在於嚴格的種植園紀律、對奴隸殘忍的驅使，持續的進口（因為奴隸不能自我繁育）以及農業開發。

---

[221] 差不多的情形在這一事實可見到：黑人很早便表現得不適合工廠勞動和操作機器；他們經常發呆打瞌睡。這表明在經濟史上確實存在種族差異。
[222] 阿拉伯人是奴隸貿易最早的支持者，他們在非洲的地位一直保持到現在。在中世紀，猶太人和熱那亞人瓜分了此類業務；葡萄牙人，法國人，英國人也相繼加入進來。
[223] 神聖羅馬帝國皇帝，在位期間為西元1519至1556年；而且是低地國家（包括現在的比利時、盧森堡、荷蘭）至高無上的君主。——譯者注
[224] 比利時的一個主要族群，主要住在北部弗蘭德地區。——譯者注
[225] 為結束西班牙王位繼承戰爭，法國、西班牙與反法同盟各國於西元1713年4月至1714年9月在荷蘭的烏特勒支簽訂的一系列條約。——譯者注
[226] 歐洲，尤其是英國，主要以契約工方式向北美殖民地輸送勞動力：勞動者與雇主簽訂書面契約或達成口頭協定，對服務期限、勞動報酬等進行約定。服務期滿的契約工成為自由人，而服務未期滿的契約工有可能被租賃或者轉賣。——譯者注

第四篇　現代資本主義的開端

殖民地貿易帶來的財富累積對現代資本主義發展無足輕重，並沒有什麼重大意義，但必須指出，這個事實與維爾納·桑巴特[227]（Werner Sombart）的觀點完全相反。殖民地貿易誠然有可能使大規模財富得到累積，可這並未推動西方勞工組織在具體組織形式上的發展，因為殖民地貿易本身以剝削原則為基礎，而並非以透過市場活動獲取收益的原則為基礎。此外，據我們了解，以英國在孟加拉的駐軍為例，其支出是運到那裡的所有商品貨幣價值的 5 倍。因此，當時殖民地給國內工業帶來的市場比較無足輕重，運輸業才是主要利潤來源。

奴隸制的廢除符合以資本主義方式開發殖民地的目標。道德動機僅僅是廢除奴隸制的一部分原因。貴格會（Quaker）[228] 教徒是唯一團結一致、堅持不懈與奴隸制作鬥爭的基督教教派；不管是喀爾文派教徒或是天主教徒，抑或是任何其他教派，均沒有始終如一地主張廢除奴隸制。北美殖民地的喪失才是決定性事件。北美殖民地甚至早在獨立戰爭時期便禁止奴隸制；而且由於人們不希望看到種植園制度與植園主寡頭政治的發展，因此對奴隸制的禁止實際上完全出於民主政治原則。宗教動機──表現為清教徒對所有封建制度的一直以來的反感──也發揮了一定作用。

法國國民公會於西元 1794 年以政治平等為由，宣布廢除奴隸制，並用合適的思想體系對這些理由進行粉飾。在此期間，西元 1815 年維也納會議[229] 禁止了奴隸販賣。因為失去了使用奴隸的主要地區──即北美殖民地，英國在奴隸制上的利益也已銳減。維也納會議的禁令使英國人既有可能壓制別國奴隸貿易，同時自己也有可能輕易地從事走私活動。

[227] 德國社會學家、經濟學家，著有《資本主義的精華》、《現代資本主義》、《奢侈與資本主義》、《戰爭與資本主義》等書。──譯者注
[228] 基督教新教教派，成立於 17 世紀的英國，堅決反對奴隸制。──譯者注
[229] 為重新劃分拿破崙戰敗後的歐洲領土，英國、俄國、法國、奧地利和普魯士等國於西元 1814 年 9 月至 1815 年 6 月在維也納召開的會議，通過了奴隸販賣禁令。──譯者注

西元 1807 至 1847 年，在政府實際上的暗許下，有 500 萬人被以這種方式從非洲運到英屬殖民地。直到西元 1833 年議會改革後，英國及其所有殖民地才真正禁止蓄奴，禁令才得以認真實行。

在 16 至 18 世紀，儘管對歐洲財富累積來說，奴隸制至關重要，可對歐洲經濟組織卻無足輕重。它儘管產生了很多年金領受者，可對經濟生活的發展與推動資本主義工業組織而言卻影響很小。

第四篇　現代資本主義的開端

第二十七章　工業技術的進步[230]

要準確定義工廠這個概念不是件容易的事。我們會馬上想到蒸汽機以及機械化作業，可所謂的「器械」卻是機器的先導——這種勞動工具得以與使用機器相同的方式來使用，而且一般以水力來驅動。器械得由人來操作，而現代機器則用來代替人的勞動，這是兩者的差別所在。然而現代工廠非常顯著的特徵通常並不在於所使用的生產工具，而在於勞動手段、工作場所、動力源以及原材料的所有權均集中於企業家一人之手——這種情況在18世紀之前十分少見。

決定資本主義演變特點的是英國的發展——儘管英國仿效了義大利等國的做法，但跟隨著英國發展，我們發現了以下幾個階段：

（1）我們發現最早的真正的工廠是西元1719年的一家絲綢廠（儘管仍由水力來驅動），這家工廠位於德比附近德文特河（Derwent）畔。這家絲綢廠是在專利——其所有者竊取了義大利的發明——的基礎上經營的。在義大利，有著各種財產關係的絲綢製造廠已出現了很長時間，不過產品是用來滿足奢侈品需求的；而且當時仍不是具有現代資本主義特徵的時代，儘管因其生產工具、所有原材料以及產品均歸企業家所有，得在這裡提及。

（2）在藉助水力同時執行100個線軸的裝置發明以後，1738年，羊毛製造廠便以專利為基礎建立了。

---

[230] 一般參考文獻——里德勒（A.Riedler）：《技術的歷史意義和未來意義》，柏林，1900年版；貝克（L. Beck）：《鐵的歷史》，總共5卷，布勞恩斯魏克，1884–1903年版；查理·巴貝奇（Chas Babbage）：《論機器和製造業的經濟》，倫敦，1932年版；舒爾采－格弗尼茨（Schulze–Gaevernitz）：《大企業，經濟和社會的進步》，萊比錫，1892年版；達姆施泰特（L. Darmstaedter）：《自然科學和技術史手冊》，柏林，1908年版。

第二十七章　工業技術的進步

(3)半亞麻布生產的發展。

(4)透過在斯塔福德的實驗，陶瓷工業有了系統化發展。陶器的生產是在這樣的條件下進行的：利用水力、現代分工、勞動場所和工具的所有權歸企業家一人所有。

(5)造紙業開始於18世紀，並且以檔案與報紙這些現代用途的發展為長期基礎。

然而，棉紡織工業的命運才是成功實現生產的機械化與合理化的關鍵因素。羊毛工業從15世紀起便成為英國的民族工業；17世紀，棉紡織工業從大陸移植到英國，就立即與這個古老的民族工業開始了鬥爭，這場鬥爭和過去羊毛工業與亞麻布工業一樣激烈。羊毛生產商的勢力十分強大，以致發生了對半亞麻布生產的限制和取締；直至西元1736年曼徹斯特法令釋出後，亞麻布生產才得以恢復。工廠棉織物的生產最初受限於這樣的現實條件：儘管已經改進了織布機，擴大了生產能力，可紡錘仍然保持在中世紀的水準，使得紡出的布料不能滿足需求。西元1769年以後，對紡錘的一系列技術改進，徹底改變了這種狀況；儘管透過藉助於水力和機器，生產出了大量棉紗，可卻無法以相應速度將棉紗織成布。西元1785年，卡特萊特(Cartwright)發明了動力織機，從而解決了這種不平衡狀態；卡特賴特是最早將技術與科學相結合，從理論角度處理技術難題的發明者之一。

倘若沒有生產工具的革命，發展可能已經停止，最具特徵的現代資本主義可能從未出現。現代資本主義的成功取決於煤和鐵。據我們所知，煤一直用於消費，即使在中世紀，也是這樣，就像倫敦、盧提希和茨維考(Zwickau)的情形。可直至18世紀，技術仍取決於鐵的熔煉以及所有生產流程都用木炭這個現實。結果英國發生了森林濫伐，而德國在17、18世紀還沒有受到資本主義發展的影響，因而得以免遭此劫。任何

第四篇　現代資本主義的開端

地方的森林濫伐都會導致工業發展在某一階段上陷入停滯。直到煤的使用，熔鍊過程才不再依賴於植物有機原料。必須注意的是，首批高爐早於 15 世紀便出現了；不過這些高爐都是使用木頭做燃料的，而且是用於戰爭，並非用於個人消費，一部分也與遠洋運輸有關。此外，用來製造炮筒的鐵鑽床在 15 世紀便發明了。與此同時，還出現了重達 1,000 磅的用水力驅動的大而重的落錘；這使得鑽床除可用來加工鑄鐵外，還有可能用於機械鍛造。最後，現代意義的滾軋工藝在 17 世紀也已得到應用。

艾德蒙・卡特賴特（Edmund Cartwright）牧師，由馬驅動織機的專利權的得主

在進一步發展中產生了兩個難題。難題的出現，一方面是因為毀林危險，另一方面是因為礦井的持續進水。森林濫伐問題更為急迫，因為與紡織工業的發展形成對比，英國的鐵工業已逐漸萎縮，到 18 世紀早期，鐵工業好像已經走到了盡頭。這個難題是透過將煤煉成焦炭——煉焦方法發現於西元 1735 年，並於 1740 年開始把焦炭用於高爐鍊鐵而解決的。西元 1784 年，取得了另一個進步，即攪煉法被當作一項革新而採用。礦井進水的威脅因蒸汽機的發明而排除。最初的嘗試首次表明有可

第二十七章　工業技術的進步

能用火提水，在西元 1670 至 1770 年和將近 18 世紀末時，蒸汽機已可投入使用，這使得現代工業用煤的大量生產成為可能。

上述發展的意義可從三方面的影響進行分析。首先，煤和鐵使得科技與大量生產有可能不再受限於有機原料的固有特徵，自此工業便無須再依賴畜力或植物的生長了。透過全面開採過程，將化石燃料開採出來，並用這些燃料開採鐵礦石；藉助於煤和鐵，人們有可能將生產擴大到過去所無法想像的規模。因此鐵成為資本主義發展的最重要因素；若是沒有這種發展，資本主義制度或歐洲將會發生什麼，我們無從得知[231]。

其次，透過使用蒸汽機，生產過程機械化將生產從人工勞動的固有局限中解放出來。的確，為了照看機器，勞動仍不可或缺，所以不是完全解放。機械化的採用時時處處都是為了解放勞動的明確目標；每一項新發明都意味著用較少人力照看機器，廣泛替代手工勞動。

最後，透過與科學結合，商品生產得以從所有繼承傳統的桎梏中解放出來，自由發揮的智力取得支配地位。18 世紀的大部分發明固然並非都是以科學方法取得的，發現煉焦法時，沒人覺得它可能具有化學意義。工業與現代科學的連繫，特別是實驗室的系統工作是從尤斯圖斯·馮·李比希（Justus von Liebig）[232] 開始的，這使工業發展成現在的樣子，使資本主義獲得了全面發展。

新生產方式——正如 18 世紀英國的發展——把所有生產資料都集中於企業家一人之手，並藉助強制手段招收勞動力，儘管是以間接方式。伊莉莎白女王頒布的《濟貧法》[233] 和學徒條例[234] 尤屬此類。由於很

---

[231] 此外，地下礦藏的開採一定要設一個時間限制；鐵器時代上限是 1,000 年。
[232] 德國著名化學家，發明了現代實驗室教學方法。——譯者注
[233] 西元 1601 年《濟貧法》規定：將流浪者關入監獄或送到教養院強迫其勞動；將貧困兒童寄養在指定人家，到一定年齡後去當學徒。——譯者注
[234] 學徒條例規定：在開市城市中，若想從事現有的某一行業，必須先做 7 年學徒。——譯者注

多人因農業制度的巨大變革而陷入極度貧困，到處漂泊，這些措施開始變得不可或缺。大佃農代替小佃農以及耕地變成牧羊場——儘管後者偶爾被高估，都導致土地上需要的勞動力數量不斷減少，從而形成了被強制勞動的過剩人口。任何沒有自行找到工作的人都被強制進入有著嚴格紀律的習藝所；任何離職人員若沒有僱主或企業家證明，就被視為流浪者。除了被強迫進入習藝所外，任何失業者都不能獲得救助。

工廠第一批勞動力便是以這種方式招收的。人們難以適應這種工作紀律。然而有產階級勢力十分強大，透過治安法官得到了政治當局的支持；在缺乏必須遵守的法律的情況下，治安法官依據混亂不堪的指示釋出命令，相當程度上只憑個人意志行事。直至19世紀後半期，他們對這些勞動力仍行使獨斷的控制權，用這些工人滋養新興工業。另一方面，自18世紀早期開始，便出現了有關勞資關係的規定，是現代工作環境管理的先兆。在安妮女王（Queen Anne）[235]和喬治一世（George I）時期透過了最早反對實物薪資的法律，儘管工人在整個中世紀始終爭取將自己的產品帶到市場的權利，但從此以後立法必須防止用別人的產品向其支付勞動報酬，並確保他們能獲得貨幣薪資。在英國，小工匠階層是勞動力的另一個來源，該階層的大部分人都變為了在工廠勞動的無產者。

戰爭與奢侈享受——換言之，軍事部門和王室人員的需要——是新興工業產品的兩大需求來源。軍事部門成為工業產品消費者，消費規模取決於大規模僱傭軍的發展情況；軍隊紀律越發展，武器和所有軍事技術越趨合理化，就越是這樣。在紡織業，主要是制服的生產，因為軍隊不具有生產製服的能力，但卻是統一編制並控制士兵，從而保持紀律的必要手段。鐵工業從事火炮與槍械的生產，商業則忙於軍隊給養供應。除了陸軍，也存在海軍；軍艦體積的增加是創造工業產品市場的一

---

[235] 斯圖亞特王朝英國女王，在位期間為西元1702至1714年。——譯者注

個因素。儘管商船的體積在 18 世紀末之前幾乎沒什麼變化，直到西元 1750 年，駛入倫敦的船舶通常仍是大約 140 噸的載重量；而軍艦的載重量早在 16 世紀便已達到 1,000 噸，進入 18 世紀後，1,000 噸成為一般噸位。與陸軍的需求一樣，海軍的需求因船舶數量以及航程遠近的變化而變化（商船也是如此），特別是在 16 世紀之後。直至那時，地中海東部巡航一般需要一年，此時船舶停留在海上的時間已經長了很多；與此同時，陸地戰役規模的擴大也需要更大規模的給養和軍火供應。最後，在 17 世紀後，船隻與火炮的製造速度突飛猛進。

桑巴特曾認為大規模標準化戰爭供給是影響資本主義發展的一個關鍵性因素。這個觀點應降到合適的位置。的確，陸海軍每年花費鉅額款項；西班牙每年 70% 的財政收入用於這項支出，其他國家為 2/3 或者更多。可是在西方之外的地方，就像蒙兀兒帝國和中國，我們也發現了配有火炮的大規模軍隊（儘管尚未配備制服），然而卻並未因而產生向資本主義發展的推動力。此外，即便在西方，隨著資本主義自身的發展，軍隊的需求也越來越由軍事部門自設的工場和兵工廠來滿足，換言之，往非資本主義方向發展。因此，將產生現代資本主義的主要推動力透過軍隊需求歸結為戰爭，這個結論是錯誤的。戰爭固然與資本主義有關，而且不只限於歐洲，然而這一動力並非是關鍵性的。否則，國家對軍隊需求的直接供給日漸增加，勢必阻礙資本主義的發展，不過這種情況並未發生。

對王室人員與貴族的奢侈品需求而言，法國頗具代表性。16 世紀，國王曾每年直接或間接用於奢侈品的花費高達 1,000 萬里弗爾。王室和社會最上層的這種支出成為很多工業的強勁刺激。除了巧克力與咖啡這些用於享受的物品，最重要的物品有刺繡（16 世紀）、亞麻紡織品（17 世紀）以及為整理這些織品而產生的熨斗（17 世紀）、長筒襪（16 世紀）、傘（17 世紀）、靛藍染料（16 世紀）、地毯（18 世紀）。在需求量方面，最後

兩種在奢侈品工業中最為重要，它們意味著奢侈品的普及，對資本主義生產趨勢至關重要。

中國和印度宮廷生活的奢靡是歐洲從未有過的，可並未因此發展出任何對資本主義或資本主義工業有重大意義的刺激。這是由於此類需求透過強制貢奉以經理制方式供應。這種制度是如此根深蒂固，以至於直到現在，北京地區的農民仍必須向皇室供給與3,000年前一樣的物品；儘管他們並不知道如何生產這些物品，而不得不向生產者購買。印度和中國的軍隊需求也是以服勞役以及實物捐稅方式滿足的。歐洲自身並不是對東方的經理制貢奉毫無了解，儘管是以不同的形式出現。歐洲的王侯透過間接手段將奢侈品工業的工人變為強制性勞工，透過土地賜予、長期契約以及各種特權將他們束縛於工作地點——儘管在奢侈品工業領先於其他國家的法國，情況並不是這樣。歐洲手工業的機構形式，一部分是以料加工制機構，一部分是以作坊制機構保持不變，不管是手工業的技術機構還是經濟機構都未發生任何徹底變革。

向資本主義發展的關鍵動力只能有一個來源，那就是大眾市場需求；大眾需求只能透過需求的普及，特別是透過生產社會上層奢侈品的替代品，而在一小部分奢侈品工業中產生。這類現象的特點是價格競爭，而面向王室人員的奢侈品工業遵循手工藝品的品質競爭原則。國家機構透過政策制定展開價格競爭的首個事例發生於15世紀末的英國，當時英國力圖以很多出口禁令與法蘭德斯的羊毛工業進行價格比拚。

16、17世紀的重大價格變革，透過生產成本和價格的降低，有力促進了資本主義所特有的逐利傾向的產生。這次變革應歸因於海外重大發現所帶來的貴金屬的持續流入。貴金屬的流入從西元1560年代持續至30年戰爭時期，可卻以完全不同的方式影響經濟生活的不同部門。農產品價格差不多全面上漲，使得農產品的面向市場生產成為可能。工業產品

的價格變化則截然不同。工業產品價格總體上保持穩定，或略微上漲，因此與農產品價格相比，其實是在下降。只有透過技術與經濟變革才可能實現價格的相對下降，而價格的下降促使工業透過生產成本的持續降低來增加盈利。因此發展順序不是先有資本主義然後價格下降，而是正好相反，先有價格的相對下降，然後資本主義才發展起來。

在 17 世紀，產生了技術與經濟關係的合理化趨勢，這是為實現與成本有關的價格下降，因此引起了發明創造的熱潮。這一時期的所有發明者都受降低生產成本這一目標影響；把持續運動作為能量來源的想法僅僅是這一非常普遍的運動的諸多目標之一。發明家這類人很早以前就有。可是若仔細分析前資本主義時期最優秀的發明家列奧納多‧達文西（Leonardo Da Vinci）（他的實驗來源於藝術領域而非科學領域）的發明，便會發現他所追求的並非生產成本的降低，而是合理駕馭技術問題。前資本主義時期的發明者基於經驗進行發明創造，他們的發明差不多都具有偶然性。採礦業是個例外，因而這是採礦業與審慎的技術進步有關的問題。

第一部合理的專利法是一項與發明有關的積極革新，這是一部西元 1623 年的英國法律，它包括了現代法令的所有必要條款。直至那時，一向是將特別授權當作報酬來安排對發明的利用；形成對比的是，西元 1623 年的法律把發明的保護期限限定為 14 年，把向原發明者支付適當的專利權稅當作企業家以後利用發明的條件。若沒有這部法律的刺激，就不可能有對 18 世紀紡織業的資本主義發展至關重要的那些發明。

若再將西方資本主義的突出特徵與其原因結合在一起分析，將會發現以下幾點。首先，只有這種制度產生了以前任何地方都未曾有過的合理的勞動組織。時時處處都有貿易的存在，這可追溯到石器時代。同樣地，我們可在各個時期和各種文化中發現國家貢奉、稅款包徵、戰爭財

政等，卻沒有發現合理的勞動組織。此外，我們處處都能發現完全一體化的、原始的內部經濟，同一部落或氏族的成員之間沒有任何經濟活動自由，而對外則有完全的貿易自由。內外道德準則明顯不同，在對外道德準則上，財政程序十分冷酷；中國氏族經濟及印度種姓經濟的規定最為嚴格，而另一方面，印度外貿商人也最不擇手段。相比之下，突破內部經濟與外部經濟、對內道德準則與對外道德準則之間的藩籬是西方資本主義的第二個特點，並將商業原則和以此為基礎的勞動組織融進內部經濟。最後，儘管在其他地方也可能見到原始經濟穩定性的瓦解，比如在巴比倫，不過在其他任何地方都沒發現西方那種企業家的勞動組織。

如果這種發展僅發生在西方，原因應在於其獨特的一般文化演進特徵。只有西方了解現代意義的國家，它有專門行政機構、專職官員以及以公民權概念為基礎的法律。在古代或東方的發端，這種制度絕不可能獲得發展。由法學家制定並進行合理詮釋與應用的合理法律只有西方才了解，也只有在西方才能發現公民概念，因為那種特定意義上的城市只存在於西方。此外，現代意義上的科學一詞只有西方才有。中國人和印度人所熟知的是哲學、神學以及對人生終極問題的沉思，其深度可能是歐洲人所無法達到的；可是這兩種文明仍無法了解理性科學以及與之相關的理性技術。最後，西方文明更因以理性道德準則指導生活的人的存在而有別於任何其他文明。儘管隨處可見巫術與宗教，能夠一直堅持下去的有序生活必然走向明確的理性主義，這種生活的宗教基礎也僅為西方文明所特有。

第二十八章　市民[236]

按社會史的用法，市民概念明顯有三方面的含義：

首先，市民可包含有各自獨特社會經濟利益的若干社會範疇或階級。如此定義的市民階級不是一元的，包括企業家與手工工人，大市民與小市民均屬市民階級。

其次，從政治意義上講，市民身分表示國家成員的資格，可以享有某些政治權利。

最後，從市民的階級意義上講，我們將官僚、無產者以外的其他人聯合而成的階層理解為有文化的有產者，即受領財產收入的人、企業家以及大致上能維持一定生活水準、所有有文化並有一定社會聲望的人。

市民概念第一方面的含義為西方文明所獨有，是從經濟性質出發的。儘管現在而且一直是到處都有企業家和手工勞動者，可從來沒有任何地方將兩者列入同一社會階級。在古代及中世紀的城市，國家公民的概念便有其先導。西方曾有擁有政治權利的市民，而西方之外的地方則只可找到這種關係的痕跡，像《舊約全書》裡的約瑟林以及巴比倫的貴族這類擁有全部法律權利的城市居民。越往東，這些痕跡越少；國家公民的概念在伊斯蘭教世界、中國以及印度仍不為人知。

最後，作為不僅有別於貴族，而且有別於無產者的有文化的有產者——或者只是有文化，抑或只是有財產——的市民，其社會階級含義，與中產階級概念一樣，也是西方所特有的現代概念。的確，在古代

---

[236] 一般參考文獻——韋伯（M. Weber）：《經濟和社會》，圖賓根，1922年版，第513頁；弗斯特・德・庫朗齊（N. D. Fustel de Coulanges）：《古代的城市》，巴黎，1864年版。

及中世紀，市民是階級概念；特定階級的成員資格使一個人成為市民。差異之處在於，市民在這種情況下所擁有的特權不僅有消極意義而且有積極意義。

從消極意義而言，他放棄了比如參加錦標賽的資格、擁有封地的資格以及宗教團體的成員資格的某些合法要求；從積極意義而言，比如在中世紀的城市，他僅可從事某些工作。擁有某一階級成員資格的市民一直是某一特定城市的市民；只有西方才存在這樣的城市，或者在其他地方，這樣的城市像在早期的美索不達米亞一樣僅停留在初始階段。

對整個文化領域，城市有著廣泛貢獻。城市使政黨與政客得以產生。的確，我們發現派系、貴族派別以及謀求官職者之間的鬥爭貫穿於整個歷史，然而西方城市之外的任何地方都不曾有現代意義上的政黨，政黨領導人和內閣成員職位的謀求者這樣的政客同樣稀少。

城市，也只有城市創造了藝術史的奇蹟。與羅馬、邁錫尼藝術形成對比，希臘與哥特藝術是城市藝術。現代意義的科學也產生於城市。在希臘城市文明中，科學思想得以發展而來的學科——即數學，已獲得了能一直發展至今的形式。巴比倫的天文學基礎與城市文化存在相似關係。此外，某些宗教制度的基礎是城市。不僅不同於以色列宗教的猶太教完全建立在城市——農民不可能遵守宗教戒律的規範，而且早期基督教也建立於城市；城市越大，基督教徒所占比例越高，清教與虔誠派也是這樣。農民直到現代才可成為宗教團體的成員。異教徒一詞在古代基督教中同時含有異教徒與鄉村居民的意思，就像被流放後，居於城鎮的法利賽人（Pharisees）[237]蔑視對法律一無所知的農村居民那樣。即使湯瑪斯·阿奎那（Thomas Aquinas）[238]在談論不同社會階層及其相對價值

---

[237] 一個要求所有人完全遵守摩西立法的猶太教派別。——譯者注
[238] 中世紀的哲學家和神學家，將理性引入神學，提倡自然神學，他所創立的托馬斯哲學是天主教研究哲學的重要根據。——譯者注

第二十八章　市民

時，也是說起農民也極為輕蔑。最後，只有城市產生神學思想；另一方面，未受神職人員的騙術束縛的思想也只能在城市找到庇護。在城市之外的環境難以想像柏拉圖（Plato）的傑出才華以及在他思想中居顯著地位的怎樣使人成為有用公民的問題的。

一個地方是否應被視為城市的問題，並非基於其地域面積來判斷[239]。從經濟角度來看，不管在西方還是在其他地方，工商業所在地首先是城市，需要外界持續供給生活資料。大地方因付款方式、供給來源的不同而被分成各種類別。生活資料並非來源於自身農業生產的大地方，可能以自己生產的工業產品、租費、貿易或年金購入生活資料。「租費」表示官員的地租或薪俸；可以威斯巴登（Wiesbaden）為例闡釋以年金為生的情況，在威斯巴登，用文武官員的年金支付輸入貨物的費用。大地方可按用來支付生活資料輸入費用的主要收入來源進行分類，不過這是全世界的普遍情況；而且這是適用於大地方的，而並非用來分辨城市的。

城市的另一普遍性特點在於這一事實：從前城市通常是個城堡，在很長時間內，一個地方只要是設防地點便被視為城市。為此，城市往往是教會和政府管理層所在地。西方的城市一詞被在某些情況下認為含有主教所在地之意。而在中國，官員駐地是城市的一個關鍵特點[240]，而且根據官員的品級對城市進行分類。

的確，在西方之外的地方，也存在政府、設防地點和宗教管理機構所在地意義上的城市。然而西方之外的地方未曾有過單一共同體意義上的城市。在中世紀，擁有各自的法庭、法律和各種程度的管理自治是顯

---

[239] 要不然在歐洲尚未任何城市性質的東西時，北京從一開始就已經被視為一個「城市」了。不過北京的正式名稱是「五城」，而且將其當作五個大村莊進行行政管理，因此不存在什麼北京「市民」。

[240] 相比之下，日本的官員和大名直到明治維新時還在城堡住著，根據面積大小各個地方有所區別。

著特點。中世紀的市民成為市民的原因在於受法律管轄並參與行政官員的甄拔。西方之外的城市為何不存在政治共同體意義上的城市，這個事實需要加以解釋。原因在於經濟性質的說法十分令人懷疑。也並非由於推動聯合的獨特的「日爾曼精神」，因為比西方更有凝聚力的統一集團存在於印度和中國，可城市的那種獨特聯合在那裡並未發現。

若探究根源就要回顧某些最根本的事實。我們想解釋這類現象，但無法基於亞歷山大大帝（Alexander the Great）進軍印度時建立的城市，抑或以中世紀的政治或封建的賜予。最早把城市當作政治單位的說法頗具革命性。西方的城市因兄弟會這類古代和中世紀的聯盟的建立而產生。因而中世紀發生的衝突和鬥爭所具有的法律形式，是無法區分與其背後所隱藏的事實的。霍亨斯陶芬王朝（Staufer）取消城市的宣告並非禁止任何具體假定的市民權，而是禁止聯盟與爭奪政治權力有關的聯合防禦的武裝組織。

726 年的革命運動是中世紀的首個例證，這次革命以威尼斯為中心，使得義大利脫離東羅馬帝國的統治。此次革命運動尤其是為反抗皇帝在軍事壓力下掀起的破壞聖像運動而發起的，因此宗教因素是促使革命發生的動因，儘管它並非唯一因素。此前威尼斯的地方長官（也就是後來的總督）向來由皇帝指派，儘管另一方面，大多總是某些家族的成員被任命為軍事護民官及地區指揮官。從那時起，便由服兵役的那些人選拔軍事護民官及地方長官——即能當騎士的那些人——控制。運動便如此發動起來。可仍需再過 400 多年才於西元 1143 年出現了威尼斯公社的名字。古代的「村鎮聯合」與之非常類似，尼希米（Nehemiah）[241] 在耶路撒冷採取的方法便屬此例。這位首領使那裡的主要家族及選出的一部分人盟誓齊心協力管理並保衛城市。我們不得不認為所有古代城市的起源都

---

[241] 生長於外邦的猶太人，西元前 5 世紀帶領猶太人回到耶路撒冷。——譯者注

有著相同的背景。城邦始終是這類聯盟或「村鎮聯合」的產物,並非都真的總是定居在附近地區,不過不可或缺的是該組織的明確盟誓,這類盟誓不僅表示相同就餐禮儀的確立以及聯盟儀式的形成,而且表示只有將死者葬於衛城並在城市擁有住處的那些人方可參加這個禮儀群體。

這類發展之所以僅發生於西方,有兩方面的原因。首先是防衛組織的獨特特徵。一開始西方城市便首先是個防衛組織,即有經濟能力自行裝備、配備武器和訓練的組織。該軍事組織是以自行裝備原則為基礎,還是以由供給武器、馬匹以及糧食的軍事領主負責裝備的原則為基礎,這對社會史而言是根本性差別,就像經濟生產資料是工人的財產還是資本主義企業家的財產這個問題一樣。

在西方之外的任何地方,阻礙城市的發展都是這一事實:王侯軍隊的歷史比城市還悠久。最早的中國史詩並非與荷馬史詩一樣,提到駕著自己的戰車去戰鬥的英雄,而僅提到作為士兵首領的軍官。在印度,同樣是由軍官率軍抗擊亞歷山大大帝的軍隊。在西方,勞動者與生產資料的分離類似的士兵與裝備的分離,和軍事領主裝備的軍隊,均是現代社會的產物;而在亞洲,這卻處在歷史發展的巔峰。任何埃及或巴比倫——亞述軍隊的情形都不會類似於西方封建軍隊、荷馬時期的民眾軍隊、中世紀的行會軍隊或古代城邦的城市軍隊。

差異基於這樣的事實:在西亞、埃及、印度以及中國的文化演進中,灌溉問題至關重要。水利問題對官僚的存在、附屬階層對國王官僚體制執行的依賴和依附者階層的強制性服役有著重要影響。國王也透過對軍事的完全控制行使權力,這是亞洲和西方軍事組織的差別的基礎所在。在第一種情況下,從一開始皇家的文武官員便是主要人物,而兩者在西方最初均不存在。宗教組織為戰爭自行裝備的形式,使得城市的起源及存在成為可能。的確,在亞洲也能發現相似發展的萌芽。我們在印度發

現了與建立西方意義的城市相接近的那類關係，即合法市民權與自行裝備的結合；一個人若能為軍隊提供一頭象，便可成為梵沙利自由城的正式市民。在古代的美索不達米亞，騎士間也彼此爭戰，而且建立了可自治管理的城市。然而，在這兩種情況下，這些開端隨著以水利制度為基礎的大王國的出現而逐漸消失了。因此只有在西方，這種發展才能日臻完善。

與巫術相關的觀念與制度是阻礙東方城市發展的第二個障礙。在印度，種姓制度無法形成禮儀共同體，所以也無法形成城市，因為不同種姓在禮儀上互不相同。同樣的事實解釋了中世紀猶太人的地位很特殊。大教堂和聖餐均象徵著城市的一致性，然而猶太人既不可在教堂祈禱，也不可參加聖餐儀式，所以注定成為離鄉背井聚居的群體。相反，城市在西方的發展之所以那麼順其自然，是因為古代的神職人員有著廣泛的自由，在與神的交流上，神職人員沒有任何壟斷權，不像亞洲所通行的那樣。在古代西方，由於不存在像印度那樣各種巫術限制的阻礙，所以由城市官員負責主持宗教儀式，因而城邦擁有對屬於主的物品以及神職人員的財富的所有權，致使神職人員的職位都透過拍賣要價的方式來進行。

在晚些時候，西方發生了三件至關重要的大事：

第一，便是在猶太教範圍內破壞了巫術的猶太人的預言；巫術儘管實際上仍然存在，可已淪為歪門邪道，不再神聖。

第二，是五旬節[242]聖蹟，這種禮儀融入基督精神，是早期基督教熱情廣泛傳播的關鍵因素。

第三，保羅那天在安提阿反對彼得而支持未受割禮的夥伴，這也是最後一個因素。

---

[242] 猶太教節期，是從逾越節開始算的第50天，後成為基督教的聖靈降臨日。——譯者注

第二十八章　市民

巫術雖然仍在相當程度上存在於古代城邦，可是部落、氏族以及民族間的巫術障礙卻被這樣消除了，使得西方城市有可能得以建立。

儘管嚴格意義上的城市是獨特的西方制度，可是在此類城市記憶體在兩個基本差別，首先是古代城市與中世紀城市之間，其次是南歐城市與北歐城市之間。在城市共同體的最初發展期，古代城市與中世紀城市存在很大的相似之處。不管在古代還是在中世紀，城市群體的積極成員都僅僅是那些騎士出身的人和過著貴族生活的家族，而其他任何人都只是被迫服從。完全是出於分享商業機會的考慮，這些騎士家庭才居住在城市的。

在義大利成功脫離拜占庭的統治以後，由於里亞托（Rialto）成了與東方貿易往來的中心，所以威尼斯的部分上流社會人士聚集在那裡。應該記住，儘管威尼斯在政治上已經獨立，但其海上貿易及海戰依舊屬於拜占庭體系。同樣在古代，有錢家族並非直接從事貿易，而是作為船隻所有者或放貸者參與其中。在古代，所有重要城市都位於離海不超過一天行程的地方，這也是一特徵；只有那些因為政治或地理原因而有著特殊貿易機會的地方才會繁榮起來。因此桑巴特關於地租是城市與商業之母的觀點本質上是不正確的。事實正好相反；城市的定居是貿易用到地租的可能性與意嚮導致的，貿易對城市建立的關鍵影響十分顯著。

一位新人中世紀初期在威尼斯的發達經歷大致如下：

他一開始是名商人，即零售商人；接著他從上流社會籌集了一筆貨幣或實物貸款，隨後去海外經商，在地中海東部附近地區做買賣，回來時將所得收益分給放貸者。若是他成功了，他透過買地或者買船進入威尼斯的圈子。船隻所有者或土地所有者晉升為貴族的通道一直是毫無阻礙的，這種狀況一直持續到西元1297年大議事會結束。以地租和資本利息——兩者均以貿易利潤為基礎——為生的貴族成員，通常在義大利

被稱為 Scioperato，在德意志被稱為 ehrsamer Müssiggänger，也就是「尊貴的閒人」。的確，威尼斯的貴族中始終有些家族一直從事貿易，就像在宗教改革期間，喪失財富的貴族試著將工業作為謀生手段那樣。不過一般正式市民和城市貴族是同時擁有土地和資本的人，雖靠收入生活，自己卻不參加貿易或工業。

至此為止，中世紀的發展與古代極為類似；然而隨著民主制的建立，它們走上了不同的發展道路。開始的時候，在這方面固然也存在一些類似之處：公民、平民、人民以及市民均是以相同方式指民主制影響的詞彙，都指大多數無法過騎士生活的市民。貴族，即有騎士身分及封建資格的人的選舉權被剝奪了，他們就像列寧（Lenin）對俄國資產階級那樣被監視起來，不受法律保護。

在每個地方民主程序的基礎都完全是軍事性質的；這個基礎在於中世紀的行會軍隊以及古希臘的重灌備步兵這些經過嚴格訓練的步兵的興起[243]。關鍵事實是，證明了與英雄間的搏鬥相比，軍事訓練更有優勢。軍事訓練意味著民主制的獲勝，因為社會既希望也必須獲得非貴族民眾的合作，所以將武器和政權一起交給他們。另外，不管在古代還是在中世紀，貨幣都發揮了作用。

相似情形也可發現於民主制的建立方式中。和國家建立伊始一樣，人民分別作為獨立的群體與他們的官員進行鬥爭。作為反對國王的民主制代表的古羅馬保民官[244]以及斯巴達長官均屬此例，而在中世紀的義大利城市，商人長官或人民長官也均是這樣的官員。他們的特徵在於起初承認自己是不合法的官員。義大利城市的執政官依舊在其頭銜前加上

---

[243] 有關印度軍隊擁有戰術部隊和戰術機構的記載，在亞歷山大大帝時期流傳下來的最古老的希臘報告中就有了記載，可以說是英雄格鬥的典範。在大蒙兀兒帝國的軍隊中，自行裝備的騎士不僅與軍事領主徵募並裝備的士兵地位相當，而且更還受到社會的尊敬。

[244] 古羅馬維護平民利益的官職，從平民會議中選舉產生。——譯者注

第二十八章 市民

「恩賜」一詞，不過人民長官就不這樣做了。保民官的權力來源並不合法，其神聖性在於他並非法定官員，因而只受神靈干預或民眾復仇行為的保護。

兩條發展路徑對其目的來說也是一樣的。社會階級而並非經濟階級的利益具有關鍵作用，這主要是一個防止貴族侵害的問題。人們知道自己是富有的，曾與貴族一起為城市而戰並且獲勝；他們已武裝起來，所以感到自己受了歧視，而且不再滿足於以前所接受的附屬階層的地位。最後，相似的情形也存在於此類獨立組織的官員可使用的手段上。他們在所有地方的平民反對貴族法律程序中爭取介入訴訟的權利。這個目的是透過羅馬保民官與佛羅倫斯人民長官的仲裁權實現的；仲裁權的行使是以呼籲或私下審理的方式進行的[245]。此類獨立組織主張城市的法令只有經過平民的批准才能生效，而且最終確立了只有平民決定的才是法律的原則。「各族人民的決定約束全體人民」這一羅馬法原則的複本可見之於佛羅倫斯法典以及列寧將所有非工人階級均排除在無產階級專政之外的做法。

在確立其統治地位的過程中，強行加入平民的隊伍是民主制的另一個手段。在中世紀，不得不加入行會，在古代，貴族不得不加入部落，儘管在很多情況下其最終的深遠意義被忽略了。最後，所有地方的官職都出現了極大規模的驟然增加，獲勝的政黨以戰利品酬謝其成員的需要導致了政府冗員的現象。

到此為止，中世紀民主制與古代民主制之間也存在一些相同之處。不過除了這些相同之處以外，兩者也顯然存在一些差別。關於城市的分類，從一開始便存在根差異。中世紀城市由行會構成，而古代城市則從未有行會性質。我們從這個角度觀察中世紀的行會便會發現各行會階層

---

[245] 與西元1918年德國革命非常相似，士兵委員會提議爭取獲得取消司法判決的權力。

先後掌權。在佛羅倫斯這一古典行會城市內，最早的那些階層逐漸分成有別於小工藝家的大工藝家群體。大工藝家群體中不僅有醫師、法學家、藥劑師以及現代中產階級意義上的通常有文化的有產者，而且有兌換商、商人、珠寶商以及通常得有大量工業資本的企業家。關於企業家組成的行會，我們可以假定起碼50%的會員以收入為生或很快便這樣做。這些有文化的有產者被稱為「胖子」。恰好相同字眼也可在讚美詩中找到，尤其是虔誠高尚之人反對領年金者及貴族這些上層階級的詩歌，又或者按照一些詩作裡的專業術語來說，在那些不贊成「胖子」的氣憤詩作裡。

小資本家屬於大工藝家群體，而小工藝家群體則包括糕點師、屠夫以及織布工等，他們起碼在義大利均處在勞動階級的邊緣；儘管在德意志，在某種程度上他們已然是大企業家。另一方面，只有單純的勞工，也就是梳理工，很少獲得權力，而且通常僅發生於貴族與最底層聯合反對中產階級之時。

中世紀城市在行會的控制下實行一種被稱為城市經濟的特殊政策。維持傳統就業以及謀生手段是政策的首要目標；其次是使周圍鄉村在最大程度上為城市利益服務，這是透過獨占權以及城市市場的強制使用實現的。它還試圖限制競爭並阻擋大規模工業的發展。雖然這樣，隨著家庭工業以及長期僱工——即現代工人階級的先導——的發展，商業資本與行會內組織工藝勞動之間的矛盾越來越突出。所有這些在古代民主制中都不曾發生。的確，初期存在過一些這樣的跡象。因此，羅馬塞弗拉斯（Severus）軍事組織內的手工勞動者、工匠以及軍隊鐵匠可能均屬此類殘存。然而在民主制已經充分發展的時代，卻沒有找到任何關於此類事情的記錄，直至羅馬時代末期，才又發現一些痕跡。因此在古代，不存在控制城市的行會，更不存在行會政策以及中世紀末期出現的勞資對立。

第二十八章　市民

在古代，儘管不存在勞資對立，可是存在地主與無地者間的對立。無產者並非如蒙森（Mommsen）[246]所言，是僅能以生育方式服務於國家的人，而是地主和正式公民的勤懇的無繼承權的子孫。古代所有政策都是針對這類無產者；為此，對債務奴役進行了限制，還減輕了債務人的法律責任。城市債權人與農村債務人間的差異是古代的常見差異。放貸貴族居於城市，負債小民居於農村；在古代債務法的影響下，這樣的狀況容易導致小民失去土地而成為無產者。

由於上述原因，類似於中世紀城市的生活政策，古代城市未曾有過，其政策只是為了保持份地，也就是人們賴以為生並將自己全副武裝成士兵的地產。目的在於防止共同體軍事實力的減弱。因此，絕不可從現代角度將格拉古兄弟的改革理解為階級鬥爭方法，其目的完全是軍事性質的，是維持市民軍隊、防止其被僱傭軍替代的最後嘗試。

中世紀貴族的對立者既包括企業家，也包括手工業工人，在古代則始終是農民。與這兩種對立的差別對應的是，古代城市的劃分方式不同於中世紀城市。在中世紀，貴族不得不加入行會，而在古代城市，他們則不得不加入村落，也就是鄉村地主構成的地區；在這些地區內，他們與農民受相同法律約束。他們在中世紀是工匠，在古代則是農民。

不同階層在民主制內的分化是古代民主制發展的另一個特徵。首先，有能力全副武裝自己上前線打仗的納稅人階層掌握了權力。其次，由於海軍政策的緣故，在古代部分地區，尤其是在雅典，因為軍艦只能由各階層人民配備，無產階級掌握了權力。雅典的軍國主義導致水手最終在公民大會上獲得了統治地位。因西姆布賴人與條頓人的侵略而在羅馬第一次出現了相似的現象。然而，這種發展並未使士兵獲得公民權，

---

[246] 德國文學家、歷史學家，許多見解比較偏執；著有《羅馬史》一書，並因此書獲得西元1902年諾貝爾文學獎。——譯者注

而是引起了由大將軍領導的職業軍隊的發展。

除了這些差別,古代與中世紀的發展在階級關係上也存在差異。商人或工匠是中世紀行會城市的典型市民;假如他也擁有住房,那他便是正式市民。而古代與此相反,正式市民都是地主。因此,在行會城市,階級不平等是常態。沒有土地的人若想獲得土地,必須由地主作其中間人;無地者在法律上處於劣勢,這種法律上的附屬地位只能漸趨平等,並非所有地方都能實現完全平等。然而中世紀的城市居民在人身關係上是自由的。「城市空氣使人自由」 的原則主張,在農奴逃跑一年零一天後,領主便無權再將其要回。儘管這一原則並非在所有地方都獲得承認,而且受到一些限制,特別是受霍亨斯陶芬王朝法規的限制,然而卻與城市市民的法律觀念相符;城市市民對軍事與稅賦利益的追逐便建立在這種觀念的基礎上。因此,消滅不自由以及實現階級的平等成為中世紀城市發展的主導趨勢。

相比之下,古代初期類似於中世紀的階級差別更為突出;不僅貴族與繼騎士式的武士後而成為鄉紳的平民間的差別得到承認,而且依附者與奴隸制的關係也得到承認。然而階級差別因城市實力的增強以及向民主制的發展而越來越尖銳;大批奴隸被購入或滙入境內,形成了人數持續增加的底層階級;另外,那些已擺脫奴籍的自由民也屬於底層階級。因此,和中世紀城市形成對照,古代城市的階級不平等越來越嚴重。最後,在古代未發現任何中世紀行會壟斷的跡象。在雅典民主制處於支配地位的時期,在關於厄瑞克忒翁神廟的石柱放置問題的資料中,我們發現雅典的自由民與奴隸在同一個自發性群體裡一起勞動,而且由奴隸充當雅典自由民的工頭;考慮到強大的自由工業階級的存在,這樣的關係在中世紀是難以想像的。

總之,從前面的論述中可得出如下結論:古代城市民主無異於政治

行會。它確實有特殊的工業利益並擁有壟斷權；不過軍事利益被置於這種工業利益之上。聯盟城市的繳獲物、貢金以及繳付只是分給市民。因此，與中世紀末的手工業行業一樣，古代的民主市民行會也對吸納太多人加入不感興趣。因而出現了對市民人數的限制，這是導致希臘城邦衰落的其中一個原因。將征服土地以及戰利品分給公民的制度包括在政治行會的壟斷權內；最後，糧食配額、陪審費以及參加宗教儀式的費用是用政治活動場所入場費支付的。

因此，不斷的戰爭是希臘正式市民的常態，像克里昂（Cleon）那樣蠱惑民心的政客也意識到有理由煽動戰爭；戰爭使城市富有，長時間的和平意味著市民的傾家蕩產。所有以和平方式賺得利潤之人，都沒有這樣的機會。這類人包括已擺脫奴籍的自由民以及外邦人；在他們中間，我們首先找到了與現代中產階級的某些類似之處，即沒有土地所有權卻仍舊富裕。

古代城邦只要維持其慣常形式，便無法發展出手工業行會或與之相似的事物，可卻為市民建立了政治軍事壟斷，從而發展成士兵行會；這一事實可用軍事方面的原因來解釋。古代城市代表著當時軍事技術發展的最高水準，任何軍事力量都無法與古希臘重灌備步兵或古羅馬軍團相匹敵。這解釋了古代工業的形式及其發展趨勢與透過戰爭謀取的利潤以及完全以政治手段取得的其他利益之間的關係。與市民相對的是「出身卑下之人」；任何以現在意義上的和平方式謀取利潤的人出身卑下。與之形成對比的是，中世紀初期的軍事技術重心卻在城市之外的騎士之中。沒有什麼能夠與武裝起來的封建軍隊相抗衡。所以市民的行會軍隊從不冒險進攻，而只是防守，西元 1302 年的庫爾特雷（Courtray）戰役是僅有的一次例外。因此，中世紀的市民軍隊從未履行過古希臘重灌備步兵或古羅馬軍團的貪得無厭的行會職能。

第四篇　現代資本主義的開端

在中世紀，我們發現了西方南部城市與北部城市間的顯著差異。在南方，騎士通常居住在城市，而北方則與之相反，從一開始他們就居於城外，甚至是被阻止進入城市。北方城市的特權授予包括可以不准高級官員或騎士居住的規定；另一方面，北方的騎士把城市貴族視為出身卑下之人而不願與他們為伍。其原因在於，兩個地區的城市是在不同的時期建立的。在義大利公社開始興起時，騎士的軍事技術達到了巔峰；因此城市被迫僱傭騎士或與之結盟。就本質而言，城市間的圭爾夫——吉柏林（Guelph —— Ghibelline）戰爭是不同騎士群體間的爭鬥。因此城市堅決主張騎士應定居下來，要不然便將「無禮」的罪名強加其上；而城市不希望騎士離開城堡活動而影響道路安全，而是希望他們為其市民弄到他們所需的東西。

英國城市與這類情況形成最鮮明的對比，與德意志或義大利城市不同，英國城市從未成為城邦，除了極稀少的例外情況，從來不曾試圖控制附近村落或者將其管轄範圍擴展到農村。它既沒有取得這類成就的軍事實力，也沒有這樣的想法。英國城市的獨立是以從國王那裡租來的徵稅權為基礎的，因此只有此項租賃的參加者才是市民；根據租約規定，城市應作為一個單位繳納規定金額的款項。英國城市的特殊地位可用以下兩點來解釋：一是征服者威廉之後，英國政治權力的高度集中，二是英國的自治群體在 13 世紀後聯合成為議會。如果貴族想做任何反對國王之事，便不得不求助於城市，尋求錢財方面的援助，就像另一方面城市也得依靠其軍事支持一樣。從城市派代表參加議會開始，消除了城市方面實施政治脫離政策的動機與可能性。城鄉對立早已消失，而且還接納了很多擁有土地的中小地主成為市民。市民最終獲得了控制權，儘管直至最近，貴族在國家事務中依然是形式上的領導者。

在論及與資本主義發展有關的這些關係的影響時，我們必須強調古

代與中世紀工業的異質性以及資本主義自身的不同種類。各種不合理的資本主義形式我們在各個歷史時期都能碰到。這些資本主義形式可分為以下幾種:

(1)出於包稅目的——在西方、中國和西亞——以及為戰爭籌資的目的——在中國和印度的列國分立時期——而建立的資本主義企業。

(2)與貿易投機有關的資本主義,差不多每個歷史時期都存在商人。

(3)因外來者的需要而產生的放貸資本主義。

所有這些資本主義形式均與賦稅、戰掠物、以權謀私或官方的高利貸、貢物以及現實需求相關。需要指出的是,過去官員都像凱薩獲得克拉蘇(Crassus)[247]的資金支持那樣被資助,而且都想方設法透過濫用職權收回提前支付的款項。然而所有這些都是不合理的非經常性經濟活動,合理的勞動組織制度無法從這些安排發展而來。

相反,合理的資本主義是為了市場機會,所以也是為了真正的經濟目標組織起來的;而且它與民眾需求及供給民眾需要連繫得越緊密,便越合理。不過中世紀以後現代西方的發展才將資本主義發展為一種制度,而在整個古代,只有一個其理性主義可以比得上現代資本主義的資本家階級,即羅馬的騎士。當希臘城市需要貸款或簽訂供給契約或出租公地時,便不得不鼓勵不同地區的資本家互相競爭。相比之下,羅馬則出現了理性的資本家階級,自格拉古兄弟(Gracchi brothers)時期起,該階級便在國家中造成了關鍵性作用。此階級的資本主義全然與國家及政府的機會相關,與包稅、政治冒險和戰爭的融資活動有關,或者與公地或攻占的土地和土地的租賃有關。儘管它必須考慮到官僚貴族的持續敵對,它還是時而對羅馬的公共政策發揮關鍵作用。

---

[247] 古羅馬軍事家、政治家,和龐貝、凱薩並稱為「三巨頭」,是聲名顯赫的羅馬首富。——譯者注

第四篇　現代資本主義的開端

中世紀晚期資本主義開始將注意力轉向市場機會，城市在失去自由之後的發展中出現了與古代資本主義的明顯差別。在這裡我們再次找到了古代、中世紀以及現代之間在發展路徑上的根本差異。在古代，不再為資本主義政治留一席之地的以官僚方式組織的世界帝國徹底清除了城市的自由。帝王在一開始被迫求助於騎士的財力，不過我們發現他們逐漸得以解脫，而且不讓騎士階層參加稅款包徵，從而將騎士排除在最能賺錢的財源之外——就像埃及國王在其統治範圍內政治和軍事的需求不靠資本家的力量供給、將包稅人降為收稅官員那樣。在羅馬帝國時期，所有地方的田地租賃都下降到了便於永遠世襲擁有的程度。一般是透過受奴役者的強制捐納以及強制性勞役而非競爭性契約來實現國家經濟需求的供給的。居民階級的劃分開始根據居民的職業進行，國家需要由新成立集團根據連帶責任原則承擔。

這種發展導致了古代資本主義的死亡。徵募的軍隊取代了僱傭軍，而船隻透過強制服役提供。任何有剩餘糧食的地區都將所有收成根據需要在城市中分配，不得進行私人貿易。道路修建之責以及必須供給的其他各項服役由依附於土地繼承和職業的各特定群體承擔。最後，羅馬城市共同體，大概像鄉村共同體透過共同會議那樣，透過其市長，要求富有的市議員基於財產比例回饋城市，因為居民對應繳國家的捐稅及服役要負連帶責任。這些服役按照原籍地原則規定，這一原則是仿照埃及托勒密王朝的原籍制建立的；被奴役者的強制捐稅只能在原籍共同體繳納。這種制度確立後，資本主義謀利的政治機會便結束了；在以強制捐納為基礎的羅馬帝國的末期，資本主義已毫無容身之處，就像在以強制勞役為基礎的埃及那樣。

現代城市的命運截然不同。它的自治權此時再次逐漸取消了。17、18世紀的英國城市是只有財政與社會階級意義的行會集團。除帝國城市外，

第二十八章　市民

相同時期的德意志城市都僅僅是凡事聽從上級指揮的地理實體。西班牙城市被查理五世在公社的起義中剝奪了權力,而法國城市的這種發展在很早之前就出現了。西方意義上的自由狀態,在俄國城市從未達到過,而義大利城市則處於「君權」的統治之下。每個地方城市的司法、軍事以及工業權力都被奪走了。在形式上,原來的權力通常未發生改變,可實際上,就像在古代隨羅馬統治權的確立而發生的一樣,徹底奪走了現代城市的自由;儘管與古代不同,不管在和平時期還是在戰爭年代,它們在無休止的權力爭奪中處於相互競爭的民族國家的控制之下。這種競爭性的鬥爭為現代西方資本主義提供了極大機會。這些分立的國家必須互相爭奪流動資本,而流動資本則規定了支持它們爭奪權力的各種條件。在國家與資本這種迫不得已的聯姻中,民族市民階級——即現代意義的資產階級——應運而生。因此封閉的民族國家為資本主義發展創造了機會,而且只要這種民族國家不被世界帝國取代,資本主義便會持續存在。

第四篇　現代資本主義的開端

第二十九章　合理化的國家

一、國家、法律與官員

只有西方出現過合理的國家。在中國以前的統治制度中[248]，迂腐的官員的士大夫階層居於根深蒂固的氏族與工商業行會的勢力之上。士大夫主要是受過文化教育的有功名的文人，可未曾受過一點的行政培訓；他是一位出色的作者，擅於吟詩作對，精通古文，並能加以解釋，卻對法律一竅不通。他在政治服務中毫無重要性。這樣的官員行政事務由辦事人員處理，並不親自從事行政工作。為防止士大夫在自己的管轄區域內扎根、擁有勢力，他們不停地從一地調到另外一地，而且絕不會讓其回家鄉上任。他不懂所在省分的方言，因此無法與民眾溝通。有著這樣官員的國家必然與西方國家有些差異。

實際上，這一切都以巫術理論為基礎，官員的功績以及皇后的美德，即文學素養的盡善盡美，平時尚可安然無憂。一旦發生旱災或棘手之事，便頒布詔書，加速審判，強化科舉，安撫鬼魂。這個帝國是農業國，因此農民氏族代表了經濟生活的90%，商業與貿易的行會組織代表著另外10%。實際上所有事情都由其自行處理。官員並不進行管理，只有發生動亂或意外之事時，才出面干預。

合理的國家則截然不同，資本主義也只有在這樣的國家才能得以發展；其基礎在於合理的法律以及專業的官員。早在7、11世紀，中國便進行過改革，由訓練有素的官員取代士大夫處理政事，不過這種改革只是曇花一現，一切又恢復原樣。然而並不能因而認為中國人的精神與專

---

[248] 見韋伯：《宗教社會學論·文集》，圖賓根，1920年版，第1卷，第27以下各頁，及其引用的參考文獻。

第二十九章　合理化的國家

業化的行政管理無法相容。可行政管理的專業化和合理國家的發展卻遭到對巫術的頑固信奉的阻礙。因為這個事實，氏族的勢力便無法和西方一樣因城市與基督教的發展而被瓦解。

受過訓練的官員作出決定所依據的現代西方的合理法律，其形式——儘管並非其內容——是從羅馬法發展而來的。羅馬法一開始是民主制從未占過統治地位的羅馬城邦的產物，羅馬城邦的法律制度從未以與希臘城邦同樣的形式出現。希臘法庭在審判小型案件時，原告和被告透過引起同情、哭訴以及指責對方打動法官。這種做法也見之於羅馬的政治審判，就像西塞羅（Cicero）[249]的演說所表明的那樣；然而在民事訴訟中卻並非如此，在民事訴訟中，由羅馬執政官指派一名審判員，對於在什麼情況下作出不利於被告的判決或不予審理均作出嚴格指示。在查士丁尼（Justinian）統治時期，拜占庭的官僚慢慢地關心起了法律，他們覺得成體系和明確的法律才便於學習，因此對合理的法律進行了整理並使之形成體系。

在西方，羅馬帝國滅亡後，義大利公證人控制了法律。這些公證人，還有大學，都希望恢復羅馬法。公證人堅持以前羅馬帝國的合約形式，並依據時代發展的需要對其進行重新解釋。與此同時，大學發展出了一種自成體系的法學理論。然而發展的基本特徵在於司法程序的合理化。古代德意志的案件審理形式十分僵化，就像各原始民族那樣。當事人會因為在法律程序中一個單字的發音錯誤而敗訴，因為法式具有巫術意義，擔心天降災禍。德意志案件審理中這類巫術性質的形式主義與羅馬法的形式主義正好吻合。與此同時，發揮一定作用的還有法蘭西王國創立的代理人或辯護人制度，這種代理人或辯護人的任務是，專門負責法律程序的正確發音，尤其是與教會法有關的程序。為了維持世俗紀律

---

[249] 古羅馬政治家、演說家，被認為是三權分立學說的先驅。——譯者注

以及自身內部紀律，莊嚴的教會管理組織需要有其固定的形式。對於這種日爾曼的折磨或神裁法，資產階級最無法忍受。商人不可透過背誦慣用詞語的比賽決定商業權利，而且每個地方都能從這種死摳法律條文的辯論與神裁法中獲得豁免。教會起先也猶豫不決，最終也認為這種程序是歪理邪說，無法忍受，而且使教會法程序以盡可能合理的方式創立。世俗與宗教這兩方面法律程序的合理化擴展至整個西方。

農民階級沒落與資本主義發展的基礎可見之於羅馬法的恢復過程。羅馬法原則的應用確實有不利於農民之處。舉例而言，過去的馬爾克共同體的權利變為封建義務之時，馬爾克共同體的首領被視為羅馬意義的所有者，而由馬爾克成員的保有地承擔封建捐稅。然而另一方面，法蘭西王國只有透過受過羅馬法培訓的法官才能阻止領主將農民趕出土地。

對於資本主義的發展而言，羅馬法並非資本主義發展的完美的基礎。英國——資本主義的發源地——從未接受過羅馬法，原因在於存在一批與皇家法庭有關的辯護人防止國家法律制度走向衰敗。法律學說的發展也受這些人控制，因為那時法官像現在這樣是從他們當中挑選出來的。為了防止外界人士成為法官，他們阻撓英國大學教授羅馬法。

實際上，現代資本主義的所有獨特制度都並非起源於羅馬法。不管年金債券是起源於私人債務還是戰爭貸款，它都來自於中世紀的法律，而德意志的法律思想在中世紀的法律中產生一定作用。相似地，股份憑證也源自於中世紀或現代的法律，而在古代法律中尚不存在。匯票也是如此，義大利、阿拉伯、德意志以及英國的法律均對匯票的發展有所助益。商業公司也產生於中世紀，只有委託事業出現於古代。註冊的擔保、抵押、信託契約以及代理權都最早出現於中世紀，而非古代。

僅從締造了形式的法律思想這個角度來說，對羅馬法的接受至關重要。在其體系中，各種法律制度要麼是以物質原則為基礎，要麼是以形

式法律原則為基礎。物質原則就像伊斯蘭教的法官進行宗教審判所依據的原則，應理解為實用主義與經濟上的考慮。在所有的神權政治與專制制度中，法律制度是物質導向的，就像相比之下，在所有的官僚體制中，法律制度都流於形式。弗雷德里克大帝憎惡法學家，因為他們總是從形式主義的角度實施他建立在物質原則基礎上的法令，因而使他把這些法令都用在他不喜歡的事情上。為此，一般而言，羅馬法是支持形式法律制度摧毀物質法律制度的手段。

然而這種流於形式的法律是可信賴的。在中國，發生這樣的情況，某人已將房屋出售給他人，後來由於極度貧困而請求在裡面居住。若是買主拒絕聽從幫助兄弟的中國古老訓誡，便會攪擾鬼神，因而窮困潦倒的賣主便作為不付租金的租戶住進這所房子。在如此形成的法律基礎上，資本主義不能運轉。它需要像機器那樣可以依靠的法律，宗教禮儀與巫術都應一律不得干擾。

現代國家為實現其權力主張而與法學家結盟，從而完成了這樣一部法律的創立。現代國家曾於16世紀一度嘗試與人文學者合作，而且在建立第一所大學時，便有讓在裡面受教育的人入朝為官的打算；由於在相當程度上，政治爭辯是以交換國家檔案的方式進行的，因而只有受過拉丁文與希臘語教育的人才具有必需的知識。這種幻想很快便夭折了。很快便發現，大學預科出來的這些人並非僅僅因這種專長便具有了政治生活素養最終還得找法學家幫忙。在中國，天下由具有人文修養的官員治理，君主找不到可用的法學家，諸子百家一直在爭辯哪一流派能培養出最傑出的政治家，最終正統的儒學獲勝。印度也有文人，可沒有受過訓練的法學家。相比之下，西方有正式組織起來的司法制度——這是羅馬智慧的結晶——可以使用，和所有其他官員的專業行政官員相比，受過這種法律培訓的官員更加優秀。從經濟史的角度看，這個事實具有深遠

的意義，因為形式法學與國家的聯合間接對資本主義有利。

二、合理化國家的經濟措施

對國家而言，擁有名副其實的經濟政策，即連貫的穩定的經濟政策，只是現代才出現的制度。所謂的重商主義是它所產生的第一種體制。在重商主義發展以前，存在兩種廣泛實行的商業政策，那就是福利占支配地位的商業政策與財政利益占支配地位的商業政策，而福利是從通常生活標準的角度來說的。

在東方，它基本上是出於禮儀上的考慮——包括種姓與氏族組織，而這卻阻礙了深思熟慮的經濟政策的發展。在中國，政治制度經歷了重大變化。中國曾有過高度發達的對外貿易，貿易往來遠至印度。然而，後來中國實行閉關自守的經濟政策，13家商號控制了所有進出口生意，而且集中於廣州一個港口。對內政策則受宗教因素主導，當發生自然災害時，就會進行調查。各省的合作決定看問題的角度，最重要的問題在於，國家的需要應由稅賦還是由強制性服役供給。

日本的封建組織引起了相同的結果，而且形成了完全的對外封閉。這裡的目的在於維持階級關係的穩定，擔心對外貿易攪亂財產分配狀況。在朝鮮，封閉政策取決於禮儀上的原因，擔心外國人，即不諳宗教儀式之人，來到這個國家，會引起鬼神的憤怒。我們發現在中世紀的印度，羅馬商人、希臘商人、羅馬士兵以及猶太移民都曾被給予特權；然而這些萌芽無法發展，因為後來這一切再次被種姓制度所固化，使得有計畫的經濟政策無法實行。此外，印度教對出國旅行的強烈指責是另一個因素，出國之人回來時必須重新獲准加入其種姓。

在西方，直至14世紀，有計畫的經濟政策才只在與城市有關的方面有機會得以發展。的確，經濟政策的萌芽也曾出現於王侯方面；在加洛林王朝時期，我們發現價格規定以及民眾對福利的關係表現在各個方

第二十九章 合理化的國家

面。然而大部分都只停留在紙上,除了查理曼大帝的度量衡制度以及鑄幣改革,後來這一切都消失得無影無蹤。與東方的關係上,也曾經樂於實行一種商業政策,可是由於沒有船隻,便就此作罷了。

當王侯控制的國家放棄爭鬥時,教會卻開始關注經濟生活,盡力將最低限度的法律的誠實及教會的道德準則加於經濟往來之上。維持公共秩序是其最重要的措施之一,最初試圖在某些日期強行實施,最終成為了一般原則。另外,大教會財產共同體,特別是修道院,支持十分合理的經濟生活,儘管還不能將其稱為資本主義經濟,可卻是當時存在的經濟中最合理的。由於教會恢復了其原先的禁慾思想並使其緊跟時代變化,這些嘗試便越來越喪失信譽了。在帝王之中,腓特烈一世統治時期也出現了一些商業政策的萌芽,包括價格規定以及為惠及德意志商人而和英格蘭締結的關稅協定。儘管弗雷德里克二世維持了公共秩序,可整體而言卻推行只有利於富商的單純的財政政策,並授予他們特權,特別是對其關稅的豁免。

在經濟政策上,萊茵河通行費上的爭奪是德意志的國王採取的唯一措施,然而由於萊茵河沿岸小領主數量眾多,這項措施大致上徒然無效。除此之外再無有計畫的經濟政策。給人留下此類政策印象的措施,比如在與科隆的鬥爭中對萊茵的臨時封鎖,或皇帝西格蒙德(Sigmund)對威尼斯的貿易禁令等,都完全是政治性質的。關稅政策由擁有領土的王侯控制,即使是關稅政策,也缺乏對工業的持久鼓勵,很少有例外。政策的主要目的在於以下幾個方面:

首先,鼓勵當地貿易而限制遠途貿易,特別是推動城市與附近鄉村間的物資交流,因而出口稅始終高於進口稅。

其次,給予當地商人關稅優惠。道路通行費存在差別,為了更便利地將其作為收入來源,王侯盡力偏袒自己的道路;出於這一目的,他們

第四篇　現代資本主義的開端

甚至不遺餘力地要求必須使用某些道路，而且使市場法形成體系。

最後，城市商人被給予了特權；對自己打壓鄉村商人，巴伐利亞的富豪路易士（Louis）就此頗感得意。

保護性關稅尚不為人知，不過也有幾個例外，提洛（Tirolese）為從抵制義大利進口的商品的競爭而徵收的酒稅便屬此例。整個關稅政策由財政觀點及維持傳統生活水準的看法主導的。對於 13 世紀的關稅協定，這種觀點也適用。關稅的徵收方法一直在變化。最初的關稅是從價稅，徵收價值的 1/60；在 14 世紀，關稅稅率提高到了 1/12，這是由於關稅在這個時候也可具有貨物稅作用。經濟政策的現代措施——比如保護性關稅，被直接的貿易禁令所取代；在需要保護國內工匠或後來的僱工的生活水準時，往往暫時取消禁令。有時准許批發貿易而禁止零售貿易。在 14 世紀的英國，王侯最早的合理經濟政策的跡象產生了，亞當·斯密（Adam Smith）稱之為重商主義。

三、重商主義

重商主義[250]的本質在於將資本主義工業觀點被運用於政治，把國家當作僅由資本主義企業家構成的國家對待。對外經濟政策以占對手最大便宜的原則為基礎，以最低的價格進口並以高很多的價格銷售。目的在於增強政府對外關係實力。因此重商主義代表著國家政治權力的發展，居民納稅能力的提高直接導致這種發展的達成。

將盡可能多的貨幣收入來源納入該國是重商主義政策的前提。如果認為重商主義的政治家與思想家將貴金屬的所有權與國家財富混淆了，

---

[250] 重商主義，見《國家科學大辭典》，第 3 版，第 6 卷，第 650 頁中的「重商制度」條目，以及帕爾格雷夫（Palgrave）：《政治經濟學辭典》，總共 3 卷，倫敦，1895 年版中的「貿易平衡」等有啟示性的條目；另參見亞當·斯密：《國富論》，第 4 卷；施穆勒（G. Sehmoller）：《重商制度》（「阿什利經濟叢書」中的英譯本）；桑巴特（W. Sombart）：《資產階級》，慕尼克和萊比錫，1913 年版；克萊蒙（P. Clément）：《法國保護制度的歷史》，巴黎，1854 年版；阿什爾（A. P. Usher）：《法國糧食貿易史（1400－1710）》，坎布里奇（馬薩諸塞州），1913 年版。

那無疑是錯誤的。他們清楚地知道納稅能力才是國家財富來源，他們想方設法將因通商而有消失危險的貨幣留在國內，完全是出於提高納稅能力的目的。盡最大可能促進人口增長是重商主義計劃的第二點，這與追求實力的政策這一制度特徵明顯有直接關係；為供養新增人口，必須竭盡全力競爭國外市場，那些需要最多國內勞動力的產品──即產成品而非原材料──尤其屬於這種情況。最後，國內商人應竭力開展貿易，貿易收益應全部用來提高納稅能力。在理論上，這種制度有貿易平衡理論的支持，貿易平衡理論認為假若進口商品價值大於出口商品價值，國家會陷入貧困；這個理論在 16 世紀最早在英國發展起來。

重商主義的發源地明顯是英國。應用重商主義原則的最早跡象可追溯到西元 1381 年的英國。在軟弱的國王理查二世（Richard II）[251] 統治時期，發生了一次貨幣緊縮，英國議會任命了一個調查委員會，委員會第一次以貿易平衡概念分析了其基本特徵。當時委員會僅採取了禁止進口、刺激出口等緊急措施，可並沒有賦予英國政策真正的重商主義特徵。通常真正的轉捩點是從 1440 年開始算的。當時，在為解決指出的弊端而透過的眾多就業法案中，其中一個法案提出了兩項建議，儘管這兩項建議以前實施過，可僅僅是偶然如此。第一，帶著貨物來到英國的外國商人必須將其在英國的所有貨幣收入轉換為英國商品；第二，有海外生意往來的英國商人起碼必須把一部分銷售貨款以現金形式帶回國內。直至西元 1651 年航海法及其取消外國船隻的規定頒布時，以這兩項建議為基礎，整個重商主義制度才逐漸得以發展。

重商主義，在國家與資本主義利益聯盟的意義上，曾以兩種形式出現。一種是階級壟斷，以其典型形式出現在斯圖亞特王朝與聖公會的政策中，特別是後來被斬首的勞德主教的政策中。這種制度設想了基督教

---

[251] 英格蘭國王，在位期間為西元 1377 至 1399 年。──譯者注

社會主義意義上的所有居民的階級組織，設想了一種階級穩定狀態，期望以基督教博愛為基礎建立社會關係。在與清教主義——將所有窮人視為怕工作之人或罪犯——的鮮明對比下，它對窮人的態度是友好的。實際上，斯圖亞特王朝的重商主義的定位主要基於財政方針；新興工業只準以王室壟斷權的特許為基礎進口，而且國王為了進行財政剝削，對其進行永久控制。法國科爾伯特（Colbert）的政策與此類似，儘管並非一直如此。他力爭以壟斷權為支撐，用人為方式推動工業發展，他與胡格諾派教徒持相同觀點，因而不贊成對他們的迫害。在英國長期國會時期，清教徒推翻了國王與聖公會的政策。他們在「破除壟斷」的口號下與國王鬥爭了九十年，朝臣和外國人各有一部分壟斷權，而殖民地則由王室親信所掌握。在此期間，小企業家階級已逐漸發展起來，特別是在行會範圍內，儘管有一部分在行會以外；他們都加入了反對皇家壟斷權的行列，從而壟斷者的選舉權被國會剝奪。清教徒的這些鬥爭展現了英國人民堅持不懈的非凡的經濟精神，英國人民就是在這種精神的指引下反抗托拉斯和壟斷的。

民族形式是重商主義的另一種形式的稱呼，它僅限於保護真正現有的工業，與依靠壟斷創辦工業的做法形成對比。重商主義創辦的工業幾乎都沒能存活至重商主義時期之後，斯圖亞特王朝的經濟舉措也消失了，同時消失的還有西方歐洲大陸諸國以及後來俄羅斯的措施。因此資本主義發展並非民族重商主義的必然結果，資本主義起初是與英國財政壟斷政策一起發展起來的。事情發展過程是，斯圖亞特王朝的財政壟斷政策瓦解後，不靠政府部門發展起來的企業家階層在18世紀獲得了議會有計畫的支持。不合理的資本主義與合理的資本主義在這裡發生了最後一次面對面的爭鬥，不合理的資本主義是指財政、殖民地特權和政府壟斷領域的資本主義，而合理的資本主義定位於市場機會，市場機會是以

第二十九章　合理化的國家

適銷的服務為基礎靠自身商業利益發展起來的。

這兩種形式資本主義的碰撞發生在英格蘭銀行。這家銀行是由一位叫派特森（Paterson）的蘇格蘭人成立的，他是斯圖亞特王朝的壟斷權授予政策鼓動起來的資本主義投機分子。不過清教徒商人也加入了這家銀行。英格蘭銀行最終離開投機性資本主義的發展軌道與南海公司有關。撇開投機活動不說，我們可以逐步查出派特森以及他那類人的影響力逐漸削弱而銀行轉由支持合理資本主義的銀行成員控制的過程，這些銀行成員都被清教徒影響了，或直接或間接地出身於清教徒。

西元 1884 年建的曼哈頓公司的國家和商人的銀行

重商主義也發揮了經濟史上所常見的那類作用。重商主義在英國最終消失了，而自由貿易得以確立，這個成就是由非國教的清教徒布賴特與科布登（Richard Cobden）[252] 以及他們與工業利益的聯盟所取得的，那時的工業利益已無需重商主義的支持。

---

[252] 英國政治家，自由貿易政策的主要推動者，與貴格會教徒約翰‧布賴特一致主張自由貿易。──譯者注

第四篇　現代資本主義的開端

第三十章　資本主義精神的進化演變

　　將人口增長列為西方資本主義發展中真正決定性的因素，這是普遍的錯誤認知。與這個觀點相反，卡爾‧馬克思（Karl Marx）認為，任何經濟時期都自有其相應的人口規律，儘管這個觀點以這樣一般的形式提出並非絕對正確，可在目前的情況下，卻仍有其合理性。從 18 世紀初到 19 世紀末，西方經歷了最快速的人口增長。在同一時期，中國也經歷了至少同樣程度的人口增長──從 6,000 萬或 7,000 萬增長到 4 億，儘管難免有些誇大，卻與西方的人口增長大致相符。雖然如此，資本主義在中國並未得到發展，反而發生了倒退。中國的人口增長出現的階級與西方是不相同的。這使中國成了小農聚集地；這和西方無產階級的人口增長相似，僅僅是使外國市場有苦力（「苦力」最初是印度詞語，意思是鄰人或同一氏族的人）可用。歐洲的人口增長確實對資本主義發展有利，因為如果人口少，資本主義便無法得到必需的勞動力，可是並非人口增長本身就能引起資本主義的發展。

　　桑巴特所暗示將資本主義的產生主要歸因於貴金屬的流入，其實並非如此。的確，在既定情況下，貴金屬供給量的增長就像西元 1530 年後歐洲發生的那樣，可能導致價格的重大變革；而且當存在其他有利條件時，正如發展過程中出現了一定形式的勞動組織之時，某些群體就會掌握大量現金，這未嘗不會推動進步。然而印度的情況表明僅靠貴金屬的輸入無法產生資本主義。在羅馬人掌權的期間，便有大量貴金屬流入了印度──大概每年 2,500 萬塞斯特帖姆（sestertii），用來購買當地貨品，然而貴金屬的流入並未帶來一點商業資本主義。大部分貴金屬都成了印度王侯的貯藏物，而不是變為通貨，用於成立合理資本主義性質的企

業。這個事實表明，勞動制度的性質完全決定貴金屬的流入會導致怎樣的發展。發現新大陸後，金銀先是從美洲流入西班牙，然而隨著金銀的輸入，西班牙資本主義的發展卻發生了倒退。接著發生的，一方面是公社遭到壓制，而且西班牙大公的商業利益遭到破壞，另一方面是貨幣用於軍事目的。因此，儘管貴金屬流經西班牙，卻沒怎麼影響它，反倒是助推了其他國家的發展，早於 15 世紀，那些國家便經歷了有利於資本主義的勞動關係的變革。

現代工廠

所以，不管是貴金屬的輸入，還是人口增長，西方資本主義都無法產生。反而首先是地理方面成為資本主義發展的外部條件。在印度與中國，與之相關的關鍵性的地區間的內陸商業，對於透過貿易賺取利潤並用商業資本建立資本主義制度的階級而言，高昂的運輸成本必然成為嚴重阻礙；而在西方，地中海作為內海的地位和縱橫交錯的河流都有利於國際商業迥然不同的發展。然而反過來也不應高估這個因素所起的作用。古代文明顯然是沿海性質的。與時而颳起颱風的中國海域相比，這裡的商業機會十分有利，可是古代並未產生資本主義。即使在現代，與熱那亞或威尼斯的資本主義相比，佛羅倫斯的資本主義發展得更深入。西方資本主義產生於內陸工業城市，而並非海上貿易的中心城市。

第四篇 現代資本主義的開端

軍事需要也是有利因素，是由於西方軍隊獨特需要的性質，並非因為是軍事需要才有利。奢侈品需求儘管並非因為它本身才有利，也是資本主義發展的有利因素。在很多情況下，它反而導致了各種不合理形式的發展，比如很多與德意志王侯有關的勞動者的強制定居地與法國的小作坊。最終產生資本主義的因素理性的持續經營的企業、合理的技術、合理的帳目以及合理的法律，可也並非只有這些因素。必要的輔助因素有理性精神、生活行為大致上的合理化和理性主義的經濟倫理。[253]

所有的道德準則及其所產生的經濟關係的開端是傳統的神聖性、傳統主義和從祖輩流傳至今的對這類工商業的完全信任。直到現在，傳統主義仍然存在；對上一代人而言，若想給一名西利西亞（Silesia）的承包割草工作的農業工人雙倍薪資誘導他更加努力，那是沒用的。他只會減少一半工作量，因為這一半的工作便能讓他賺到以前的全部薪資。這種不能和不願離開原有生活軌道的普遍情況是維持傳統的動機。

然而，因為兩種情況，可能會從根本上加強原始的傳統主義。首先，可能物質利益與傳統的維持綁在一起。比如，當中國嘗試讓某些道路改變，或用更合理的運輸路線或方式時，威脅到了一些官員的利益；中世紀的西方和現代興建鐵路時，也是這樣的情況。在阻礙合理化發展趨勢上，地主、官員以及商人的這種特殊利益具有關鍵作用。在巫術基礎上，貿易的模式化越嚴重，對既定生活行為的任何改變都極為反感的原因便在於對天降災禍的恐懼。整體而言，這種反對中隱藏了對經濟特權的侵害，不過其有效性取決於巫術方法的威懾力。

單靠經濟刺激傳統的阻礙是無法克服的。認為理性的資本主義時期的特徵在於比其他時期更強大的經濟利益的觀念是幼稚的。舉例而言，現代資本主義的倡導者並不具有比東方商人更強大的經濟刺激。例如，

---

[253] 見韋伯：《宗教社會學論集》，第1卷，第30頁。

科爾特斯（Cortez）[254]與皮薩羅（Pizarro）[255]或許是經濟利益最強大的化身，他們並沒有理性主義經濟生活的觀念，只靠經濟利益的解放，無法產生合理的結果。假若經濟刺激本身是普遍存在的，那這倒是一個令人關注的問題：即經濟刺激在怎樣的關係下才能趨於合理並能合理地調整，從而使資本主義企業性質的理性機構得以產生。

對於利潤的追逐，兩種相反態度起初同時存在。對內，堅持傳統，堅守氏族、部落以及家庭共同體的成員間的虔誠關係，在因宗教關係結合在一起的集團中，禁止對利潤的無限制追逐；對外，在經濟關係中可以完全不受限制地發揮逐利精神，起初所有外來者都是敵人，對敵人不適用任何道德限制；換言之，對內與對外的道德準則截然不同。發展過程一方面意味著不得不將自私的算計帶入傳統的手足情誼中，以替代原先的宗教關係。經營責任制在家族共同體內一旦確立，經濟關係就將不再具有完全的共產主義性質，樸素的虔誠及其對經濟刺激的壓制便從此結束。西方這方面的發展尤其獨具特徵。與此同時，隨著內部經濟對經濟原則的採納，也一定緩和了對利潤的無限制追逐。結果形成了有節制的經濟生活，經濟刺激在一定限度內發揮作用。

詳細說來，發展過程各式各樣。在印度，對追逐利潤的限制僅適用於婆羅門與剎帝利這兩個最高階層。某些職業是不准這兩個種姓的成員從事的。一位婆羅門能經營餐飲店，因為只有他擁有潔淨的手；不過他與剎帝利[256]一樣，若是放貸收息，則會被逐出種姓。然而剎帝利可以加入商業種姓，我們發現商業種姓在貿易中不講道德的程度是世界上任何地方都無法相比的。最後，在古代，只有利息方面的法律限制，「買者自負」的主張是羅馬經濟倫理的特徵。在那裡並沒有發展起來現代資本

---

[254] 西班牙殖民者，西元1519至1521年征服墨西哥。——譯者注
[255] 西班牙早期殖民者，西元1531至1533年征服祕魯印加帝國。——譯者注
[256] 古印度四種姓之一，僅次於婆羅門，是王公貴族等統治者所屬的種姓。——譯者注

主義。

　　最終,這樣奇特的事實出現了:現代資本主義的萌芽只有在一種理論 —— 這種理論與古代傳統理論、東方理論以及原則上對強烈敵視的理論截然不同 —— 在正式居於支配地位的地方才能找到。「商人始終不會得到神的歡心」,這句可能取自亞流教(Arianism)的古老評語已對古典經濟倫理的特質有過總結;他可能沒有犯罪,可卻無法使上帝滿意。直至15世紀,這種原則仍然存在,在經濟關係變遷的壓力下,對其進行調整的首次嘗試在佛羅倫斯慢慢地成熟了。

　　後來的路德派(Lutheranism)[257]的倫理和天主教的倫理對所有資本主義趨勢的反感,根本上是基於對資本主義經濟中非人格化關係的厭惡。可正是非人格化關係將世間某些事情置於教會的影響之外,防止後者滲透後,根據它們的倫理觀念進行改造。儘管人與奴隸的關係可受道德準則的直接管束;然而如果不是不可能,起碼也很難從倫理上解釋[258]背書人與匯票間的關係,或受押人與抵押財產間的關係。教會因此而採取的立場最終導致了這樣的結果:中世紀的經濟倫理建立在公平價格原則以及確保所有人生存機會的基礎之上,禁止定價過高、討價還價以及自由競爭。

　　並非像桑巴特(Werner Sombart)所主張的那樣是猶太人打破了這種思想約束[259],從社會學角度看,中世紀猶太人的地位類似於一個印度種姓在沒有他們就沒有等級的世界上的地位,他們是流浪民族。然而卻存在這樣的差別:根據印度宗教的承諾,種姓制度永遠存在。個人可以最終透過輪迴而昇天,時間的長短取決於他的修行;然而這只有在種姓制度中才有可能。種姓是永遠存在的,若想脫離,就會入地獄,遭天譴。

---

[257]　新教主要宗派之一,認為應摒棄所有與聖經不符的禮儀、制度和學說。—— 譯者注
[258]　見韋伯:《宗教社會學論文集》,第1卷,第544頁。
[259]　桑巴特:《猶太人與現代資本主義》(愛潑斯坦譯),倫敦,1913年版。

第三十章　資本主義精神的進化演變

相反，根據猶太教的承諾，今世的等級關係會在來世發生翻轉。他們在今世是被驅逐的民族，遭受踐踏，並不是《申命記・以賽亞書》上所說，為了拿撒勒人耶穌預想的救世的使命，把祖輩的懲罰記在他們身上，隨著社會的發展，他們會被解放出來。在中世紀，猶太人存在於社會政治之外，是客民；由於他們不參加聖餐儀式，因而不能被任何城市的市民集團接受，不能屬於這個聯盟。

猶太人並非僅有的客民；舉例而言，考爾森（Caursine）人的處境與他們類似。他們是基督教商人，經營放債生意，因而和猶太人一樣受王侯保護，而且因為支付一筆款項而享有從事放債生意的特權。猶太人明顯不同於基督教客民，他們不能與基督教徒發生商業往來和婚姻關係。基督教徒對接受猶太人的招待起初並不猶豫，與之形成對比的是，猶太人擔心主人不遵守他們關於食品的儀式規定。中世紀首次爆發反猶太主義時，基督教的忠實信徒被教會會議告誡不得行為不端，所以拒絕了猶太人的招待，而對基督教徒的招待，猶太人也嗤之以鼻。與基督教徒結婚是完全不可能的，從以斯拉[260]（Ezra）與尼希米（Nehemiah）時期起便是這樣。

猶太工匠的存在是導致猶太人遭受驅逐的另一個原因；儘管在敘利亞，猶太騎士階層仍然存在，可由於從事農業與儀式要求不符，猶太農民僅是例外。儀式上的原因致使猶太人的經濟生活集中於放債生意。猶太人很虔誠，他們重視法律知識，持續研究的同時兼顧放債生意比兼顧其他職業容易得多。另外，雖然教會對高利貸的禁令譴責兌換業務，然而猶太人不受教會法約束，何況這個行業畢竟不可或缺。

最後，猶太教起初便主張內、外道德態度的普遍二元論，認為可以向不屬於同教或沒加入組織的外人收取利息。在二元論的影響下，其他

---

[260]　希伯來《聖經》中的重要人物，西元前5世紀帶領猶太人回到耶路撒冷。──譯者注

第四篇　現代資本主義的開端

不合理的經濟事務也獲得准許，特別是包稅以及各種政治性籌資相繼出現。猶太人處理這些事情長達幾個世紀，因此掌握了特殊技能，使他們成為被人需要的有用之人。然而所有這些都是被排斥者的資本主義，而並非起源於西方的合理資本主義。因此在現代經濟情勢的開創者——即大企業家——中很難發現猶太人；這類人都是基督教徒，也只有在基督教才可以想像，而猶太廠商直到現代才出現。猶太人不能參與創立合理的資本主義的原因是由於他們處於工藝組織之外。在波蘭，他們已經擁有了很多無產者，而且他們原本可以作為家庭工業企業主或製造商將這些人組織起來；但即使在像波蘭這樣的地方，他們也無法與行會並存。畢竟真正的猶太道德準則，就像《塔木德經》(Talmud)所顯示的那樣，是一種特別的傳統主義。虔誠的猶太人在面對創新時的敬畏之心，與以巫術信仰確立制度的原始民族成員沒什麼差別。

然而，從猶太教將其對巫術的敵意傳給基督教而言，它對現代資本主義仍有著明顯的重要性。除基督教、猶太教以及兩三個東方教派（其中一個在日本）外，沒有哪種宗教直言對巫術的敵意。可能因環境產生了這種敵意：以色列人在迦南看到的是農業之神——太陽神的巫術，而耶和華則是地震、火山與瘟疫之神。兩教教士間的敵意，再加上耶和華派教士的獲勝，使太陽神派教士的豐饒術遭到懷疑，還被打上了墮落與不信神的烙印。由於猶太教使基督教有可能而且給予其從根本上擺脫巫術的宗教性質，從經濟史的角度來說，它做出了重要貢獻。由於巫術在基督教盛行的範圍之外占統治地位是經濟生活合理化最嚴重的阻礙之一。巫術還意味著技術與經濟關係的模式化。當中國開始嘗試興建鐵路與工廠時，立刻便發生了與風水術的衝突。風水術認為，在選定山脈、森林、河流和墳頭上的施工位址之前，應先看風水，這樣是為了不驚動鬼魂[261]。

---

[261] 只要官員意識到這是賺錢的機會，這些阻礙便不再無法逾越；現在他們成了鐵路的主要股東。從長遠來看，當資本主義全副武裝地站在門前時，任何宗教倫理都無法阻擋資本主義的的進

第三十章 資本主義精神的進化演變

　　印度種姓與資本主義的關係與此類似。無論在何處，新技術的使用對印度人首先意味著離開原有種姓而定然降至低階種姓。由於他們相信輪迴，因此貶降的直接含義是必須等到來世才有機會滌罪。所以他無法贊成這樣的改變。另一個事實是任何一個種姓都會使所有其他種姓沾染不潔。因此工人不敢接受他人遞過來的水，所以無法僱用到同一間廠房工作。直至目前，在被英國控制了將近一個世紀以後，這個障礙才被克服。很顯然，資本主義無法在被巫術信仰這樣捆住手腳的經濟組織內發展起來。

　　破除巫術勢力、確立合理生活方式的方法始終就只有一個，即重大的理性預言。破除巫術勢力並非所有預言都能做到，只有預言家以聖蹟的形式給出憑據，才有可能破除傳統的神聖規則。預言從巫術中解放世界，從而為資本主義及其現代科學和技術奠定了基礎。中國始終未出現這樣的預言，就像老子與道教裡的預言都來自於外面。然而印度出現了一種救世宗教，與中國相比意識到了重大預言的使命。不過他們是透過示範預言；換言之，有代表性的預言家，比如釋迦牟尼（Buddha），在世人面前過著超度眾生的生活，不過並不把自己看作是上天派來履行過超度生活的義務的；他的主張是任何想把超度當作其自由選擇的目標的人，都應該過這種生活。然而任何人都可以拒絕超度，因為並非每個人都想涅槃重生；只有真正的哲學家由於憎惡這個世界，才決心禁慾並遠離世俗生活。

　　因此對知識分子來說，印度的預言家對他們有著直接影響。這些人成了清苦的僧侶與山林中的隱士。然而創立佛教的意義對於民眾而言截然不同，對他們而言這是求佛的機會。因而便出現了這樣一些聖人，認為他們得由人好生供養，能創造奇蹟；以便他們將來報答這種善行，保證其被賜予財富、更好的投胎轉世、長壽等諸如此類今世的福氣。因此

入。不過儘管它已經跨越了巫術這道障礙，但並不能說明在巫術產生這樣作用的環境中，能產生真正的資本主義。

真正的佛教只在少數的僧侶中存在。指導生活的道德訓誡，世俗之人無法在佛教中找到的；佛教雖然有十誡，可是與猶太人的戒律不太一樣，它僅僅是一些建議而已，並未給出有約束力的戒規。最重要的修行曾經和現在都是保持肉體。這樣的宗教精神絕不會替代巫術，至多隻是以一種巫術代替另一種罷了。

從一開始猶太教與基督教便是普通民眾的宗教，而且直到仍然保持不變，這是有意的行為，這和印度救世宗教的禁慾苦修與它對民眾的不完全影響形成對比。為防止他們搶奪教會領導權，古代教會發生了反對諾斯底教（Gnosticism）[262]的鬥爭，這場戰鬥只不過是反對知識分子貴族——這是禁慾宗教所共有的——的鬥爭。這場鬥爭對基督教在民眾中的成功傳播很重要，因而對巫術在普通民眾中受到最大程度的壓制也很重要。的確，直到現在巫術也沒能被完全消除，不過它已經淪為了邪門歪道。

在古代猶太人的道德準則中便可找到巫術的這類發展的發端，這種道德準則與我們在埃及人的諺語以及所謂的預言文字中碰到的那類觀點有很大關係。然而埃及只需在胸口上放一個聖甲蟲雕像便能讓死者成功隱瞞其罪孽，矇蔽死者的判官升入天堂，因此其道德準則最重要的訓誡是沒什麼用處的。猶太教和基督教的道德準則沒有這些愚弄人的伎倆。雖然基督教在聖餐中將巫術昇華為聖禮，可它並未像埃及宗教那樣給其信徒逃避最終審判的方法。如若一個人想清楚一種宗教對生活的影響，那他便必須分辨正式教義與實際上可能違背教義本願的今生或來世的程序。

對行家高手的宗教與民眾的宗教也有必要進行區分。行家高手的宗教對日常生活僅具有示範的作用；它的要求極高，可無法用來決定日常

---

[262] 羅馬帝國時期流行於地中海東部的神祕主義教派，認為只有領悟到真知才能拯救靈魂。——譯者注

第三十章 資本主義精神的進化演變

道德準則。兩者的關係因宗教的不同而有差異。在天主教中，就宗教專家的主張與福音會普通訊徒的義務得到同樣對待而言，兩者是一樣的。基督徒毫無疑問是真正的僧侶，儘管也將某些適當的美德當作理想，可是並不用他的生活方式來要求所有人。這樣結合的好處在於道德準則不像在佛教那樣斷然裂開。畢竟僧侶的道德準則與民眾的道德準則之間的差別意味著宗教意義上最值得尊敬的人都離開世俗社會而建立一個獨立的共同體。

並非只有基督教存在這種情況，它就像具有強大影響力的禁慾主義所顯示的那樣，在宗教史上經常發生，它實行一種有條理的、明確的生活方式。禁慾主義一直都具有這樣的作用。由禁慾主義決定的這樣一種有條理的生活方式有可能產生巨大成就，這可用中國西藏的例證進行解釋。西藏好像成為永遠的不毛之地，這似乎是被大自然懲罰了，然而一個獨身的禁慾者的社會卻在拉薩建成了龐大的工程，而且使佛教學說的傳播在這裡達到飽和。中世紀的西方也出現了相似的現象。在那時，僧侶是最早過著規律的生活，以有條理的方式，透過合情合理的手段為了來世而奮鬥的人。時鐘只是為他們報時，每天的時間也只是為他們而劃分——為了禱告。僧侶共同體的經濟生活也是合理的。僧侶在中世紀初期提供了部分官員。在威尼斯總督因任命權的鬥爭而不再有可能讓海外企業僱用教士時，他們的權力也瓦解了。

然而仍然僅限於僧侶有著合理的生活方式。儘管方濟各運動嘗試透過三級制把它在普通民眾中推行，然而懺悔室制度卻成為推行的阻礙。中世紀的歐洲被教會透過懺悔與苦行制度感化了，然而對中世紀的人而言，在他們已經犯下罪過，並應接受懲罰時，透過懺悔而使其卸去負擔的可能性，意味著從因教會教義而產生的罪惡意識中解脫出來。有條理的生活方式的一致性與效力實際上被這樣打破了。在對於人性的認知

297

上，教會固執地持有這樣的觀點，儘管有懺悔室與苦行的告誡，無論多麼嚴厲，他還會再次墮落，它沒有考慮到個體是一個封閉的單一的倫理人格這個事實；換言之，它對正義之人和非正義之人都施與恩典。

宗教改革和這種制度斷然決裂。福音會被路德的宗教改革取消了，這代表著具有普遍約束力的道德與特別有利於行家高手的法典之間的差別的消失，也代表著雙重道德準則的消失。對來世的苦修從而結束。以前有些宗教人物毫不動搖地一頭扎進僧院，而現在不得不在世俗生活中踐行他們的宗教了。對世俗生活中的禁慾主義，基督新教的禁慾教義創造了一種適合的道德準則，儘管沒有要求清苦，可是對財富的追求不得誤入恣意享樂的歧途；儘管沒有要求獨身，可卻把婚姻完全視為一種合理的養育後代的制度了。因此，「你認為你已經逃出了寺院，然而所有人都成了終身僧侶」，塞巴斯蒂安・弗蘭克（Sebastian Franck）用這句話概括宗教改革的精神是恰當的。

在新教禁慾信仰的發源地，禁慾思想的上述轉變所具有的廣泛意義至今不衰。宗教派別的意義在美國特別明顯。然而，遲至15或20年前，儘管國家與教會是分開的，每一個銀行家或醫生選擇居住地或結婚都會被問及其所屬教派，他回答的好壞就是其前程的好壞。一個人道德品行的嚴格調查決定能否被某個教派接受。否定猶太教內、外道德法典差異的教派成員身分保證了其業務上的信譽度和可靠性，從而也保證其業務上的成功。所以有了「誠實是最好的策略」這一原則，使浸禮會教徒、貴格會信徒以及衛理公會教徒不停地重複上帝會照顧自己這一根據經驗得出的教條。「不信神者在路上擦肩而過而無法相互信任；他們想做生意時便來求助於請我們；虔誠是獲得財富的最可靠道路。」這絕非「言不由衷的謊話」，而是虔誠與始料未及的影響的結合。

的確，將財富的獲得歸因於虔誠，就會出現類似於中世紀寺院常常

第三十章　資本主義精神的進化演變

陷入的困境，由此進入了一個兩難境地；財富由宗教行會帶來，使人墮落的是財富，而墮落就有必要進行改造。喀爾文主義[263]試圖避免陷入這樣的困境，於是提出了人只是上帝所有恩賜的管理者這個觀念；它不准人逃離世俗，然而卻譴責享樂，將一起工作以及工作的合理紀律視為個人的宗教任務。「天職」一詞便產生於這個思想體系，這個詞為受《聖經》的新教譯本影響的語言所熟悉[264]。它表達了受這個思想體系影響的合理活動的價值，而合理活動是為完成上帝給予的任務而按照合理的資本主義原則而進行的活動。追根究柢，這也是清教徒與斯圖亞特王朝間的差別的基礎所在。資本主義控制兩者的觀念；不過對於清教徒而言，猶太人所有令人厭惡事物的化身，因為他們投身於迎合宮廷的不合理、不合法的那類職業，比如戰爭貸款、包稅以及職位出租。[265]

現代企業家，還有勤勞的工人，在天職概念的發展中立刻擁有了完全問心無愧的感覺；企業家的僱員以苦修方式投身於天職，並且容忍著企業家透過資本主義而對他們進行的殘酷剝削，而企業家則把永遠得救的希望當作付給僱員的薪資；在那個時期，教會紀律在我們目前無法想像的程度上控制著整個生活，因而這種希望代表著與現在完全不同的現實。天主教與路德教派也承認並實行這種紀律。然而在新教的禁慾共同體中，是否准許參加聖餐取決於道德品行是否適合；而道德品行又取決於商業信譽，可是並不探究信仰的內容。對於資本主義個體的生產而言，這樣強大的、在毫無察覺中道德完善了的組織，在任何其他教會或宗教中都從未出現過；而且，就對資本主義發展的貢獻而言，就連文藝

---

[263] 16世紀約翰・喀爾文許多主張的統稱，認為人無法拒絕上帝的救贖，人的原因不可能阻撓上帝的救贖。——譯者注
[264] 韋伯：《宗教社會學論文集》，第1卷，第63頁及以下各頁，第163、207頁。
[265] 儘管得有所保留，可是通常可以用以下說法表明他們的差別：猶太人的資本主義是投機性的流浪者的資本主義，而清教徒的資本主義則由市民的勞動組織構成。參見韋伯：《宗教社會學論文集》，第1卷，第181頁。

復興都相形見絀了。它的踐行者投身於技術問題，而且是一流的實驗者。實驗是從藝術與採礦而發展成為科學的。

然而統治者的政策卻主要取決於文藝復興的世界觀，儘管這些世界觀並不像宗教改革那樣，改造了人的精神。16世紀、甚至17世紀早期，幾乎所有重大科學發現都是在反對天主教的背景下做出的。哥白尼（Copernicus）是位天主教徒，而墨蘭頓（Melanchthon）與路德（Luther）則否定了他的發現。毫無疑問，科學進步絕不能與新教等同。天主教確實時而阻礙科學進步，然而除非在與日常生活的物質需求有關的情況下，新教的各禁慾教派向來傾向於不接觸科學的態度。而另一方面，新教的獨特貢獻是將科學應用於技術與經濟學上。

現代經濟人文主義已經喪失宗教根基，現在天職的概念在世界上已毫無用處。禁慾的信仰已被一種悲觀的世界觀所取代，儘管其決非禁慾，正如曼德維爾（Bernard Mandeville）在《蜜蜂的寓言》（The Fable of the Bees）中所說的那樣，在一定條件下，私人的惡德符合公共利益。各教派起初的巨大宗教感召力完全消失，在經濟思想領域，18世紀後期與19世紀早期的王侯、政客以及作家的指導原則是相信利益相符的啟蒙運動的樂觀主義取代了新教禁慾主義的位置。經濟倫理是以禁慾主義為背景出現的，其宗教意義現在已失去了。工人階級只要它能給予永遠幸福的承諾，便有可能接受命運安排。這種慰藉一旦消失，在後來快速發展的經濟社會中，那些緊張與壓力的出現便無法避免了。於19世紀鐵器時代早期，初期資本主義結束之時這種情況便出現了。

第三十章　資本主義精神的進化演變

世界經濟簡史：

從原始社會到現代經濟，馬克斯・韋伯論經濟形態的歷史演進

作　　　者：	[德]馬克斯・韋伯（Max Weber）
譯　　　者：	李慧泉
發 行 人：	黃振庭
出 版 者：	財經錢線文化事業有限公司
發 行 者：	財經錢線文化事業有限公司
E - m a i l：	sonbookservice@gmail.com
粉 絲 頁：	https://www.facebook.com/sonbookss/
網　　　址：	https://sonbook.net/
地　　　址：	台北市中正區重慶南路一段 61 號 8 樓 8F., No.61, Sec. 1, Chongqing S. Rd., Zhongzheng Dist., Taipei City 100, Taiwan
電　　　話：	(02)2370-3310
傳　　　真：	(02)2388-1990
印　　　刷：	京峯數位服務有限公司
律師顧問：	廣華律師事務所 張珮琦律師

―版權聲明――――

本書版權為興盛樂所有授權財經錢線文化事業有限公司獨家發行電子書及紙本書。若有其他相關權利及授權需求請與本公司連繫。
未經書面許可，不得複製、發行。

定　　　價：420 元
發行日期：2024 年 08 月第一版
◎本書以 POD 印製

國家圖書館出版品預行編目資料

世界經濟簡史：從原始社會到現代經濟，馬克斯・韋伯論經濟形態的歷史演進 / [德]馬克斯・韋伯（Max Weber）著，李慧泉 譯 . -- 第一版 . -- 臺北市：財經錢線文化事業有限公司 , 2024.08
面；　公分
POD 版
ISBN 978-957-680-950-7(平裝)
1.CST: 經濟史 2.CST: 資本主義
550.9　113011288

電子書購買

爽讀 APP　　臉書